쓰면서 익히는

알고리즘과

자료구조

쓰면서 익히는 알고리즘과 자료구조

알고리즘 설계 캔버스를 작성하며 배우는 알고리즘 문제 해결 전략

초판 1쇄 발행 2021년 3월 29일

지은이 윤대석 / **펴낸이** 김태헌
펴낸곳 한빛미디어(주) / **주소** 서울시 서대문구 연희로2길 62 한빛미디어(주) IT출판부
전화 02-325-5544 / **팩스** 02-336-7124
등록 1999년 6월 24일 제25100-2017-000058호 / **ISBN** 979-11-6224-410-4 93000

총괄 전정아 / **책임편집** 홍성신 / **기획** 서현 / **편집** 김대현
디자인 표지 박정우 내지 박정화 / **전산편집** 백지선
영업 김형진, 김진불, 조유미 / **마케팅** 박상용, 송경석, 조수현, 이행은, 고광일 / **제작** 박성우, 김정우

이 책에 대한 의견이나 오탈자 및 잘못된 내용에 대한 수정 정보는 한빛미디어(주)의 홈페이지나 아래 이메일로
알려주십시오. 잘못된 책은 구입하신 서점에서 교환해드립니다. 책값은 뒤표지에 표시되어 있습니다.
한빛미디어 홈페이지 www.hanbit.co.kr / **이메일** ask@hanbit.co.kr

지금 하지 않으면 할 수 없는 일이 있습니다.
책으로 펴내고 싶은 아이디어나 원고를 메일(**writer@hanbit.co.kr**)로 보내주세요.
한빛미디어(주)는 여러분의 소중한 경험과 지식을 기다리고 있습니다.

쓰면서 익히는

알고리즘과

자료구조

```
</>
def thirdMax(nums: List[int]) ->
    cnt = 0
    third_max = 0

    check_dup = set()

    nums.sort(reverse=True)
    third_max = nums[0]

    for num in nums:
        if num in check_dup:
            continue

        check_dup.add(num)


        if cnt == 2:
            third_max
            break
        cnt += 1
    return third_max


def thirdMax(nums: List[int]) ->
    prio_queue = [item * -1 for
        list(dict.fro
    heapq.heapify(prio_queue)

    if len(prio_queue) > 2:
        cnt = 2
```

☑
```
Test Case 1: nums = [1, 2]
Test Case 2: nums = [2, 3, 2, 3, 4, 5, 1, 1, 1]
Test Case 3: nums = [1, 1, 1, 1, 1, 4 ,4, 4]
```

알고리즘 설계 캔버스를
작성하며 배우는 알고리즘
문제 해결 전략

윤대석 지음

```
        while cnt > 0:
            heapq.heappop(prio_
            cnt -= 1
    return prio_queue[0] * -1
```

한빛미디어
Hanbit Media, Inc.

지은이 소개

지은이 **윤대석** daeseok.youn@gmail.com

12년간 임베디드 리눅스 커널 개발, 윈도우 애플리케이션 개발, 리얼타임 운영체제에서의 BSP 개발, 백엔드 개발 등 다양한 영역에서의 개발 경험이 있고 항상 기본에 충실하고자 노력하는 엔지니어다. 꾸준히 알고리즘과 운영체제에 대해 공부하고 있으며, 오픈 소스 리눅스 커널 분석 및 수정 활동에 참여하고 있다.

지은이의 말

개발을 진행하면서 직면했던 문제를 해결하기 위해 인터넷을 통해 알게 되거나 경험을 바탕으로 습득한 해결 방법을 정리해봐야겠다고 생각했었다. 오픈 소스인 리눅스 커널 패치를 만들면서 많은 자료를 정리한 것이 그 시작이다. 리눅스 커널 컨트리뷰트Contribute 활동을 하면서 여러 가지 자료를 찾다 보니 책으로 출간할 수 있을 만큼 많은 양이 모여 있었다. 그때 가장 크게 느꼈던 부분은 기록하고 정리하는 것이 오랫동안 공부한 것을 잊지 않고 기억할 수 있는 최고의 방법이라는 것이었다.

알고리즘 공부를 하면서도 정리를 하려고 부단히 노력했다. 사실 알고리즘 학습을 한다고 해서 본인의 역량이 월등히 발전했다고 체감하기 힘들고, 오픈 소스 기여처럼 자신의 이력을 남기기도 힘들어 지속적인 학습에 대한 동기부여가 상대적으로 부족할지도 모른다. '그래도 무언가 얻는 것이 있을 것이다'란 믿음으로 틈틈이 공부해보기로 했다. 어떤 방법이 좋을지 몰라 처음엔 책을 통해 시작해봤지만 너무 어렵게 느껴졌다. 책에 수록된 문제조차 풀기 힘들었고 어떤 방식으로 어떤 것을 먼저 공부해야 할지 등 학습 방향을 정하는 것조차 힘들었다. 그러다 온라인상에서 발견한 다양한 알고리즘 관련 사이트가 있었고, 그중 내게 맞는다고 생각한 사이트를 정해 그곳에 수록된 알고리즘 문제를 하나씩 풀이하면서 필요하다고 느꼈던 내용을 수집하고 정리하기 시작했다. 덧붙여 다른 사람이 해결한 방식의 코드와 설명도 이해가 될 때까지 유심히 확인했다. 생각보다 많은 시간이 소요되었지만, 다양한 접근법을 생각하고 해결하는 과정을 통해 성취감과 즐거움을 얻을 수 있었다.

필자는 이 책에 알고리즘 문제 해결을 위해 가장 최적화된 해결책을 바로 제시하지 않고, 다양한 접근법을 고민해 보고 차근차근 단계별로 풀이하는 과정을 담고자 했다. 알고리즘 구현은 파이썬으로 진행했으나 알고리즘 문제 풀이 자체는 개발 언어에 대한 의존성이 높지 않다고 생각한다. 문제 풀이의 핵심 내용만 이해한다면 다른 언어로도 충분히 구현할 수 있을 것이다. 코딩 인터뷰를 경험하면서 그때 필요하다고 생각했던 기초적인 접근법을 대표적인 유형의 문제와 함께 소개하고 있다. 다만 여기서 멈추지 말고 이 책에서 학습한 과정을 바탕으로 더 많은 문제를 해결해보길 권장한다. 마지막으로 집필을 핑계로 주말 동안 개인 시간을 허락해 준 아내에게 큰 고마움을 전한다.

2021년 3월

베타리더의 말

허민 _한국외국어대학교 정보지원처

다른 알고리즘 서적과 달리 몇 가지 차별화된 전략이 인상 깊었습니다. 노트 레이아웃으로 사고 과정을 적어보고 비주얼라이저를 활용해 중간 단계를 눈으로 보며, 구현 과정의 상세한 도식화로 이해하는 과정 덕분에 알고리즘이라는 매운 양파 껍질을 하나 더 벗겨낸 느낌을 받았습니다. 파이썬을 활용한 알고리즘 구현은 C와 달리 방대한 라이브러리가 제공되므로 직접 구현할 것인지, 라이브러리를 활용할 것인지의 문제도 중요한 포인트라고 생각합니다. 다른 언어와 비교하며 특징을 설명하고 있기에 파이써닉^{Pythonic}한 개발 스킬을 향상시킬 수 있다는 점이 이 책의 또 다른 매력입니다.

이준희 _가천대학교 학부생

알고리즘 공부를 시작하는 학생이고, '쓰면서 익히는'이라는 제목에 끌려 베타리딩을 신청했습니다. 문제를 풀기 전 생각을 정리하게 해주는 노트 레이아웃, 과정을 보여주는 상세한 그림과 설명, 그리고 공부 후 다시 찾아보게 되는 노트 덕에 쉽게 다가갈 수 있었습니다. 이 책을 읽고 알고리즘을 어떻게 공부해야 할지에 대해 알게 되었다는 점이 가장 좋았습니다. 저처럼 알고리즘 공부를 시작하는 독자에게 추천합니다.

장대혁 _헤르스

비전공자라면 파이썬으로 코딩 테스트 준비를 많이 할 것이라 생각합니다. 코딩 테스트에 대한 기본서로써 코딩 문제를 풀 때의 학습법과 자료구조를 익힐 수 있습니다. 기초적인 내용을 다루기에 이 책을 본다고 코딩 테스트 점수가 확 올라가지는 않습니다. 하지만 이 책을 정독한 뒤 문제풀이를 하면서 부족한 부분을 보완해 나간다면 코딩 테스트 통과에 많은 도움이 될 것입니다. 하나 더 첨언하면 이 책은 단순히 코딩 테스트를 위한 책이 아닙니다. 좋은 코드를 만들기 위해 알아야 하는 자료구조를 배울 수 있습니다. 수준 있는 개발자가 되기 위해서는 이런 공부가 필요합니다. 오래오래 개발자로 커리어를 이어가고 싶다면 이 책을 3번 읽고 개발 역량(좋은 코드 작성하기)과 취업 역량(코딩 테스트 통과하기) 모두 향상시키길 바랍니다.

김병진 _위메프

IT 개발 업무를 하면서 과연 알고리즘 학습이 필요한지에 대한 의문을 갖게 됩니다. 어쩌면 입사 혹은 이직을 위한 시험공부처럼 여겨지기도 합니다. 업무를 하면서 어떤 알고리즘이 필요한지 떠올리기 쉽지 않습니다. 이 책은 그런 생각의 위치부터 알려주고 있습니다. 개발을 하면서 직면하는 문제에 어떤 접근 방식으로 해결할 수 있는지 생각해 보고, 어떤 알고리즘을 적용할 수 있는지에 대해 설명해 줍니다. 그리고 그 방법이 절대 하나일 수 없다는 듯 하나 이상의 접근 방법으로 제시해 주고 있어 다양한 접근 방식에 대한 사고를 할 수 있도록 도와줍니다. 결론적으로 이 책은 알고리즘을 처음 배우는 초심자에게 좋은 가이드 역할을 할 것이라고 생각합니다.

왜 알고리즘을 배워야 할까?

대학 졸업 후 소프트웨어 개발자가 되어 여러 경험을 해왔지만 오랫동안 알고리즘 학습에 대한 생각은 크게 해보진 않았다. 그뿐만 아니라 라이브러리나 프레임워크의 API를 사용할 때, 어떤 입력값에 대해 어떠한 결과를 출력해 주는지에 대해 그 내용에만 관심을 가졌을 뿐 내부적으로 어떤 알고리즘에 의해 해당 출력값을 만드는지도 궁금하지 않았다.

이렇게 알고리즘 학습에 크게 관심을 가지지 않았던 이유는 그동안 사용했던 라이브러리나 프레임워크의 API는 내가 기대했던 출력 결과를 잘 보여주었고 그걸로 이미 충분하다고 생각했기 때문이다. 그렇게 지내는 동안 이른바 IT 업계의 네임드 회사들(Google, Amazon, Facebook 등)이 코딩 인터뷰를 진행한다는 소식을 커뮤니티를 통해 알게 되었고, 주변에서도 관련 내용을 빈번하게 듣게 되면서 알고리즘에 대해 점점 관심을 가지게 되었다. 이후 알고리즘 공부를 시작하면서 초기엔 개발 자체엔 큰 도움이 되지 않을 것 같다는 생각도 들었고 집중도도 많이 떨어졌던 것 같다. 특히 어떤 내용을 공부해야 풀지 못하고 있는 문제를 해결할 수 있을지 막막했고, 여러 어려움이 누적되면서 점점 흥미도 떨어졌다. 그래도 이 공부가 자기 개발에 큰 도움이 될 거란 믿음으로 다시 한번 마음을 가다듬고 여러 가지 방법을 시도해보았고, 내게 맞는 학습 방법을 찾았을 때는 어느 정도 진척을 보이며 여러 내용을 습득할 수 있었다. 이후 LeetCode에서 제공하는 easy, medium 문제들은 대략적인 접근 방법도 알게 되고 해결함에 따라 자신감도 생겼으며, 현업 개발과정에서도 '시간 복잡도', '공간 복잡도' 같은 개념을 함께 생각하게 되었다. 이처럼 개발과정에서 현실적인 문제 해결을 위해 어떤 자료구조와 알고리즘을 써야 하는지 고민하게 되는 좋은 습관이 생겼고, 다른 개발자들의 코드를 리뷰하는 과정에서 좋은 제안도 할 수 있는 계기가 되었다.

간단한 예를 들어보겠다. 어떤 데이터가 순서에 상관없이 입력되어 들어온다고 가정해보자. 들어온 데이터는 큐에서 정렬돼야 하는데 데이터가 하나씩 들어올 때마다 정렬을 시도하고 있었다. 이것은 이미 정렬된 데이터가 들어있는 큐에 새로운 데이터 하나 때문에 새롭게 정렬을 시도하는 비효율적인 로직을 가지고 있다는 것을 의미한다. 대개, 시간 복잡도가 안정적인 정렬은 O(nlogn)의 시간 복잡도를 가지는데, n 개의 데이터가 들어오면 해당 로직은 O(n * nlogn)가 된다. 실제로 데이터가 많아지면 느려지기도 한다. 그렇다면 이런 문제를 해결하기 위해 어떤 자료구조 혹은 알고리즘이 알맞을지 생각해보자.

여러 가지 접근 방법을 생각해 볼 수 있는 데 그중 하나인 연결 리스트로 데이터를 연결하면 들어오는 데이터의 위치에 이미 들어있는 데이터를 순회하며 특정 자리에 연결고리를 만들고, 맨 처음 혹은 맨 마지막 데이터를 반환해 주면 정렬된 상태의 데이터를 꺼내 줄 수 있을 것이다. 혹은 우선순위 큐(Priority Queue)를 사용하는 것도 좋은 접근이 된다. 이런 식으로 알고리즘 문제 해결 경험을 통해 실제 개발에서 어떤 문제를 해결하는 데 도움이 된다는 것을 알게되어 매우 기뻤다. 알고리즘 학습의 필요성을 직접 찾게 된 것이었다. 자료구조와 알고리즘 학습은 어떤 개발을 하든 운영되는 프로그램의 자원을 효율적으로 활용하고 어떤 문제를 직면했을 때 다양하고 빠른 해결방안을 고민해볼 수 있는 인사이트를 줄 수 있을 것이라고 생각한다. 알고리즘과 자료구조를 공부하다 보면 여러 어려운 점도 생기고 지치는 시기가 올지도 모른다. 그래도 분명 자신이 얻을 수 있는 것이 있다고 믿고, 높은 개발 품질 향상을 위해 포기하지 말기 바란다. 그 도전을 함에 있어 이 책이 조금이나마 도움이 되길 바라며, 필자가 느꼈던 보람과 기쁨을 훗날 느낄 수 있길 기대한다.

노트 레이아웃을 이용한 알고리즘 문제 풀이 접근 방법

알고리즘 학습이 왜 필요한지 어떤 면에서 좋은지 필자 경험을 바탕으로만 그 이유를 언급해서 모든 독자의 공감을 얻기는 쉽지 않을 수도 있을 것이다. 조금 더 현실적인 이유를 얘기해보겠다. 요즘 여러 회사들은 개발자를 채용하는 과정에서 알고리즘과 자료구조에 대한 기본적인 이해에 대한 평가를 하기 위해 코딩 인터뷰를 많이 시행하고 있다.

이 채용 과정을 경험해본 사람은 알겠지만 자신이 사용하던 통합개발 환경(IDE)에서 코딩할 수 없고, 화이트보드나 종이에 필기도구를 사용하여 문제를 해결해야 한다. 문제만 잘 푼다고 좋은 평가를 받는 것도 아니다. 면접관은 면접 대상자가 문제를 해결하는 모든 과정을 유의 깊게 관찰하고 점수를 부여할 것이다. 이렇게 취업과 관련된 부분에서도 알고리즘과 자료구조 학습의 필요성을 찾을 수 있다. 코딩 인터뷰를 대비한 코딩 문제를 연습하는 과정에서 어떤 점을 유의 깊게 인지하고 진행해야 하는지 살펴보자.

- 문제 분석과 함께 어떤 알고리즘과 자료구조가 적절한지 파악한다.
- 문제로 부터 요구사항과 제한사항을 수집한다.
- 어떤 식으로 접근할지 다양한 아이디어를 제시한다.
- 코딩을 통합개발 환경(IDE, Visual Studio Code, PyCharm 등) 도움 없이 화이트 보드나 종이에 연습한다.
- 시간 / 공간 복잡도를 고려한다.
- 어떤 테스트 케이스를 통과하는지에 대해 고려한다.

이러한 모든 것을 고려하면서 연습하기 좋은 도구가 있다. 바로 노트 레이아웃이다. 이 노트 레이아웃을 바탕으로 적극적인 연습을 한다면 앞서 언급한 알고리즘과 자료구조 문제 해결에 있어 큰 도움을 받을 수 있을 것이다.

노트 레이아웃 소개

Hiredintech 사이트[1]에서 제공하는 알고리즘 설계 캔버스(Algorithm Design Canvas)란 레이아웃을 소개하겠다. 이 레이아웃을 출력하거나 자신이 사용하는 노트에 그려놓고 사용하기를 권장한다. 이 레이아웃을 활용하면 문제 해결 과정에서 실수할 수 있는 부분을 줄일 수 있을 것이다. 여러 사이트에서 알고리즘 문제를 접하고 바로 코딩을 시작하게 되면 종종 제한사

---

1 *https://www.hiredintech.com/classrooms/algorithm-design/lesson/78*

항을 잘못 인지하거나 고려하지 못한 테스트 케이스를 보는 경우가 생긴다. 하지만 이 레이아웃을 활용하게 되면 이러한 제한사항과 테스트 케이스를 미리 적을 수 있어 이러한 실수를 줄일 수 있다.

Project name : _____

Constraints	code
Ideas	
Test cases	

Constraints (범위, 제한사항)

알고리즘 문제를 풀다 보면 기본 변수 타입의 범위를 벗어나는 경우가 있다. 예를 들어 정수형(int)이 가질 수 있는 값보다 크거나 작아지는 경우, 배열이나 리스트의 범위를 벗어나는 경우, 문자열의 길이를 제한하는 경우, 추가적인 메모리 할당을 제한하는 경우 등 다양하게 나타날 수 있는데 이러한 제한사항을 미리 파악해야 한다. 처음엔 단순한 정수형 오버플로도 파악하기 힘들지 모른다. 하지만 점점 경험이 쌓이게 되면 문제를 해결하기 전에 이러한 제한사항을 파악하기 쉬워질 것이다.

요소별 유의 사항을 살펴보자.

문자열, 배열 그리고 숫자

- 배열은 얼마나 많은 요소들을 가질 수 있는가? (배열의 최대 크기에 대한 제한)

- 문자열의 경우는 길이가 얼마나 길어질 수 있는가? 숫자의 경우 최댓값과 최솟값은 얼마인가?

- 어떤 요소들이 있는가? 숫자의 경우 정수(integer) 혹은 소수(floating point)가 있을 수 있고, 문자열이라면 단일 바이트 문자(byte) 혹은 유니코드(unicode)일 수 있다.

- 만약 문제에 '부분열'(subsequence)이라는 단어가 나온다면 배열에서 요소들이 모두 인접해 있는 것인지, 아니면 그런 조건이 없는지 확인하자.

- 배열에서 요소들이 유일한 값으로 채워져 있는지, 중복을 허용하는지 확인하자.

반환값

- 문제의 반환값은 어떤 형태이고 어떤 값을 원하는지 정확히 파악하자. 만약에 배열에서 증가하는 최장 공통부분 수열(Longest Common Subsequence)을 구한다고 하자. 이때, 반환해야 하는 것은 길이인지 시작 인덱스인지 혹은 둘 다인지 확인할 필요가 있다.

- 만약 문제에 다양한 해결책이 존재한다면, 어떤 해결책을 제공해야 하는 것인가?

- 만약 반환해야 하는 값이 여러 개라면, 어떤 식으로 제공해야 하는지 확인하자. 예를 들면 여러 값을 담은 객체, 튜플 그리고 배열과 같은 것이 있을 수 있고, 반환하는 값은 하나고 참조로 들어온 변수에 변경사항을 담아내는 방법이 있을 것이다. 파이썬의 경우 다중으로 반환값을 사용할 수 있으니 이것을 활용하는 방법도 있다.

- 만약, 입력값으로 허용하지 않거나 범위를 벗어나는 값이 들어왔을 때 어떤 값으로 반환해 줘야 하는지 파악할 필요가 있다. 대개는 정해진 값을 반환하거나 예외를 유발(raise exception)하는 식으로 처리할 수 있다.

- 문제에서 어떤 특정 값을 찾는다고 했을 때, 해당 값이 없다면 어떻게 반환을 할지 확인해야 한다.

더 자세한 내용은 해당 사이트에서 살펴보길 바란다. 이 정도를 고려하고 문제 해결에 접근한 다면 다양하게 발생할 수 있는 오류나 실패를 줄일 수 있을 것이다.

Ideas (문제 풀이 접근 방법)

보통 문제 풀이 방식은 1~3개 정도다. 예를 들어, 배열에서 특정 값을 찾는다면 배열의 처음부터 하나씩 확인하며 해당 값을 찾아갈 수도 있고, 정렬된 배열이라면 이진 탐색을 진행할 수도 있다. 이런 식으로 어떤 알고리즘 혹은 자료구조를 활용할지 접근해보는 연습을 해보자. 이런 연습은 알고리즘 문제 해결이든 실무에서의 문제 해결이든 다양한 방법으로 접근하고 비교하여 최적의 답을 찾는 데 도움을 줄 것이다.

로만(Roman)문자를 정수(Integer)로 바꾸는 문제가 있다고 해보자. 여기서는 문제 풀이 접근 방법에만 초점을 맞춰 생각한다.

제한사항		코드
아이디어 1) 로만 문자에 해당하는 값을 HashMap에 대입 저장 2) 로만 문자열 맨 뒤부터 하나씩 문자를 접근한다 3) 각 문자는 HashMap에서 값을 꺼낼 수 있다. 4) 꺼낸 문자가 이전 문자보다 큰 수 일 때는 더해주고, 작은 수일 때는 빼준다.	**시간 복잡도:** O(N)	
	공간 복잡도: O(1), 로만 문자와 숫자 맵핑	
테스트		

만약 다른 접근법이 존재한다면, 아이디어 칸을 하나 더 늘려 관련 내용을 적어주자.

Complexity (복잡도)

알고리즘 문제 풀이에 있어 중요한 부분 중 하나다. 자신이 생각한 알고리즘이나 자료구조를 사용하여 문제를 해결하는데 얼마나 시간이 걸릴지, 얼마나 많은 공간을 사용해야 하는지에 대한 지표를 제공해주기 때문에 얼마나 최적화되어 만들어 졌는지 쉽게 인지할 수 있다. 시간 및 공간 복잡도를 나타낼 때 많이 사용하는 Big-O(빅오) 접근법을 알아보자. 간단히 말하면 Big-O는 가장 최악의 경우를 고려한 표기법이라 할 수 있다.

```python
def sum_all_items_arrary(arr: List[int]) -> int:
    j = 0
    for i in arr:
        if i % 2 != 0:
            break
        j += i

    print("Total sum in list {}".format(j))
    return j
```

위의 sum_all_items_array() 함수를 보자. 배열을 인자로 받아 배열의 모든 요소를 더해서 반환해 주는 함수가 있다. 조금 억지스러운 예제지만, 배열의 요솟값을 앞에서 하나씩 더해 가다가 홀수(i % 2 != 0)의 요소를 만난다면 요소의 덧셈을 멈추고 홀수가 나오기 이전까지 더한 값을 반환한다. 이런 경우 요소 100개가 들어오고, 루프 한번 당 1의 시간을 소비한다면 O(100)이란 값이 나온다. 다만 요소 100개 중, 중간쯤 홀수가 있다면 O(50)이 될 수도 있다. Big-O표기법에서는 최악의 경우를 산정하여 보여주는 것이기 때문에, N 개의 요소를 가진 배열에 홀수의 요소를 가지지 않는 경우를 산정한다. 그래서 최종으로 Big-O 표기법으로는 O(N)으로 표기하는 것이다. 복잡도를 산정하기 위해 몇 가지 예제를 보자.

```python
j = 0
for i in range(N):
    j += i
```

이런 경우 시간 복잡도를 계산하면, i 는 0에서부터 N − 1까지 증가한다. 그리고 j 변수에 i 값 더하기를 실행한다. j 변수에 더하는 작업을 O(1)으로 가정하면 전체 시간 복잡도는 N 번의 덧셈이 발생하므로 O(N)이 될 것이다. (0 에서부터 N − 1까지의 총 개수는 N 개이다).

2번째 예제를 보자.

```
k = 0
for i in range(N):
    for j in range(N):
        k = i + j

for i in range(N):
    k += i
```

이 예제는 2개의 루프를 포함한다. 1번째 루프는 또 다른 루프를 포함하고 있으며, i가 0일 경우 j를 0 ~ N − 1까지 수행하고 i가 1 일때, j는 다시 한번 0 ~ N − 1번 루프를 수행하는 구조이다. 이렇게 모든 작업이 끝나고 2번째 루프에서는 i가 0에서 N − 1까지 루프가 수행되는 형태이다. 이런 경우 시간 복잡도는 O(N * N + N)이 된다. 1번째 루프에서 N * N을 수행하고 2번째 루프에서 N번을 수행하게 되었을 경우인 것이다. 다만, 시간 복잡도를 표현할 때 더해지는(+) 경우 가장 큰 형태(최고차항)의 값만 남겨도 괜찮다. 즉 O(N * N + N)에서는 O(N * N)만 남겨 기록한다. N이 충분히 큰 값이 되어 많은 연산을 한다고 했을 때, 뒤에 더해지는 N의 루프 시간은 그리 중요하지 않기 때문이다. 다음 예제를 보자.

```
i = 0
k = 0
for i in range(int(n / 2), n + 1):
    j = 2
    while j <= n:
        k = k + int(n / 2)
        j = j * 2
```

조금 복잡한 예제이다. 우선 1번째 for 루프를 보면 n/2에서 n까지 순회하고, 2번째 루프에서는 j가 n까지 도달하는데 1씩 증가하는 것이 아니라 j = j * 2의 형태로 증가된다. n의 값을 8이라 하고 어떻게 루프를 수행하는지 알아보자.

```
i = 4, j = 2, 4, 8
i = 5, j = 2, 4, 8
i = 6, j = 2, 4, 8
i = 7, j = 2, 4, 8
i = 8, j = 2, 4, 8
```

i 는 n/2인 4부터 8까지 증가하고, j는 2, 4, 8을 반복하게 된다. 만약 n이 16과 32 이라면 각각 어떻게 되는지 확인해보자.

```
n = 16
i = 8, j = 2, 4, 8, 16
…
i = 16, j = 2, 4, 8, 16

n = 32
i = 16, j = 2, 4, 8, 16, 32
…
i = 32, j = 2, 4, 8, 16, 32
```

뭔가 규칙이 보일 것이다. i는 n/2 만큼 수행되고, j는 정확히 logn만큼 수행한다. 이를 Big-O 표기법으로 표현하면 O(n/2 * logn)이 된다. 이를 조금 더 단순하게 O(n * logn)으로 표기한다. 대개 변수 앞에 붙는 곱의 계수는 Big-O 표기에 의해 드러나는 연산 크기에 큰 영향을 주지 않으므로 제거한다.

문제를 해결하고 난 뒤 코드의 시간과 공간 복잡도를 고민하는 습관을 가져 보자. 이런 습관을 통해 자신이 개발한 코드가 얼마나 효율적으로 수행되는지 파악하는 데 도움이 될 것이다. 시간과 공간 복잡도 계산은 모든 문제 풀이에서 어떻게 산정했는지 연습할 것이다. 관련 내용은

Big−O cheat sheet[2]를 참조했다.

자료구조	접근(Access)	검색(Search)	삽입(Insertion)	삭제(Deletion)
배열	O(1)	O(n)	O(n)	O(n)
스택	O(n)	O(n)	O(1)	O(1)
큐	O(n)	O(n)	O(1)	O(1)
해시 테이블	N/A	O(1)	O(1)	O(1)
이진 트리 검색	O(logn)	O(logn)	O(logn)	O(logn)

기본 자료구조 시간 복잡도(Big−O)

정렬 알고리즘	최선(Best)	평균(Average)	최악(Worst)
퀵 정렬(Quick Sort)	O(nlogn)	O(nlogn)	$O(n^2)$
병합 정렬(Merge Sort)	O(nlogn)	O(nlogn)	O(nlogn)
힙 정렬(Heap Sort)	O(nlogn)	O(nlogn)	O(nlogn)
거품 정렬(Bubble Sort)	O(n)	$O(n^2)$	$O(n^2)$

기본 정렬 알고리즘 시간 복잡도

Code (코드 작성)

아이디어에 해당하는 내용의 코드를 작성한다. 본인이 사용하는 언어로 개발도구에 의존하지 않고 작성하는 연습을 해보자. 또한 자신이 생각하는 알고리즘에 대한 구현은 어떻게 해야 할지 고민을 해야 한다. 이렇게 작성된 코드를 테스트 케이스로 확인한 뒤 코드를 컴퓨터로 작성해보고 실행해보자. 처음에는 조금 답답할 수 있으나 알고리즘 문제 해결을 위해서는 많이 복

---

2 http://bigocheatsheet.com/

잡한 라이브러리의 함수를 이용하는 것이 아니니 익숙해지는 데는 그리 오래 걸리지 않을 것이다. 결론적으로 완벽하게 컴퓨터에서 수행될 수 있도록 코드를 작성하도록 노력하자. 종이나 화이트보드에 미리 연습을 하는 것이므로 이에 대해 주의할 점을 알아보자.

- **코딩하기 전에 조금 더 고민하자.** 종이에 코딩하는 것은 개발 도구의 'Undo (실행 취소)' 같은 것이 없다 보니 많은 수정을 하다 보면 쉽게 지저분해지고 원래 의도를 파악하기 힘들어진다.

- **변수 이름을 명확하고 알맞게 정의하자.** IDE에서는 좋은 코드를 만들기 위해 여러 플러그인들의 도움을 받을 수 있지만 종이위에 코딩을 작성하는 경우는 그렇지 않다. 그렇기 때문에 자신이 정의한 변수에 어떤 의도가 있는지 명확히 하여 좋은 코드를 보여주도록 노력하자.

- **작은 단위의 논리적 조각으로 분해하여 분석하고, 다른 코드와 섞이지 않도록 노력해야 한다.**

- **자신이 작성한 코드를 여러 번 검토하자.** 스스로가 코드를 보고 어떻게 수행될지 머릿속으로 확인하는 습관을 길러보자. 향후에 자신이 만드는 코드 품질 개선에 많은 도움이 될 것이다.

Test Cases(테스트 케이스 검토)

가장 기본적인 입력에 대한 검증이 가장 중요하다. 우선 본인이 구현한 코드로 문제에서 제공하는 입력 해결을 해야 한다. 기본적인 테스트 입력값은 가장 단순하고 문제를 명확히 표현할 수 있는 값으로 진행해야 한다. 가장 기본적인 값을 확인했다면 추가적으로 확인해야 하는 테스트를 진행해보자.

- **에지 케이스(Edge case):** 'Constraints (제한사항)'에서 제시한 입력값의 범위가 주어진 값을 벗어난 경우에 어떤 식으로 동작하는지 확인하자. 대표적인 예로, 정수(int)가 가질 수 있는 값의 범위를 넘어서면 어떤 출력값이 예상되는지 확인하자.

- **해결책이 없는 경우**: 예를 들어, 입력값에 Null 또는 None이 들어왔을 경우 어떻게 처리해야 하는지 고민해야 한다.
- **다양한 테스트 케이스**: 여러 테스트 케이스를 스스로 생각해보는 연습도 필요하다. 많은 문제를 접하고 테스트하다 보면, 어떤 테스트 케이스를 수행해야 할지 대략 알 수 있을 것이다.

어떤 문제에 대해 요구하는 모든 테스트 케이스를 고려하여 문제를 푸는 것은 어렵다. 자신이 만든 기본적인 테스트 케이스를 통과했다고 생각이 든다면 온라인 코딩 문제를 제공하는 사이트에서 직접 수행해보고 문제가 없는지 혹은 어떤 부분이 부족한지 확인하도록 하자.

책의 구성

자료구조와 알고리즘을 분류하고, 각 자료구조와 알고리즘에 해당하는 문제를 분석하고 문제 풀이를 진행해 볼 것이다.

자료구조 및 알고리즘 설명

다양한 자료구조와 알고리즘의 기본적인 설명을 기술한다. 코드는 파이썬(Python)으로 만들어졌으며, 필요시 파이썬에서 사용하는 라이브러리 호출이나 사용법을 추가로 설명했다. 각 챕터별 자료구조를 기준으로 코딩 문제 풀이는 파이썬으로 설명했다.

챕터별 전달하고자 했던 내용을 요약하면 다음과 같다.

- **1장 배열(Array)**: 가장 기본적인 자료구조 문제다. 이해하기 쉽고 문제의 난도가 낮은 편이지만 다양한 조건을 동시 혹은 조합으로 만족시켜야 하는 문제들이 있어 다양한 예제를 통한 학습과 연습이 요구된다. 배열은 다른 알고리즘 문제에서도 사용되므로 다양한 문제 연습을 통해 충분히 학습되어야 한다.

- **2장 문자열(String)**: 가장 많이 사용되는 회문 / 애너그램 등을 통해 문자열의 조작을 연습한다. 추가적으로 문자열에서 정규표현식 활용 능력을 키운다면 다양한 문제를 해결하는데 도움이 될 것이다.

- **3장 연결 리스트(Linked List)**: 노드 간 이동이나 순서 변경을 위한 코드 연습이 부족하다면 조금 어려울 수 있다. 기본적인 패턴을 이해하고 다른 문제를 연습할 수 있도록 구성했다.

- **4장 스택(Stack)과 재귀(Recursion)**: 스택이란 자료구조와 재귀 방법을 이해하는 것은 쉽지만, 필자의 경우 문제를 해결하기 위한 방법으로 이것들을 적용하는 과정에서 어려움을 느꼈다. 다양한 문제에서 활용되는 만큼 이해를 돕기 위해 독립적인 챕터로 구성했다. 재귀에 대한 이해를 중심으로 설명하고 있다.

- **5장 큐(Queue)**: 스택과 함께 다루어지는 자료구조로 트리에서 너비 우선 탐색을 설명하기 위해 간략히 다룬다.

- **6장 트리(Tree)**: 트리 문제는 탐색 문제의 기본 구조를 가지고 있고, 연결 리스트처럼 노드 간 연결을 제어하는 문제들도 있다. 깊이 / 너비 우선 탐색을 이해하고 해당 탐색을 이용한 문제를 풀이함으로써 트리 문제의 패턴을 이해할 수 있을 것이다.

- **7장 동적 프로그래밍(Dynamic Programming)**: 재귀로 전체 탐색에 대한 이해를 했다면 재귀적 방식의 확장인 동적 프로그래밍을 함께 이해해볼 필요가 있다. 전체 탐색에서 시간 복잡도를 많이 낮추는 과정이 필요하다. 온라인 코딩 사이트의 문제들은 난도가 대개 보통(medium) 이상 일 것이다. 하지만 비슷한 패턴이 있기 때문에, 소개된 문제들을 이해한다면 다른 관련 문제를 접근하거나 풀이하는 데 도움이 될 것이다.

이 책에서 언급한 자료구조를 중심으로 학습한다면 온라인 코딩 사이트의 쉬운(easy), 보통(medium) 수준의 문제는 어느 정도 접근이 가능하여 풀이할 수 있을 것이다.

알고리즘 문제 소개 및 풀이

각 알고리즘 문제를 제시하고 어떤 식으로 풀어야 할지 접근 방법을 소개한다. 노트 레이아웃의 항목별 접근을 통해 문제를 풀어가는 방향으로 진행하길 추천한다.

온라인 코드 비주얼라이저

코드를 추적하다 보면, 재귀적으로 호출되는 함수와 레퍼런스로 넘어가는 값들 때문에 어느 시점에 값이 변하고 함수 호출 스택이 바뀌었는지 판단하기 힘든 경우가 있다. 대부분 재귀 호출 코드 값을 추적하기 힘든 경우가 많다. 이를 위해, 필자가 사용한 온라인 코드 추적 비주얼라이저를 소개한다. 바로 Python Tutor[3]라는 코드 비주얼라이저이다. 파이썬 3.6을 지원하고 있으며, 코드에 특정 테스트 케이스를 통한 라인을 스텝별로 추적할 수 있는 장점이 있다.

파이썬뿐만 아니라 자바 / C++ / 자바스크립트 등 다양한 언어를 지원한다.

주석 설명에 나온 url로 접속하면, 화면 상단에 'Python Tutor' 링크가 나온다.

VISUALIZE CODE AND GET LIVE HELP

Learn Python, Java, C, C++, JavaScript, and Ruby

Python Tutor (created by Philip Guo) helps people overcome a fundamental barrier to learning programming: understanding what happens as the computer runs each line of code.

Python Tutor 사이트 메인

해당 링크를 클릭해 파이썬 비주얼라이저 화면으로 넘어가 보자. 화면 가운데에 코드 블록이 있고 'Write code in' 항목에 Python 3.6이 이미 선택되어 있을 것이다. 이 드롭박스를 내려

---

3 http://www.pythontutor.com/

보면 어떤 언어가 지원되는지 확인을 할 수 있다.

Python Tutor 초기 화면

간단히 코드를 입력하고, [Visualize Execution] 버튼을 클릭하면 본인의 코드를 라인별로 실행하면서 값의 변화를 보여준다.

```python
def sum_num_range(start, end):
    sum = 0

    for i in range(start, end + 1):
        sum += i

    return sum
```

```
sum_num_range(10, 20)
```

특정 시작과 끝을 인자로 하여 그 사이 모든 수를 더하는 코드이다. start = 10, end = 20을 입력하고 [Visualize Execution] 버튼을 클릭해보자.

Visualize Execution

왼쪽에는 작성했던 코드가 나오고 녹색과 빨간색 화살표가 보인다. 녹색은 현재 실행되는 라인이고 빨간색은 아래 [Next 〉] 버튼을 눌렀을 때, 실행되는 라인이다. 오른쪽에는 녹색 화살표가 진행되고 나면, 각 변수들이 가지는 값들을 표현한다. 계속 [Next 〉] 버튼을 누르다 보면, i의 값과 sum의 값이 변경되는 것을 볼 수 있다. 아주 간단한 인터페이스를 가지는 웹 사이트지만 코드 실행이 어떤 흐름으로 진행되는지 파악하는 데 큰 도움이 될 것이다.

이 책의 코드는 파이썬 기반으로 작성되었습니다.

• **예제 코드:** *github.com/daeseokyoun/learn-algorithm-by-writing*

CONTENTS

CHAPTER 1 배열(Array)

CONTENTS

CHAPTER 2 문자열(String)

CHAPTER 3 연결 리스트(Linked List)

CHAPTER 4 스택(Stack)과 재귀(Recursion)

CONTENTS

CHAPTER 7 동적 프로그래밍(Dynamic Programming)

CHAPTER 8 정렬(Sorting) 알고리즘

CONTENTS

CHAPTER 1

배열(Array)

1.1 배열의 이해

배열이란 연속적인 메모리 공간에 저장된 아이템의 집합을 표현하는 자료구조다. 연속적인 메모리 공간에 저장하기 위해 같은 타입의 변수를 연속적으로 저장하는 방식으로 운영된다. 즉, 정의하는 시점의 타입이 정수라면 정수형 배열로 해당 배열은 정수형만 가질 수 있다.

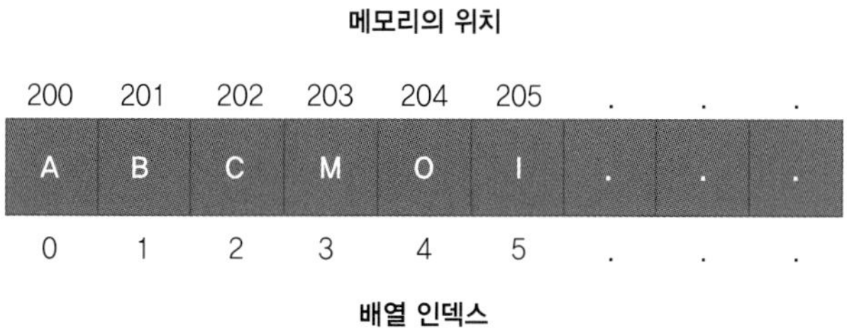
메모리의 위치
200 201 202 203 204 205 . . .
A B C M O I . . .
0 1 2 3 4 5 . . .
배열 인덱스

그림 1-1 배열 인덱스와 메모리의 위치 관계

문자를 저장하기 위한 배열을 생성했고, 메모리 시작을 200의 주소에서 시작했다면 각 요소는 1바이트를 차지하고, 연속적인 공간에 배열 인덱스 0, 1, 2..의 값으로 접근할 수 있도록 하는 것이 배열이다.

1.2 파이썬에서 배열(리스트) 사용법

파이썬에서 배열 자료구조를 어떤 방식으로 사용하고 어떻게 연속된 공간을 접근 / 삽입 / 삭제를 진행할 수 있는지 알아보자. 파이썬에서 배열 속성을 지원하기 위한 2가지 사용 방법으로 리스트(List)와 Array 모듈이 있다. **1.1**에서 설명한 일반적인 배열 자료구조는 Array 모듈이 이론적으로 더 가까운 사용법이지만, 파이썬에서 제공하는 리스트도 배열처럼 접근하고 사용할 수 있기 때문에 많이 사용하는 방법 중 하나이다. 이 둘의 가장 큰 차이점은 리스트는 여러 타입을 하나의 자료구조에 담을 수 있고, Array 모듈은 초기화하는 시점에 정해진 하나의 타입만을 담을 수 있도록 지원한다. 이 둘의 사용법을 하나씩 알아보자.

1.2.1 리스트(List)

파이썬에서 List를 통해 배열의 생성 / 접근 / 삽입 / 삭제 방법을 소개한다. 관련 코드는 **들어가며**에서 소개한 Python Shell에서 실행 및 확인을 쉽게 할 수 있다.

리스트 초기화

파이썬에서 리스트 초기화 방법을 알아보자. 리스트를 운영하는 방식에 따라 다양하게 초기화를 진행할 수 있다. 만약 10개의 요소를 가지는 리스트를 생성했다면, 아래 그림과 같이 리스트가 구성될 것이다.

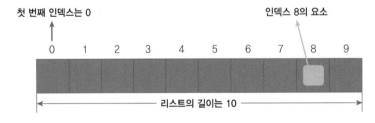

그림 1-2 리스트 구성

리스트를 기본적으로 생성하는 방법을 알아보자.

Python Shell (3.7)

```
# 비어 있는 리스트 선언
>>> py_list_empty = []
>>> print(py_list_empty)
[]

# 1, 2, 3, 4, 5의 요소를 가지는 리스트 선언
>>> py_list = [1, 2, 3, 4, 5]
>>> print(py_list)
[1, 2, 3, 4, 5]

# 0을 10개 가지는 리스트 초기화
>>> py_list_zeros_1 = [ 0 for i in range(10) ]
>>> print(py_list_zeros_1)
[0, 0, 0, 0, 0, 0, 0, 0, 0, 0]

>>> py_list_zeros_2 = [0] * 10
>>> print(py_list_zeros_2)
[0, 0, 0, 0, 0, 0, 0, 0, 0, 0]
```

리스트 요소 추가 및 삭제

리스트를 초기화하고 특정 요소나 리스트를 추가하는 방법을 제공한다. 요소 추가 관련 메서드는 append() / extend() / insert()가 있고, 삭제 관련 메서드는 remove() / clear()가 있다. 각각 사용법을 알아보고 결과를 확인해보자.

Python Shell (3.7)

```
# py_list를 1, 2, 3, 4, 5로 초기화하고 6 요소를 추가(append)한다.
>>> py_list = [1, 2, 3, 4, 5]
>>> py_list.append(6)
>>> print(py_list)
[1, 2, 3, 4, 5, 6]

# py_list_1에 py_list_2의 [4, 5, 6]을 추가(append)한다.
>>> py_list_1 = [1, 2, 3]
>>> py_list_2 = [4, 5, 6]
>>> py_list_1.append(py_list_2)
[1, 2, 3, [4, 5, 6]]
```

```
# py_list_1에 py_list_2의 [4, 5, 6]을 확장(extend)한다.
>>> py_list_1 = [1, 2, 3]
>>> py_list_2 = [4, 5, 6]
>>> py_list_1.extend(py_list_2)
[1, 2, 3, 4, 5, 6]

# py_list의 3번째 위치에 4 요소를 추가한다.
>>> py_list = [1, 2, 3]
>>> py_list.insert(3, 4)
>>> print(py_list)
[1, 2, 3, 4]

# py_list에 2의 요소를 삭제한다.
# list에는 중복된 값이 있을 수 있고, 여러 값들 중에 가장 앞선 인덱스의 요소가 삭제
된다.
>>> py_list = [1, 2, 3, 2, 4 ]
>>> py_list.remove(2)
>>> print(py_list)
[1, 3, 2, 4]

# py_list의 모든 요소를 삭제한다.
>>> py_list = [1, 2, 3]
>>> py_list.clear()
>>> print(py_list)
[]

# py_list의 2번째 있는 요소를 삭제한다.
>>> py_list = [1, 2, 3]
>>> del py_list[1]
>>> print(py_list)
[1, 3]
```

리스트의 요소 접근

파이썬에서는 일반적인 인덱스로 값을 접근 하는 방법뿐 아니라 슬라이싱(slicing)으로 리스트를 잘라 접근하는 방법도 제공한다. 파이썬에서 제공하는 리스트의 접근 인덱싱에 대해 알아보자. 아래는 가장 기본적인 인덱스 접근이다.

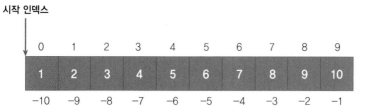

그림 1-3 리스트 인덱스 접근

기본적으로 리스트 인덱스는 0부터 시작하며, 해당 길이 −1만큼 접근이 가능하다. 또한 역으로도 접근이 가능한데, 리스트 총 길이가 10이라면 마지막 인덱스는 list[9]로 접근이 가능하고 list[−1]로도 접근이 가능하다. 리스트 길이 변화가 있다면 길이를 매번 계산하여 마지막 요소를 접근하는 것이 아니라 간단하게 −1 인덱스를 사용하면 된다.

Python Shell (3.7)

```
>>> py_list = [1, 2, 3, 4, 5, 6, 7, 8, 9, 10]
>>> py_list[9]
10
>>> py_list[-1]
10
>>> py_list[3]
4
>>> py_list[-7]
4
```

또 다른 접근 방식인 파이썬의 슬라이싱(slicing) 방법에 대해 알아보자.

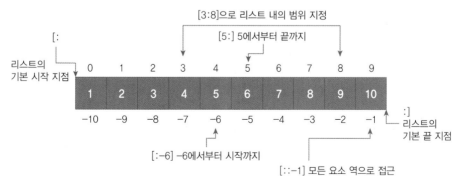

그림 1-4 리스트의 범위 연산자 사용

리스트 인덱스에 :(콜론)으로 범위 지정이 가능하다. 각 연산에 따라 리스트의 어떤 값이 출력 되는지 확인해보자. 리스트에 접근할 때 : 을 기준으로 앞은 리스트의 시작 인덱스고 콜론 뒤는 리스트의 끝 지점을 지정한 것이다. 예를 들어 py_list[3:8]라고 쓰면, py_list에서 인덱스 3에 서 인덱스 8까지의 값을 잘라(slice) 사용한다는 의미다. 만약 콜론을 기준으로 앞의 값이 비 워져 있다면, 맨 앞(0의 인덱스)을 의미하고 뒤의 값이 비어져 있으면 맨 뒤(-1 인덱스)를 의 미한다.

Python Shell (3.7)

```
# py_list를 초기화
>>> py_list = [1, 2, 3, 4, 5, 6, 7, 8, 9, 10]

# py_list의 인덱스 3에서 8까지 자르기
>>> py_list[3:8]
[4, 5, 6, 7, 8]

# py_list의 인덱스 5에서 시작해서 끝까지 자르기
>>> py_list[5:]
[6, 7, 8, 9, 10]

# py_list의 처음 요소부터 -6(4) 인덱스까지 자르기
>>> py_list[:-6]
[1, 2, 3, 4]

# 콜론(:) 연산을 2개 사용했다면 마지막은 스텝(step)으로 사용한다.
# 리스트를 역순으로 얻어올 수 있도록 한다.
>>> py_list[::-1]
[10, 9, 8, 7, 6, 5, 4, 3, 2, 1]
```

1.2.2 Array 모듈

파이썬에서는 C에서 사용하는 배열 접근을 단순히 래퍼(Wrapper)하여 지원하는 Array 모듈 을 제공한다. Array 모듈은 C / C++에서 사용하는 배열 접근을 그대로 제공하기 위한 모듈이 라 생각하면 된다. 리스트에서 제공하는 기능들과 비슷하다. 리스트는 여러 타입의 요소를 가 질 수 있으나 Array 모듈은 한 번 설정한 타입의 요소만 추가 / 삭제가 가능하다.

Array 모듈을 통한 초기화

파이썬에서 모듈의 형태로 제공되기 때문에 import 문을 사용하여 해당 모듈을 추가해야 한다. 리스트와는 다르게 초기화에서 해당 배열 타입을 결정해 줘야 한다. 예를 들어, 정수형 배열을 선언하고 초깃값으로 [1, 2, 3] 을 가지게 하려면 다음과 같이 진행해야 한다.

```
# array 모듈을 사용할 것이며, 해당 모듈은 arr이라는 이름으로 접근하도록 하겠다.
import array as arr

# 정수형 배열을 생성하고 초깃값으로 [1, 2, 3]을 가진다.
int_array = arr.array('i', [1, 2, 3])
```

이렇게 int_array를 생성할 수 있다. 정수형 배열을 선언할 때, arr.array( )의 1번째 인자로 i 라는 문자를 넣어줬다. 이것은 정수형 배열이라는 것을 array( ) 메서드로 알려주는 방식이다. 그렇다면 Array 모듈을 이용하여 C에서 사용하는 다른 타입을 어떤 문자로 초기화하면 되는지 알아보자.

Type Code	C 언어 타입	Python 타입	최소 크기(바이트)
'b'	signed char	int	1
'B'	unsigned char	int	1
'u'	Py_UNICODE	unicode character	2
'h'	signed short	int	2
'H'	unsigned short	int	2
'i'	signed int	int	2
'I'	unsigned int	int	2
'l'	signed long	int	4
'L'	unsigned long	int	4
'q'	signed long long	int	8
'Q'	unsigned long long	int	8
'f'	float	float	4
'd'	double	float	8

Array 모듈을 통한 삽입 / 삭제

Type Code를 이용하여 사용하려는 해당 자료형의 데이터를 배열로 관리할 수 있다. Array 모듈을 이용한 배열의 생성 / 삽입 / 삭제에 관한 예제를 보자.

Python Code (3.7)

```python
# array 모듈을 arr 이름으로 사용하기
import array as arr

# int_arr 를 정수형 [1, 2, 3]을 가지도록 초기화
int_arr = arr.array('i', [1, 2, 3])

print("elements in array : ", end = "")
for i in range(0, len(int_arr)):
    print(int_arr[i], end = " ")
print()

# 1 의 위치에 4의 값을 추가
int_arr.insert(1, 4)

print("elements after insertion : ", end = " ")
for i in (int_arr):
    print(i, end = " ")
print()

# 1 을 값을 찾아 제거
int_arr.remove(1)

print("elements after delete \'1\' in array : ", end = " ")
for i in (int_arr):
    print(i, end = " ")
print()
```

```
Result:
elements in array : 1 2 3
elements after insertion :  1 4 2 3
elements after delete '1' in array :  4 2 3
```

리스트(list), 튜플(tuple) 등을 순회하고자 할 때, 인덱스로 0에서 n − 1까지 접근 가능한데

이것을 range()[1] 내장 함수를 이용해 리스트나 튜플의 접근 인덱스를 생성할 수 있다. 대개 range(〈start〉, 〈end〉, 〈step〉)의 값을 가지는데, start로 쓰인 값은 포함하고 end로 쓰인 값은 포함하지 않는다. step은 넣지 않는다면 기본값으로 1이 된다. 예를 들어 range(0, 3)이면 0, 1, 2를 생성하여 수행한다.

참고로 파이썬에서 print()를 사용하여 출력하는 과정은 기본적으로 1번의 호출과 함께 새라인(new line)를 추가한다. 기본적인 값은 print() 함수의 end 인자를 재설정하면 가능하다. 예를 들어 'Hello'를 출력하는 print() 함수와 'World'를 출력하는 함수를 2번 호출해도 'Hello World'로 출력하고 싶은 경우 다음과 같이 진행하면 된다.

```python
print("Hello", end = " ")
print("World")
```

Array 모듈을 통한 배열 접근 및 값 업데이트

앞서 살펴본 리스트의 요소 접근처럼 Array 모듈 배열 요소에 접근이 가능하다. 그 외에도 Array 모듈은 다양한 API를 제공한다. 그중 자주 쓰이는 것 위주로 살펴보자.

Python Code (3.7)

```python
import array as arr

int_list = [1, 2, 3, 4, 3, 6, 7, 4, 5, 10]

# list의 요소를 배열로 변환
int_arr = arr.array('i', int_list)

print("elements in array : ")
for i in (int_arr):
    print(i, end = " ")
print()

# 3의 값이 가장 처음 나타나는 배열의 인덱스를 출력
print("The index of 1st occurrence of 3 is : ", end = "")
print(int_arr.index(3))
```

---

[1] https://docs.python.org/ko/3.7/library/functions.html#func-range

```
.nt("The index of 1st occurrence of 1 is : ", end = "")
print(int_arr.index(1))

# 배열 4번째 요소의 값을 5로 업데이트
int_arr[4] = 5
print("elements after updation : ", end = "")
for i in (int_arr):
    print(i, end = " ")
print()
```

```
Result:
elements in array :
1 2 3 4 3 6 7 4 5 10
The index of 1st occurrence of 3 is : 2
The index of 1st occurrence of 1 is : 0
elements after updation : 1 2 3 4 5 6 7 4 5 10
```

1.3 두 수의 합 찾기

1.3.1 문제 기술 및 설명

주어진 정수형 배열에서 2개의 숫자를 선택하여 더한 값이 특정 목푯값(Target)을 만들 때, 그 선택한 2개의 정수가 있는 배열의 인덱스를 반환하는 프로그램을 작성하라. 입력값으로 주어지는 배열에는 정확히 하나의 정답이 존재하며, 같은 요소의 값을 중복해서 사용할 수 없다.

- 입력값: nums = [2, 7, 10, 19], target = 9
- 출력값: [0, 1]

nums 배열의 요소 2(0 인덱스), 7(1 인덱스)의 합이 target인 9와 같으니 해당 인덱스를 리스트([0, 1])로 반환하면 된다.

1.3.2 노트 레이아웃을 이용한 문제 접근 및 풀이

우선 문제를 분석하고 제공하는 제한사항을 기록하자.

제한사항(Constraints)

제한사항	코드
1. 정수형 배열 2. 두 수의 합이 정수형을 초과할 수 있는가? 　– 문제에 언급이 없다. 3. 두 수의 합 값이 배열 내에 무조건 존재하는가? 　– 무조건 정확히 하나의 해결책이 존재한다. 4. 중복된 요소의 값을 2번 이상 사용하여 결괏값을 만들어서는 안된다.	
아이디어	시간 복잡도: 공간 복잡도:
테스트	

분석한 제한사항을 기준으로 아이디어를 구성해보자.

아이디어(Ideas)

아이디어는 여러 가지가 가능하다. 이를 통해 시간 / 공간 복잡도를 구성해보고 해당 아이디어를 코딩 해야 한다.

제한사항	코드
아이디어(Brute-force) 1. 배열의 모든 요소의 조합을 찾는다. 　– 루프는 i = 0 ~ n, j = i + 1 ~ n으로 2 중 루프를 구성한다. 　– 1번째 루프(n 번), 2번째 루프는 (n – 1)을 기준으로 n * (n – 1)로 계산하자. 2. 해당 조합으로 목푯값(target)과 비교하여 같다면 　– 해당 루프를 종료하고 각 값을 가진 인덱스를 반환한다.	시간 복잡도: $O(n^2)$ 공간 복잡도: $O(1)$
테스트	

제한사항	코드
아이디어(Hash Table) 1. 해시 테이블을 구성한다. 　– 키값으로는 배열의 요소, 값으로는 요소의 인덱스로 구성 2. 각 요소를 순회하면서, 　– 목푯값 – 현재 요소 = 다른 요소 　– 해시 테이블에서 다른 요소의 값을 찾는다. 　– 만약 다른 요소가 해시 테이블에 있다면, 현재 요소의 인덱스 　　와 해시 테이블의 값(인덱스)을 반환한다. 　– 다른 요소가 없다면, 현재 요소를 해시 테이블의 키값으로 넣 　　고 인덱스를 해시 테이블의 값 항목으로 추가한다.	시간 복잡도: O(n) – 1번의 순회로 원하는 값을 　찾을 수 있다.
	공간 복잡도: O(n) 해시 테이블을 생성하여 최대 로 모든 요소(n)를 담아야 한다.
테스트	

아이디어는 모든 경우의 수(Brute-force)를 찾는 것과 해시 테이블(Hash Table)을 구성하는 방법이 있다. 배열에서 중복 값을 찾거나 순회하면서 특정 값을 쉽게 찾을 수 있는 방법으로 해시 테이블을 많이 이용한다. 문제에 중복이라는 말이 나온다면, 해시 테이블(Hash Table 혹은 Set)을 검토해보기 바란다.

아이디어를 조금 더 구체적으로 설명하겠다. 모든 경우의 수(Brute-force)를 찾는 경우, 배열에 [2, 3, 8, 9, 11, 12]의 값이 있다면 중복된 값을 허용하지 않는 모든 경우의 수를 찾아보자. (2, 3), (2, 8), (2, 9), (2, 11), (2, 12), (3, 8), (3, 9), (3, 11), (3, 12), (8, 9), (8, 11), (8, 12), (9, 11), (9, 12), (11, 12)의 조합이 나올 것이다. 만약 목푯값이 13이라면 (2, 11)의 조합만이 답이 될 것이다. 이런 조합은 [2, 3, 8, 9, 11, 12]의 맨 앞 인덱스 2를 선택해서 [3, 8, 9, 11, 12]를 순회하여 조합하고, 3의 경우 [8, 9, 11, 12]를 조합하게 된다.

이 과정을 코드로 구현해보자.

```
for i in range(0, len(nums)):
  for j in range(i + 1, len(nums)):
    if (nums[i] + nums[j]) is target:
      return [i, j]
```

i는 0 ~ n – 1까지 n 번 루프를 진행할 것이고 j는 i + 1 ~ n – 1까지 최대 n – 1번 순회할 것이다. 이를 통해 시간 복잡도는 $O(n^2)$가 된다.

해시 테이블을 이용하는 방법을 알아보자. 각 요소 방문 때마다 처리해야 하는 (목푯값 − 현재 요솟값)의 값이 해시 테이블에 존재하는지 아닌지 확인하여 존재한다면 해시 테이블의 값을 꺼내 현재 요솟값의 인덱스와 함께 반환해 주면 된다.

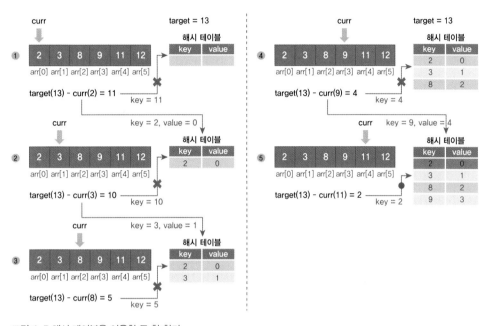

그림 1-5 해시 테이블을 이용한 두 합 찾기

[그림 1-5]에서 보는 바와 같이 각 요소를 접근하면서 목푯값에 해당 요솟값을 뺀 값을 찾을 수 있다면 두 수의 합은 목푯값이라는 것을 알 수 있다. 이를 가능하게 하기 위해 해시 테이블을 이용할 것이다. 해시 테이블은 기본적으로 키(key)값과 해당 키에 대응하는 값(value)으로 구성되고, 중복을 허용하지 않는 경우에 특정 키값에 대한 값을 찾는 시간 복잡도는 O(1)로 알려져 있다. 그래서 1번의 순회를 통해, [그림 1-5]에서 보는 바와 같이 마지막에 목푯값(13) − 현재 요소(11)를 뺀 값 2가 해시 테이블로부터 찾아서 2 + 11 = 13이라는 공식을 완성했다. 최악의 경우 모든 요소를 순회해야 하므로 시간 복잡도는 O(n)이 될 것이다.

코드(code)

글로 써놓은 아이디어를 코드로 표현해보자. 사실 아이디어를 구체적으로 설계한다면 코드는 단지 표현하는 수단 중 하나일 뿐이다.

제한사항		코드
| 아이디어 | 시간: | ```python
def twoSum(nums: List[int], target: int) -> List[int]:
    for i in range(0, len(nums)):
        for j in range(i + 1, len(nums)):
            if (nums[i] + nums[j]) is target:
                return [i, j]
    return [-1, -1]
``` |
| | 공간: | |
| 테스트 | | |

아이디어(Brute-force)에 해당하는 내용을 구현해 보았다. 이를 위해 앞서 아이디어로 테스트했던 값을 하나씩 넣어보면서 해당 로직이 잘 구성되었는지 확인해보자. 2번째 아이디어는 해시 테이블을 이용하는 것이다. 해시 테이블은 6장에서 자세히 다룰 예정이다. 이 문제에서는 파이썬에서 해시 테이블은 어떤 식으로 구성되는지 참고만 하자. 파이썬은 사전(dictionary) 자료구조를 통해 해시 테이블을 쉽게 사용할 수 있다. 배열처럼 접근이 가능하고 인덱스로 다양한 타입(문자열, 숫자 등)을 사용할 수 있다.

제한사항		코드
| 아이디어 | 시간: | ```python
def twoSum(nums: List[int], target: int) -> List[int]:
    hashtable_dict = {}

    for i in range(0, len(nums)):
        value = target - nums[i]

        if hashtable_dict.get(value) is not None \
            and hashtable_dict[value] != i:
            return sorted([i, hashtable_dict[value]])

        hashtable_dict[nums[i]] = i

    return [-1, -1]
``` |
| | 공간: | |
| 테스트 | | |

테스트(Test Cases)

제한사항(Constraints)에서 살펴본 내용과 함께 테스트 케이스를 만들어보자.

```
Test Case 1: nums = [2, 7, 8, 11], target = 9
```

twoSum( ) 함수의 모든 변수를 테스트 케이스의 입력값에 맞춰 추적하여 문제가 없는지 확인해보도록 한다. for 루프에서 지역 변수인 i, value, hashtable_dict를 추적하는 연습을 해보자. 이 문제의 조건에서 유일하게 하나의 해결책을 가진다고 나와있으므로, target을 구성하지 못하는 경우나 nums의 배열이 비어 있거나 하는 에지 케이스(Edge case)는 없을 것이다. 어떤 데이터가 되든 동일한 조건으로 값을 추적할 수 있을 것이고, 이를 통해 자신의 코드를 1번 더 검증해보자. 실제 이런 과정을 통해 코딩하는 시점에서 발견하지 못한 문제점을 찾고 해결할 수 있다.

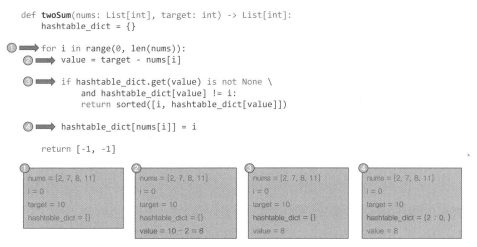

그림 1-6 순차 코드 실행 및 변수의 값 변화

간단하게 4번의 스텝 정도만 확인해보자. nums = [2, 7, 8, 11], i = 0, target = 10의 초깃값을 가지고 있고, hashtable_dict 변수는 해시 테이블로 키값은 배열 내의 요솟값이 될 것이고 값으로는 해당 요소의 배열 인덱스 값을 가질 것이다. 예를 들어, nums의 2요소는 0의 인덱스를 가지는데 hashtable_dict[2] = 0으로 입력이 될 것이다. 향후에 hashtable_dict[2]로 접근하면 0의 값을 반환할 것이다. 2번째 스텝에서 target과 현재 접근하고 있는 요솟값을 빼서 임시 변수 value에 저장할 것이다. 3번째 스텝에서 계산된 value 값이 hashtable_dict에 있는지 확인한다. 없다면, hashtable_dict에 조건에 맞게 저장하면 된다. 테스트 케이스에서 해결책을 찾을 때까지 확인해보자.

1.3.3 관련 문제 사이트

- LeetCode : Two Sum 1번 문제

  https://leetcode.com/problems/two-sum

- Hackerrank : Pairs 문제

  https://www.hackerrank.com/challenges/pairs/problem

- 백준 온라인 저지: 두 수의 합

  https://www.acmicpc.net/problem/3273

1.4 정렬된 배열에서 중복 제거

1.4.1 문제 기술 및 설명

정렬된 배열의 요소들을 중복 없이 단 1번씩만 가질 수 있도록 주어진 배열을 **그대로**(**in-place**) 수정하고, 수정된 배열의 새로운 길이를 반환하라.

* 추가적인 배열의 할당은 하지 않고, 중복된 요소를 하나만 남기고 걸러내는 함수를 만드는 것이다. 반환된 길이 이후에 있는 데이터는 무시해도 무방하다.

```
입력값: nums = [0, 0, 0, 1, 2, 2, 2]
```

문제 의도대로 중복된 값을 제거하면 0, 1, 2만 남아 해당 길이인 3을 반환하면 문제를 해결할 수 있다.

1.4.2 노트 레이아웃을 이용한 문제 접근 및 풀이

이 문제의 결론은 주어진 배열에 중복된 요소를 안 보이게 하는 것이다. 중복을 제거하고 나면 입력으로 주어진 배열 길이는 중복이 없었을 때는 같겠지만, 해당 경우를 제외하곤 무조건 짧아지게 된다. 중복 제거된 배열의 최종 길이보다 큰 인덱스의 값은 무시해도 될 것이다.

제한사항(Constrains)

제한사항	코드
1. 정수형 배열(입력) 2. 입력으로 주어지는 배열의 길이는 0 일 수도 있다. 3. 추가 배열 할당 없이 입력 배열을 그대로 수정해야 한다. 4. 반환값은 정수이며, 배열의 길이보다 작거나 같다	
아이디어	시간 복잡도:
	공간 복잡도:
테스트	

문제 조건으로 입력으로 주어지는 배열을 직접 수정하여 중복 요소를 제거해야 하는 것이 중요하다. 배열 관련된 문제를 보다 보면, 주어진 배열을 바로 수정해서 결괏값을 내야 하는 것이 많이 나온다.

아이디어(Ideas)

이 문제는 단순하게 요소 하나씩 접근하여 중복 요소는 무시하고 이전 요소와 중복이 아닌 요소를 배열에 적절히 입력해 주면 되는 문제다.

제한사항		코드
아이디어(Brute-force) 1. 맨 첫 요소(curr)를 저장한다. 2. 배열의 요소를 맨 첫 요소를 제외하고 순회한다. – 1에서 n – 1까지 순회 – curr과 값이 같다면 다음 요소로 넘어간다 – curr과 값이 같지 않다면, curr을 현재 값으로 업데이트하고 count 값을 하나 증가시킨다. – count 값을 증가시키기 전에 count가 인덱스가 되어 해당 공간에 달라진 curr 값으로 업데이트한다.	시간 복잡도: O(n): 배열의 모든 요소 n 개를 순회해야 한다. 공간 복잡도: O(1)	
테스트		

아이디어를 가지고 예제를 수행해보도록 하자. 입력값으로 [0, 0, 0, 1, 2, 2, 2]가 주어질 때의 진행사항이다.

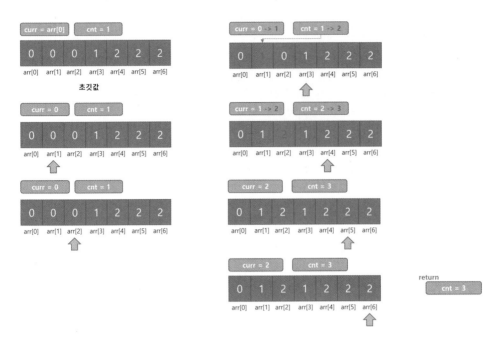

그림 1-7 배열 중복 요소 제거를 위한 순회

알고리즘을 예제를 통해 실행해보면 위와 같은 순회를 할 것이다. 첫 요소를 기준으로 curr 값을 설정하고 2번째 요소부터 비교해나가면서 curr과 다른 요소가 나온다면 cnt가 가리키는 인덱스를 현재 접근한 요소로 변경하고, 현재 요소를 curr에 설정한다. 또한 다음 요소를 저장하기 위해 cnt도 1 증가 시켜주는 작업을 배열의 요소 끝까지 순회할 때까지 진행해 주면 cnt에 최종 중복이 제거된 요소의 개수만 저장될 것이고, [그림 1-7]에서 입력으로 주어진 배열의 요소가 알맞게 업데이트될 것이다.

코드(Code)

이 문제는 배열의 접근과 요소 삽입만으로 충분히 해결 가능하다.

제한사항		코드
아이디어	시간 :	
	공간:	
테스트		

```python
def removeDuplicates(nums: List[int]) -> int:
    if len(nums) <= 0:
        return 0

    curr = nums[0]
    cnt = 1

    for i in range(1, len(nums)):
        if curr != nums[i]:
            curr = nums[i]
            nums[cnt] = curr
            cnt += 1

    return cnt
```

cnt 초깃값으로 1을 설정한 것은 1번째 요소가 아직 중복이 없으니 무조건 들어가야 하는 요소이다. 즉, 배열의 요솟값이 없는 경우가 아니라면 cnt는 최솟값이 1이 되어야 한다. 참고로 파이썬은 len()[2] 내장 함수를 제공한다. 이 함수에 리스트(list), 딕셔너리(dictionary), 튜플(tuple), 문자열(string) 등을 인자로 전달하면 해당 객체가 가지는 요소의 개수를 반환해 준다. 많이 쓰이는 내장 함수이므로 잘 알아두도록 하자.

테스트(Test Cases)

아이디어를 보면, 입력 리스트는 1번째 요소에 무조건 접근해야 한다. 따라서 입력값으로 주어진 리스트가 비어 있는 요소라면 문제가 발생할 것이다.

```
Test Case 1: nums = []
```

비어 있는 리스트가 인자로 주어졌다면, 순회할 요소가 없으므로 바로 0을 반환할 수 있어야 한다.

---

2 https://docs.python.org/ko/3.7/library/functions.html#len

```
Test Case 2: nums = [1, 2, 3, 4]
```

중복된 요소가 없다면 순회하면서 curr과 계속 값이 달라지기 때문에 cnt 값이 매 요소 방문 때마다 같은 값으로 업데이트되고 cnt 값은 총 리스트의 길이인 4 로 반환될 것이다.

```
Test Case 3: nums = [0, 0, 1, 1, 1, 2]
```

이 입력값은 마지막의 요소가 중복된 값이 없는 경우 정상 동작하는지 확인하는 테스트 케이스다. 가끔 구현한 알고리즘이 배열의 마지막 요소를 고려하지 못하는 경우가 있어 잘 확인해 주는 것이 좋다. 저장되어 있는 마지막 중복되지 않는 요소(curr)는 1일 것이고, 마지막 요소인 2를 접근할 때 서로 다르기 때문에 현재까지 중복되지 않는 요소의 카운트는 2가 된다. nums[2] = 2가 되고 cnt는 1 증가해서 3이 된다. 실제로 값을 하나씩 넣어 루프를 수행해 보자.

이 정도까지가 에지 케이스(Edge Case)가 되고 일반적인 경우에는 [0, 0, 1, 1, 2, 2, 2, 3, 3] 와 같은 값이 입력으로 주어진다면, 아이디어에서 살펴본 예제대로 운영될 것이다.

1.4.3 관련 문제 사이트

- LeetCode

  https://leetcode.com/problems/remove-duplicates-from-sorted-array/

- Hackerrank – Remove Duplicates from Sorted Array

  https://www.hackerrank.com/contests/doyoulikeit/challenges/remove-duplicates-from-sorted-array

1.5 배열에서 삽입 위치 찾기

1.5.1 문제 기술 및 설명

정렬된 배열과 목푯값(target)이 주어지는데 목푯값을 찾는다면 배열의 해당 인덱스를 반환하고, 찾지 못한다면 정렬된 배열이 되도록 목표값이 배열에 들어가야 하는 인덱스를 구하는 문제다.

- 입력값: nums = [1, 2, 3, 4, 5], target = 3
- 출력값: 2

정렬된 배열 nums에서 target 값 3을 찾을 수 있고, 해당 인덱스인 2를 반환하면 된다.

- 입력값: nums = [1, 4, 5, 6], target = 3
- 출력값: 1

배열에서 target 값인 3을 찾을 수 없으니, 배열이 정렬된 상태를 유지하기 위해서는 3이라는 값이 nums 배열의 1의 위치에 들어가면 될 것이다. 또한 이 문제는 실제로 배열에 해당 값을 넣어 정렬된 상태로 만드는 것이 아니라, 단지 target 값이 있는 위치나 들어가야 하는 위치를 반환하는 문제임을 알아두자.

1.5.2 노트 레이아웃을 이용한 문제 접근 및 풀이

입력으로 주어지는 배열이 '정렬된' 상태라는 것을 염두에 두면서 이 문제에 대한 접근법을 마련해보자. 파이썬3는 int라는 정수형이 기본적으로 64 비트 정수이다. 그래서 다른 언어와 다르게 정수형을 int / long 혹은 signed / unsigned로 구분지어 선언하거나 사용할 필요가 없다. 즉, 정수형으로 사용하는 변숫값의 범위는 시스템이 받쳐주는 한 무한정 사용할 수 있다.

제한사항(Constrains)

제한사항	코드
1. 정수형 배열 2. 정수형 target 변수 3. 배열의 값은 정수, 즉 음수, 0, 양수를 포함한다. 4. 배열은 정렬되어 있다. 5. 배열의 크기는 매우 클 수 있다.	

아이디어	시간 복잡도:
	공간 복잡도:

테스트

앞서 설명한 대로 파이썬3에서 정수형을 어떻게 취급하고 다루어지는지 잠시 알아보도록 하자. 자바의 경우 정수형(Integer)의 최솟값 / 최댓값을 Integer 클래스[3]에 있는 MIN_VAL-UE / MAX_VALUE 값을 통해 알아낼 수 있다. 만약 정수형 범위를 넘어서는 연산이 필요하면 long 타입을 이용해야 한다. 파이썬3에서 정수형의 크기는 얼마로 정해져 있는지 확인해 보자.

Python Shell (3.7)

```
>>> import sys
>>> sys.maxsize
9223372036854775807
>>> int_value = sys.maxsize + 1
>>> type(int_value)
<class 'int'>
```

시스템 최댓값(sys.maxsize)을 제공하는데 거기에 더하기 1을 해도 해당 값의 타입은 '정수형'이다. 아주 큰 수도 파이썬3에서는 다른 추가 확인 없이 정수형(int)으로 처리 가능하다.

---

3 https://docs.oracle.com/javase/8/docs/api/java/lang/Integer.html

아이디어(Ideas)

배열은 정렬되어 있고, 순차적으로 접근이 가능하니 아이디어를 쉽게 도출해낼 수 있다. 다만 정렬된 배열에서 특정 숫자의 '찾기'는 이진 탐색으로도 가능하다는 것을 염두에 두고 문제를 접근해보자.

제한사항		코드
아이디어(Brute-force) 1. 배열의 각 요소를 인덱스 0에서부터 순회한다. 2. 순회하면서 target의 값과 같거나 크다면 순회를 중단한다. 3. 중단된 시점의 인덱스를 반환한다.	시간 복잡도: O(N)	
	공간 복잡도: O(1)	
아이디어(Hash Table) 1. 배열 요소를 이진 탐색으로 접근한다. 2. 요소를 찾는다면, 해당 인덱스를 반환 3. 끝까지 찾지 못하고 이진 탐색을 종료한다면, 　최종 접근했던 낮은 인덱스의 값을 반환한다.	시간 복잡도: O(logN)	
	공간 복잡도: O(1)	
테스트		

이 문제는 target 값을 입력으로 주어진 배열에 넣을 위치만 파악하는 것이지, 해당 값을 배열에 넣어 업데이트하는 문제가 아니다. 배열의 각 요소를 순회하면서 target으로 주어진 값과 동일하거나 커지는 시점의 인덱스를 반환하면 쉽게 해결할 문제다. 다만 이런 문제에서 추가적으로 고려해 봐야 하는 로직은 '이진 탐색'이다. 순차 탐색은 최악의 경우 배열 어느 값보다 가장 큰 값이 target으로 주어지면 모든 요소를 방문해야 하는 시간 복잡도 O(N)을 가지게 된다. 만약 데이터가 너무 많아 시간 복잡도 O(N)보다 빠르게 처리해야 하는 조건이 더 붙을 수도 있는데, 이런 경우 '이진 탐색'을 바로 떠올려야 한다. 순차적으로 접근했을 때의 해결책을 예제로 살펴보자.

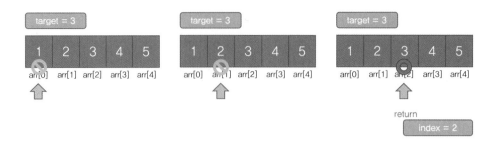

그림 1-8 순차적 배열 접근법

이진 탐색으로 접근하는 방법을 살펴보자.

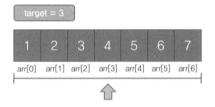

그림 1-9 이진 탐색에서 1번째 요소 접근

이진 탐색의 1번째 배열 요소 접근 방법은 [그림 1-9]와 같이 전체 배열의 길이가 7인 경우, 그 가운데인 4의 인덱스 요소에 먼저 접근한다. 즉, 범위 내에 가운데 값을 접근하여 원하는 값을 찾아가는 방식이다. 이 범위를 접근하는 과정에서 좁혀나가기 때문에 순차 접근 보다 더 적은 접근으로 원하는 값을 찾을 수 있다. 가운데 값을 찾는 방법은 아래와 같다.

```
low = 0
high = len(arr) - 1

mid = (low + high) / 2
```

예제에서 처음 low는 0, high는 6 그리고 mid는 3이 될 것이다. 이제 arr[3]의 값과 원하는 목푯값을 비교하여 다음 범위를 찾아가는 방법을 알아보자. arr[3] = 4이고 target = 3의 값을 가진다. 즉, 현재 mid를 기준으로 정렬된 배열에서 원하는 target 값은 인덱스 3보다 작은 곳에서 찾을 수 있다. 이제 low와 high 값을 재설정해보자.

```
low = 0
high = mid - 1

mid = (low + high) / 2
```

low는 0, high는 2 그리고 mid는 1 이 된다. 실제 target 3은 4보다 작은 값이기 때문에 배열에서 4의 값을 가지는 인덱스보다 앞에 있다는 것은 명확한 사실이기 때문이다.

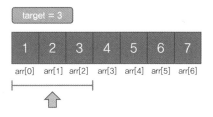

그림 1-10 이진 탐색에서 2번째 요소 접근

mid 값이 1이고 arr[1] 은 값이 2 이다. target 값 3보다 작은 값이므로 같은 방법으로 다음 범위로 넘어가 보자.

```
low = mid + 1
high = <이전 high>

mid = (low + high) / 2
```

이제 인덱스 1보다 아래에 있는 값은 볼 필요가 없다. low = 2, high = 2, mid = 2가 된다.

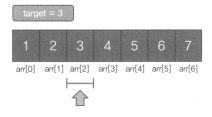

그림 1-11 이진 탐색에서 3번째 요소 접근

arr[2]에 3의 값과 target 값을 비교하면 같으니 해당 인덱스인 2를 반환하면 된다. 예제에서는 target 값 3이 배열의 요소로 존재했지만 존재하지 않는 경우의 처리는 이진 탐색의 종료 조건과 연관이 있다. 이진 탐색의 범위는 low, high 중 목푯값이 mid 값보다 작으면 high를 mid −1로 업데이트하고, mid 값보다 크면 low 값을 mid + 1로 범위를 반으로 줄이는 방식으로 한다. 이렇게 계속하다 보면, **low 값이 high 값보다 같거나 커지는 경우**가 생기는데 이런 경우가 배열의 요소를 찾지 못하는 경우이다. 이때는 low 값을 반환하면 주어진 target 값이 배열에 들어가야할 인덱스가 된다.

참고로, mid 값을 계산하는 과정은 (low + high)/2로 진행하는데 파이썬에서는 해당 숫자가 무수히 커져도 문제가 되지 않지만, 자바 / C / C++ 등의 언어에서는 low와 high를 int형으로 선언했을 경우 문제가 발생할 수 있다. C언어 기준으로 예를 들어보자. 인덱스를 char로 사용하지 않겠지만 쉬운 이해를 위해 low, high를 char형으로 선언했고 배열의 크기는 128개라고 가정해보자. 즉 배열은 0 ~ 127로 접근이 가능하다. 만약 low가 63이고 high가 127이라면 low + high는 190이 된다. char형의 범위는 −128 ~ 127이므로 190은 담을 수 없으며, 127을 넘는 순간 오버플로(overflow)가 발생하여 −62라는 의도하지 않는 값이 나오게 된다. 그래서 자바 / C / C++에서 이진 탐색(정수형이 담을 수 있는 범위 내)을 순조롭게 하기 위해서 **mid의 계산은 (low + high)/2가 아니라 low + (high − low)/2로 진행**한다. 이런 공식의 변화로 오버플로 오류를 개선할 수 있다.

파이썬에서는 /(나누기) 연산을 통해 반환되는 값이 정수형인지 부동 소수형인지 확인을 해줘야 한다. 파이썬 2.x 버전에서는 정수형 나누기에서 반환되는 값이 정수형이었지만, 파이썬 3.x에서는 부동 소수형(float)이 반환된다.

Python Shell (3.7)

```
>>> type(10 / 2)
<class 'float'>
>>> 10 / 2
5.0
>>> int(10 / 2)
5
>>> 10 / 3
3.3333333333333335
>>> int(10 / 3)
3
```

배열 인덱스는 소수점으로 접근할 수 없으므로 **int** 클래스[4]를 이용해 정수형으로 변환해 줘야 한다.

코드(Code)

먼저 선형 순회하여 문제를 해결하는 코드를 살펴보자.

제한사항		코드
아이디어	시간 :	```def searchInsert(nums: List[int], target: int) -> int:```
	공간:	
테스트		

```python
def searchInsert(nums: List[int], target: int) -> int:
    index = 0

    while index < len(nums):
        if target <= nums[index]:
            break

        index += 1

    return index
```

배열 인덱스 0부터 하나씩 target 값과 비교하여 배열 요소의 값과 같거나 크다면 해당 인덱스를 반환하는 아주 간단한 코드다. 이제 이진 탐색을 통해 문제를 해결하는 코드를 살펴보자.

제한사항		코드
아이디어	시간 :	
	공간:	
테스트		

```python
def searchInsert(nums: List[int], target: int) -> int:
    low = 0
    high = len(nums) - 1

    while low <= high:
        mid = int((low + high) / 2)

        if target == nums[mid]:
            return mid
        if target > nums[mid]:
            low = mid + 1
        else:
            high = mid - 1

    return low
```

---

4 *https://docs.python.org/ko/3.7/library/functions.html?highlight=int#int*

파이썬 버전 3 이상에서는 (low + high)/2의 결과는 부동 소수형(float)이므로 정수형(int)으로 변환이 필요하다. 이진 탐색으로 값을 방문하며 target 값과 비교하면서 문제를 해결할 수 있다. 이진 탐색은 범위가 반씩 줄어들게 되고, 실제 접근하는 횟수는 최악의 경우 logN이 될 것이다.

테스트(Test Cases)

주어진 입력 target의 값이 배열에 있는 경우의 테스트는 이미 되었을 것이다. 여러 예외적인 경우(Edge case)를 살펴보자.

```
Test Case 1: nums = [1, 3, 5, 6], target = 0
```

배열에 어떤 값이 있든 간에 target이 제일 작은 수로 들어와서 0으로 반환해야 하는 경우를 확인해봐야 한다.

```
Test Case 2: nums = [1, 3, 5, 6], target = 100
```

주어진 target 값이 배열 어느 요소들 보다 큰 값을 가질 때에는 배열의 길이를 반환해야 한다. 배열 접근은 0부터 진행하고 마지막 요소는 (총 길이 − 1)로 접근할 것이다. 새로운 요소가 가장 큰 값이라면 맨 마지막에 들어가고 배열의 길이를 반환해야 한다. Test Case 2에서는 4의 값이 나와야 한다.

배열에 target 값이 있는 경우라면 어떤 위치에 있더라도 정렬된 배열에서 문제없이 찾을 수 있다. 앞서 살펴본 에지 케이스를 조금 더 신경 쓴다면 더 좋은 코드를 구현할 수 있다.

1.5.3 관련 문제 사이트

- LeetCode

  https://leetcode.com/problems/search-insert-position/

- HackerEarch

  https://www.hackerearth.com/practice/algorithms/searching/linear-search/practice-problems/algorithm/simple-search-4/

1.6 정렬된 배열의 병합

1.6.1 문제 기술 및 설명

주어진 정렬된 두 배열(nums1, nums2)을 정렬을 유지하면서 병합해보자.

- 추가 설명:
  - nums1 과 nums2의 각각의 크기는 m과 n 개의 요소로 초기화되어 있다.
  - nums1 은 nums1과 nums2를 병합하기에 충분한 크기로 할당되어 있다. (m + n 개)

1.6.2 노트 레이아웃을 이용한 문제 접근 및 풀이

2개의 정렬된 배열을 병합하는 문제이고, 추가적으로 배열을 할당하여 공간을 만들 필요 없이 nums1 배열에 병합된 값을 채워 넣으면 된다. 중요한 점은 두 배열의 요소가 nums1으로 병합된 후에도 모든 요소는 정렬된 상태를 유지해야 한다는 것이다.

제한사항(Constraints)

제한사항 1. 주어진 nums1, nums2의 요소들은 정렬되어 있다. 2. nums1에 요소들은 m 개 있다. 3. nums2에 요소들은 n 개 있다. 4. nums1 배열의 크기는 n + m이다.		코드
아이디어		시간 복잡도:
		공간 복잡도:
테스트		

nums1 배열은 nums2와 합쳐진 요소를 넣을 수 있는 공간이 이미 있다는 점을 명심하자.

리스트나 Arrays 모듈을 통해 append나 insert를 사용하지 않고 인덱스로 접근할 수 있다.

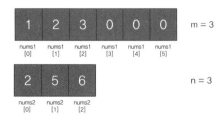

그림 1-12 주어진 배열의 공간

아이디어(Ideas)

이 문제는 다양한 접근법으로 해결할 수 있다.

제한사항		코드
아이디어(정렬) 1. nums2의 요소를 nums1의 확보된 추가 공간에 삽입한다. 2. sorted() 함수를 이용해 정렬	시간 복잡도: O(NlogN)	
	공간 복잡도: O(N)	

아이디어(비교 및 삽입)
1. nums1을 위한 인덱스 포인터 i, nums1의 마지막 요소를 가리킴(m − 1)
2. nums2를 위한 인덱스 포인터 j, nums2의 마지막 요소를 가리킴(n − 1)
3. 삽입을 위한 포인터 k, nums1 공간 마지막을 가리킴
(m + n − 1)
4. 현재 i와 j의 값을 비교한다.
5. 비교하여 큰 쪽의 값을 k의 위치에 추가한다.
  − k는 1 감소한다.
  − 비교하여 큰 쪽 인덱스 값이 k에 추가되었으므로 큰 쪽의 인덱스는 1 감소한다.
6. i, j 중 하나라도 0보다 작아지면 비교를 중지한다.
7. j가 아직 0보다 크다면 nums1을 가리키고 있는 k값을 감소시키면서 nums1에 삽입한다.
	시간 복잡도:
	O(N + M)	

	공간 복잡도: O(1)	
테스트		

아이디어를 조금 더 구체화해보자. 우선 파이썬 내부 함수를 이용해 리스트 정렬을 하는 방법을 소개하겠다. 실제 구현해보면 알겠지만 코드 자체가 너무 간단하다. 다만 내부 정렬 함수를 사용해서 이 문제를 해결했을 때의 시간 복잡도와 공간 복잡도를 기억해두는 것이 좋다. 내부 정렬 함수를 사용했을 때 보다 시간 / 공간 복잡도가 낮게 구현 가능한 방법이 존재하기 때문에 간편하게 구현된다고 해서 해당 방법이 최선이 아닌 점을 기억하자. 파이썬 내부 함수 중 sorted()[5]가 있다. 이 함수는 Iterable한 객체를 인자로 받는데, 리스트(List) / 문자열(String) / 튜플(Tuple)같은 자료구조를 인자로 받으면 정렬을 해준다. sorted() 함수는 내부적으로 팀 정렬(Timsort)을 사용한다. 안정적인 시간 / 공간 복잡도를 제공해 주는 정렬 알고리즘인데, 새로운 기술을 사용한 것이 아니라 기존 삽입 정렬(Insertion Sort)과 병합 정렬(Merge Sort)을 적절하게 조합해서 만든 정렬 알고리즘이다. 팀 정렬의 시간 및 공간 복잡도는 다음과 같다.

정렬 알고리즘	최선(Best)	평균(Average)	최악(Worst)	공간 복잡도
팀 정렬(Timsort)	O(n)	O(nlogn)	O(nlogn)	O(n)

아주 안정적인 시간 복잡도(nlogn)를 제공하기에 파이썬, 자바, 스위프트 언어의 내부 정렬 함수로 사용되고 있다. 사용법을 알아보자.

Python Shell (3.7)

```
>>> >>> nums = [7, 3, 1, 2, 3, 5]
>>> sorted(nums)
[1, 2, 3, 3, 5, 7]
```

리스트를 sorted()라는 함수의 인자로 넣어주면, 내부적으로 해당 배열을 정렬 및 업데이트해준다.

nums1 = [1, 2, 3]이고 nums2 = [2, 5, 6]라고 하자. nums1은 실상 nums2의 길이를 포함한 공간이 이미 할당되어 있어 [1, 2, 3, 0, 0, 0]으로 초기화 된다.

nums2의 요소를 nums1의 뒤쪽 0으로 초기화되어 있는 공간에 하나씩 삽입한 상태에서

---

5 https://docs.python.org/ko/3.7/library/functions.html#sorted

sorted()를 이용할 것이다.

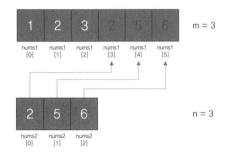

그림 1-13 nums2의 값 삽입

nums2 요소를 nums1의 뒤쪽에 순차적으로 배치한 뒤 sorted(nums1)를 한다면 문제에서 원하는 결과를 얻을 수 있다.

2번째 아이디어를 살펴보자. 2개 배열에 대한 2개의 포인터를 통해 값을 비교하고 nums1의 배열 뒤쪽부터 큰 숫자를 채워 나가는 해결책이다. 주어진 nums1 길이까지만 값이 있고, nums2 요소가 들어갈 추가적인 공간에는 0으로 채워져있기 때문에 큰 숫자를 먼저 채워 넣으면 해결할 수 있다.

앞서 사용한 예제를 다시 이용하여 단계별로 값이 채워지는 모양을 확인해보자. 이 해결책에서는 3종류의 인덱스 관리 변수(i, j, k)를 사용할 것이다. i는 nums1의 맨 뒤 요소부터 맨 처음 요소까지 접근을 위한 인덱스고 j는 nums2의 맨 뒤 요소부터 처음 요소까지 접근을 위한 인덱스다. 마지막으로 k는 i, j가 가리키는 요소의 값 중 큰 값을 넣게 될 nums1 배열의 병합 공간 인덱스를 가리킨다.

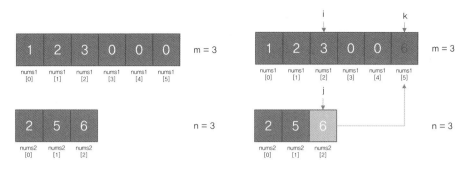

그림 1-14 비교 및 삽입

맨 처음 i는 nums1 배열의 인덱스 2로 값은 3이고, j는 num2 배열의 인덱스 2로 값은 6이다. 이 둘을 비교하면 nums2[2]가 더 크므로 nums1의 k 인덱스 5에 삽입된다. 추가된 요소는 더 이상 비교할 필요가 없게 되므로, j와 k는 각각 1씩 감소된다. 같은 방식으로 요소를 비교하면서 k 인덱스에 값을 하나씩 채워보자.

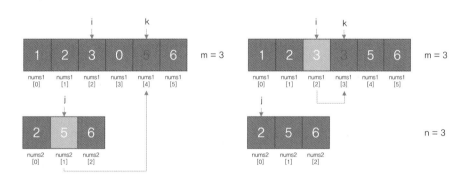

그림 1-15 비교 및 삽입

i 혹은 j가 감소하다 어느 한쪽이 0보다 작아져 비교 과정을 중단하면 정렬이 어느 정도 되어 있을 것이다. 위의 예제는 nums2의 요소가 먼저 뒤쪽에서 채워지고 nums1은 앞쪽에서 이미 정렬된 상태이므로 추가적인 작업이 필요 없지만, 만약 nums1이 [2, 5, 6, 0, 0, 0]이고 nums2가 [1, 2, 3] 라면 nums2의 요소는 비교 없이 nums1의 k 위치부터 하나씩 채워가면 된다.

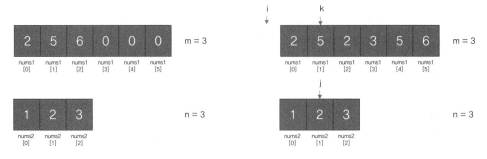

그림 1-16 nums1의 요소를 모두 옮긴 다음 상태

같은 방식으로 nums1을 채워나갔다면 nums2의 요소가 추가되지 못하고 남은 상태에서의 비교 순회가 종료돼야 한다. 이 상태에서는 nums2 요소를 j 위치부터 nums2 모든 요소와 비교 없이 nums1의 k 위치로 삽입만 진행하면 정렬된 상태로 병합된다.

코드(Code)

다양한 언어의 함수 호출 방식에 대해 알아보자. 값에 의한 호출(Call By Value)과 참조에 의한 호출이 있는데 C / C++과 같은 언어는 함수를 호출하는 시점에, 인자에 해당 변수가 값이 복사되어 넘어왔는지(값에 의한 호출) 참조로 넘어왔는지를 주소 연산자(*, &)를 통해 명확히 구분할 수 있다. 하지만 파이썬에서는 값에 의한 호출과 참조에 의한 호출을 명시적으로 구분하지 않고, Call by assignment 방식으로 함수로 넘어오는 인자를 구분하여 값에 의한 것인지 인자에 의한 것인지 구분한다.

예를 들어보자.

```python
def adder_two(a):
    a += 2

    return a

b = 2

c = adder_two(b)
print(f"b: {b}, c: {c}")
```

adder_two()라는 함수에 2를 가지고 있는 b 변수를 인자로 넘겨주었다. 이때, adder_two() 함수에서 a라는 이름으로 해당 값을 받고 2를 더했으며, 더해진 값을 반환한다. 결과는 b: 2, c: 4가 출력된다. 정수형(int), 부동 소수형(float), 문자열(str), 불리언(bool)의 경우 위의 예제와 동일하게 값에 의한 참조로 동작한다. 하지만 리스트(list), 튜플(tuple), 사전(dict) 등의 타입은 참조에 의한 호출과 동일하게 동작한다.

```python
def append_element(in_list):
    in_list.append(3)

list_test = [2]
append_element(list_test)
print(f'{list_test}')
```

append_element() 함수가 호출되기 전과 호출 후의 list_test가 바라보는 데이터 변화를 보면, 함수 호출 이후 list_test 리스트에 값이 왜 추가되었는지 쉽게 알 수 있다.

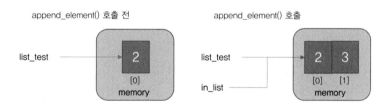

그림 1-17 함수 인자로의 리스트 자료형 값 변화

다만 리스트를 인자로 사용하는 과정에서 주의해야 할 것이 있다. 리스트를 정수형 / 부동 소수형 / 문자열 변수 처리하듯 사용하면 값에 의한 참조로 바뀌어 원하는 결과가 나오지 않을 수 있다. 다음 예제를 살펴보자.

```python
def append_element(in_list):
    in_list = [3, 4]

list_test = [2]

append_element(list_test)
print(f'{list_test}')
```

리스트가 참조에 의한 호출이라면, append_element를 호출한 뒤 list_test 변수에는 [3, 4]가 들어있어야 하지만 결과는 [2]를 출력한다. 일반 대입으로 이루어지는 리스트 연산은 값에 의한 호출로 처리된다. 즉, append_element() 함수 내에 값이 할당되는 순간 새로운 리스트를 생성하여 해당 값을 처리한다.

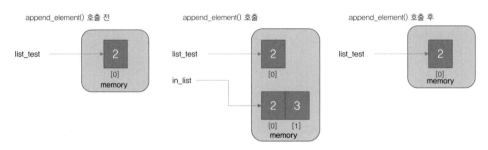

그림 1-18 값에 의한 호출 처리 케이스

그렇다면 인자로 넘어온 리스트 요소를 함수 내에서 업데이트할 수 있을지에 대해 알아보자. 앞의 '리스트의 요소 접근'에서 리스트 인자를 잘라 접근하는 방법을 소개했다. 이를 슬라이스 (slice)라고 하는데, 슬라이스로 접근 및 값을 처리하면 마치 참조에 의한 호출처럼 동작한다. 이를 슬라이스 대입(Slice Assignment)이라고 부른다.

같은 예제를 슬라이스 할당을 통해 처리해보자.

```
def append_element(in_list):
    in_list[:] = [3, 4]

list_test = [2]
append_element(list_test)
print(f'{list_test}')
```

이 실험의 결과는 원하던 값인 [3, 4]로 list_test가 append_element() 호출에 의해 변경 유지된 것을 알 수 있다.

파이썬으로 알고리즘 문제를 해결하다 보면, 인자로 넘어오는 배열 그 자체를 수정하라고 요청하는 경우가 많다. 문제를 해결하기 위해 다른 배열을 만들거나 내장 함수를 이용해 리스트로 반환받은 값을 무심결에 슬라이스 대입(Slice Assignment)이 아니라 일반 대입(Normal Assignment)으로 진행하면 넘어온 인자가 수정되지 않아 실패할 수 있다. 이 문제를 구현해 보자.

제한사항		코드
아이디어	시간:	`def merge(nums1: List[int], m: int, nums2: List[int], n:`
	공간:	`int) -> None:`
테스트		`    for i, v in enumerate(nums2):`
		`        nums1[m + i] = v`
		`    nums1[:] = sorted(nums1)`

파이썬 내장 함수인 sorted()를 사용하기 때문에 코드 자체는 너무 단순하다. nums1 배열에 nums2를 순회하며 값을 추가하고 sorted()를 호출하면 된다. 여기서 사용한 enumerate()[6]는 내장 함수로 리스트를 인자로 받아 인덱스와 값을 반환해 준다. 만약 nums2에 [1, 2, 3]이 있다면 enumerate(nums2)는 (0, 1), (1, 2), (2, 3)을 각각 반환한다. sorted() 함수를 통해 반환된 nums1의 정렬된 리스트는 인자로 들어온 nums1에 직접 업데이트되어야 하기 때문에 슬라이스 대입(Slice Assignment)을 이용해 구현했다.

2번째 아이디어에 대한 구현은 적어놓은 순서대로 차근차근 진행하면 원하는 결과를 얻을 수 있다.

---

6 *https://docs.python.org/ko/3.7/library/functions.html#enumerate*

제한사항	코드
| 아이디어   시간 : <br>         공간: <br><br> 테스트 | ```python
def merge(nums1: List[int], m: int, nums2: List[int], n:
int) -> None:
    i = m - 1
    j = n - 1
    k = m + n - 1

    while i >= 0 and j >= 0:
        if nums1[i] < nums2[j]:
            nums1[k] = nums2[j]
            j -= 1
        else:
            nums1[k] = nums1[i]
            i -= 1

        k -= 1

    while j >= 0:
        nums1[k] = nums2[j]
        k -= 1
        j -= 1
``` |

아이디어에서 벗어나는 것 없이 그대로 구현을 할 수 있고, 추가적인 설명도 필요 없다. 실제 생각한 아이디어는 많은 연습을 통해 수학 문제를 해결하듯 풀어낼 수 있을 것이다.

테스트(Test Cases)

검증을 위한 테스트를 만들고 실행해보자. 배열 문제에서 가장 기본적으로 테스트해야 하는 데이터는 비어 있는 데이터다.

```
Test Case 1: nums1 = [1, 2, 3], m = 3, nums2 = [], n = 0
```

nums1에만 요소가 있다면, nums2 와 비교할 필요가 없다. 최초 순회 조건이 **i >= 0 and j >= 0**이다. i는 m − 1부터 시작이고, j는 n − 1부터 시작이다. 즉, i는 2이고 j는 −1이다. 순회 조건이 충족되지 않아 실행되지 않을 것이고 nums1은 그대로 반환된다.

```
Test Case 2: nums1 = [0, 0, 0], m = 0, nums2 = [1, 2, 3], n = 3
```
```

nums2에만 요소가 있다면 어떻게 처리되는지 확인해보자. 병합된 모든 요소는 nums1에 정렬된 상태로 들어가면 되는데 nums2에만 요소가 있다면 k 위치부터 차례대로 뒤에서 역순으로 넣으면 된다.

```
Test Case 3: nums1 = [1, 2, 3, 0, 0, 0], m = 3, nums2 = [4, 5, 6], n = 3
```

nums1 요소 전체는 nums2의 가장 작은 수보다 작다. nums2 모든 요소를 nums1의 뒤쪽에 배치되는지 확인하자.

```
Test Case 4: nums1 = [4, 5, 6, 0, 0, 0], m = 3, nums2 = [1, 2, 3], n = 3
```

Test Case 3의 반대 경우도 검증이 필요하다. 이 정도가 예외적인 에지(Edge) 케이스가 된다. 테스트 케이스는 적정한 선에서 코드 검증을 위한 충분한 조건으로 만들어져야 안정적인 검증이 될 수 있다. 또한 데이터가 엄청 많아 실패한다면, 현재 코드의 시간 복잡도는 얼마인지 확인하고 그보다 나은 시간 복잡도로 구현 가능한지 파악하는 것이 중요하다. 예를 들어 선형 탐색으로 요소를 찾는 것을 구현(시간 복잡도 $O(N)$) 했지만, 너무 많은 데이터로 테스트되어 문제 해결에 실패한 경우, 이진 탐색($O(logN)$)을 고려해볼 수 있다.

1.6.3 관련 문제 사이트

- LeetCode

  88. Merge Sorted Array (*https://leetcode.com/problems/merge-sorted-array/*)

- CodeChef

  Cheeku and Arrays (*https://www.codechef.com/problems/CCCB03*)

- InterviewBit

  https://www.interviewbit.com/problems/merge-two-sorted-lists-ii/

1.7 정렬된 배열의 정합 II

1.6에서 소개한 정렬된 배열 정합 문제의 또 다른 형태를 살펴보자.

1.7.1 문제 기술 및 설명

정렬된 배열 nums1과 nums2가 주어지고, 각각의 크기는 m과 n이다. 정렬을 유지하면서 nums1배열부터 채워나가 nums2까지 확장해보자.

추가 설명:

- **1.6**의 nums1처럼 병합된 m + n 크기만큼 공간은 있지 않다.

- nums1 배열에 nums1과 nums2의 모든 요소를 작은 수부터 채워나가고 nums2에는 나머지를 정렬을 유지하며 넣도록 하자.

- 추가 배열 할당 없이 문제를 해결해야 한다. (공간 복잡도 $O(1)$)

예를 들면, nums1 = [1, 3, 5, 7], nums2 = [2, 4, 8]이 있다면, 최종적으로 nums1 = [1, 2, 3, 4]가 들어가고, nums2 = [5, 7, 8]이 될 것이다.

1.7.2 노트 레이아웃을 이용한 문제 접근 및 풀이

추가 배열 할당 없이 두 배열에 있는 모든 요소를 확인하면서 작은 숫자부터 nums1에 채워나가야 하는 점은 잊지 않도록 한다. 추가 배열이 있다면 아주 쉬운 문제지만 주어진 배열에 값을 바로 업데이트해야 하는 것이 포인트다.

제한사항(Constraints)

제한사항		코드
1. 추가 배열 공간 할당이 없다 2. nums1과 nums2의 크기는 제한이 없다. 3. nums1과 nums2의 요소는 정렬되어 있다.		
아이디어		시간 복잡도:
		공간 복잡도:
테스트		

기본적인 배열 접근만으로도 해결할 수 있는 문제이다.

아이디어(Idea)

어떤 식으로 배열을 접근하여 순서대로 값을 채우고, 정렬된 상태를 유지할 수 있는지 생각해
보자.

제한사항	코드
아이디어(Brute-force) 1. nums1을 순회한다 2. nums1의 요소와 nums2의 첫 요소와의 크기를 비교한다. 3. nums1의 요소가 nums2의 첫 요소보다 크다면, – nums2의 1번째 요소를 nums1의 비교했던 요소와 교체하고 변경된 nums2의 1번째 요소와 다른 요소를 비교하면서 재정렬한다. 4. 두 배열이 계속 정렬된 채로 nums1의 순회가 끝날 때까지 비교 및 교환 작업을 진행한다.	시간 복잡도: O(mn) 공간 복잡도: O(1)
테스트	

배열의 값이 어떻게 변경되는지 살펴보자.

nums1 = [1, 3, 5, 7], nums2 = [2, 4, 8]이다.

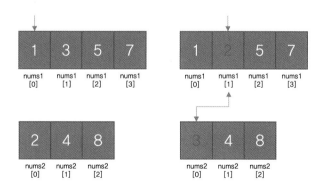

그림 1-19 nums1과 nums2의 요소 비교 및 교환

[그림 1-19]는 nums1의 요소를 순회하는 과정에서 처음으로 교환이 일어나는 과정을 보여준

다. nums1[1]에 접근했을 때, nums2의 1번째 요소(nums2[0])는 nums1[1] 보다 작은 값이다. nums1과 nums2의 전체 숫자를 nums1의 공간부터 정렬된 상태로 채워나간다고 생각하면 쉽게 이해할 수 있다. 그리고 nums2[0]은 3이 된다. 교환이 일어난 뒤로도 nums2 배열은 정렬된 상태니 아무 일도 일어나지 않는다. 다음 진행 상황을 살펴보자.

[그림 1-20]을 보면 nums1[2]의 값인 5가 nums2[0]의 값인 3보다 크기 때문에 교환이 일어난다. 교환만 일어나는 것이 아니라, nums2는 정렬되지 않는 상태가 되기 때문에 정렬이 요구된다. 어떤 상태를 기준으로 정렬하는 것이 아니라, 항상 정렬된 상태를 유지하는 로직이 들어가고 이 로직은 교환된 처음 요소가 들어가야 하는 자리에 위치할 수 있도록 해줘야 한다. nums1[2]과 nums2[0]이 교환되고 나서 nums2 = [5,4,8]이 되는데 정렬하는 방법을 알아보자.

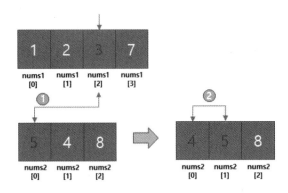

그림 1-20 num1과 nums2의 교환 및 nums2의 재정렬

nums2를 정렬하기에 전에, 다시 한번 배열의 상태를 정리하면 nums1과 nums2는 처음부터 정렬되어 있는 상태였고, nums1의 모든 요소와 비교되는 nums2의 요소는 1번째 요소이다. 결론적으로 nums2의 1번째 요소가 들어가야 하는 위치를 찾고 해당 위치를 확보해 주기 위해 찾은 위치의 앞쪽의 요소는 1칸씩 앞으로 이동해야 한다.

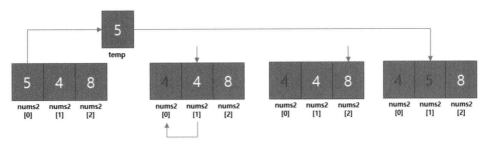

그림 1-21 nums2의 정렬

먼저 임시 변수 temp에 nums2의 1번째 요소인 5를 저장한다. 다음 요소부터 5와 비교하여 5보다 작은 값은 1칸 앞으로 이동하고, 5보다 큰 수가 나온다면 순회를 중단한다. 중단하고 나면 nums2[1]의 요소인 4가 nums2[0]으로 옮겨졌고, nums2[1]에 임시 저장한 temp에 값을 넣어주면 nums2는 매 교환에 따른 값으로 정렬된 상태를 유지한다.

마지막으로 nums1[3]을 접근하면 nums2[0]의 값과 비교하여 수행한다면, nums1에는 [1, 2, 3, 4]가 있게 되고, nums2에는 [5, 7, 8]이 되어 전체적으로 정렬된 상태로 nums1과 nums2의 모든 요소가 원하는 위치에 들어갈 수 있다.

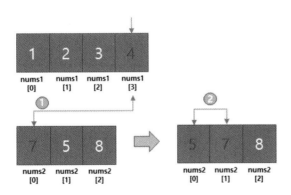

그림 1-22 nums1 순회 종료

nums2에 값이 들어오면 해당 배열을 정렬하기 위해 코드를 구현할 필요가 없다. 파이썬에서 제공하는 sorted() 내장 함수는 팀 정렬(Tim Sort)을 적용하여 시간 복잡도 O(n)으로 수행 가능하기 때문이다. sorted() 함수를 잘 활용해서 nums2의 정렬을 진행해도 전체적인 시간 복잡도가 나빠지지는 않을 것이다. 다만 모든 개발 언어들이 팀 정렬(Tim Sort) 알고리즘을 내장 정렬 함수로 사용하고 있지는 않다. 파이썬, 자바가 대표적으로 팀 정렬(Tim Sort)을 사용하고 있고 다른 언어들은 퀵 정렬(Quick Sort)을 개량하여 사용하고 있다. 다른 언어에서 이미 정렬된 상태의 배열에 맨 앞 요소 변경으로 정렬 함수를 사용한다면 O(n)을 보장할 수 없기 때문에, 해당 문제에서는 내장 함수를 사용하지 않고 로직을 구현하는 것이 더 안정적인 시간 복잡도를 가질 수 있다. 파이썬에서는 해당 정렬을 내장 함수인 sorted()를 사용해도 괜찮다.

코드(Code)

이 문제는 알고리즘을 생각해내는 방법이 코딩하는 것보다 상대적으로 어렵다. 앞서 설명한 알고리즘을 코드로 구현해보자.

제한사항		코드
아이디어	시간 :	
	공간:	
테스트		

```python
def merge(nums1: List[int], m: int, nums2: List[int], n:
int) -> None:
    for i, nums1_item in enumerate(nums1):
        if nums1_item > nums2[0]:
            nums1[i] = nums2[0]
            nums2[0] = nums1_item

            for k, item in enumerate(nums2[1:], start=1):
                if nums1_item <= item :
                    nums2[k - 1] = nums1_item
                    break

                nums2[k - 1] = nums2[k]
```

전체적으로 아이디어를 순수하게 구현한 코드다. 여기서 추가적으로 살펴볼 파이썬의 enumerate() 함수 활용법을 알아보자. 기본적으로 enumerate(리스트)의 형식으로 사용하면 0부터 시작하는 카운트 값과 리스트의 맨 앞 요소부터 튜플의 형태로 반환한다. 파이썬 공식 레퍼런스의 enumerate() 기능에 따르면, [1, 2, 3] 리스트를 enumerate()의 인자로 넣어주면 [(0, 1), (1,2), (2,3)] 형태로 반환한다. 추가적인 옵션으로 'start'라는 항목이 있는데 따로 넣지 않으면 0의 값을 가진다.

```
>>> py_list = [1, 2, 3, 4]
>>> list(enumerate(py_list))
[(0, 1), (1, 2), (2, 3), (3, 4)
# start를 1로 설정
>>> list(enumerate(py_list, start=1))
[(1, 1), (2, 2), (3, 3), (4, 4)]
>>> list(enumerate(py_list[1:], start=1))
[(1, 2), (2, 3), (3, 4)]
```

보통 start는 리스트 인덱스 0부터 접근하지 않고, 다른 위치에 접근하여 값을 얻어오고 싶을 때 사용하는데 여기서 주의할 점은 emumerate()가 반환하는 튜플의 1번째 요소는 인덱스가 아니라 카운트라는 점이다. 즉 start의 값을 1로 설정하더라도 리스트의 2번째 요소부터 접근하지 않는다. 단순히 카운트를 1부터 하겠다는 표시다. enumerate()를 사용하여 리스트의 2번째 요소부터 접근하고 싶다면 enumerate()에 넘겨주는 리스트도 슬라이스로 값을 조정해서 넘겨줘야 한다. 이 문제는 nums2 배열 2번째 요소부터 접근해야 하니, enumerate(-nums2[1:], start=1)로 넘겨주면 1번째 인자는 무시된 채 카운트와 값을 순회하게 된다. 카운트 값은 순차적으로 접근하기 때문에 인덱스로도 사용할 수 있다.

코드에서 nums1의 요소와 바뀐 nums2 요소로 인해 nums2 요소를 다시 정렬해야 하는 코드는 sorted() 함수를 사용하여 변경해보자. 동일한 결과를 얻을 수 있을 것이다.

테스트(Test)

이 문제는 nums1과 num2에 순서대로 숫자를 정렬하는 문제다. 두 배열 다 1개 이상의 요소를 가진다는 조건으로 진행하면 좋다.

```
Test Case 1: nums1 = [10], m = 1, nums2 = [2, 3], n = 2
```

Test Case 1에 해당하는 값으로 순회해보자. nums1의 10은 2와 비교되고 2와 교환되어 nums1 = [2], nums2 = [10, 3]으로 바뀌게 된다. nums2를 정렬한다면 [3, 10]으로 정상 동작한다.

```
Test Case 2: nums1 = [2, 8, 10], m = 3, nums2 = [5], n = 1
```

처음으로 8과 5가 교환되고, 다시 nums1의 10과 8이 교환되어 최종적으로 nums1에는 [2, 5, 8]이 되고, nums2는 [10]이 들어간다.

추가적으로 nums1과 nums2 배열이 비어 있다고 가정한다면 이미 정렬된 배열의 입력이니, 있는 그대로 반환하면 문제없이 해결 할 수 있다.

1.7.3 관련 문제 사이트

- GeeksforGeeks

  https://practice.geeksforgeeks.org/problems/merge-two-sorted-arrays/0

1.8 파스칼의 삼각형

1.8.1 문제 기술 및 설명

파스칼의 삼각형[7]은 수학의 이항 계수를 삼각형의 형태로 숫자를 배열한 구성을 말한다.

파스칼의 삼각형은 처음 두 줄을 제외하고 새로 만들어지는 줄의 새로운 숫자는 윗줄의 왼쪽 수와 오른쪽 수를 더해 만들어진다. 또한 제일 맨 첫 줄 하나의 숫자는 1이다.

```
   1
 1   1
```

처음 두 줄은 위와 같이 구성할 수 있다. 다음 3번째 줄은 윗줄의 왼쪽 수와 오른쪽 수가 존재한다면 합하고, 그렇지 않다면 그대로 다음 줄의 수를 구성한다.

---

7 *https://ko.wikipedia.org/wiki/파스칼의_삼각형*

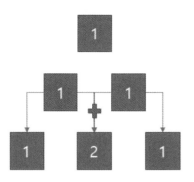

그림 1-23 파스칼의 삼각형의 3번째 줄 생성 규칙

[그림 1-23]과 같이 3번째 줄은 이전 단계에서 만들어진 숫자로 구성된다. 다만 대각선 왼쪽과 오른쪽 숫자가 있다면 그 숫자의 합이 다음 단계의 숫자가 된다. [그림 1-23]에서 숫자 2가 바로 전 단계의 왼쪽과 오른쪽이 더해진 값이다.

입력으로 몇 줄을 만들 것인지를 받아서 파스칼의 삼각형을 이차원 배열의 형태로 구성하면 된다. [그림 1-23]은 3을 입력받아 구성된 파스칼의 삼각형이고, 이차원 배열에는 [[1], [1, 1], [1, 2, 1]]로 들어가 있다.

1.8.2 노트 레이아웃을 이용한 문제 접근 및 풀이

이 문제를 통해 파이썬의 2차원 배열을 제어하는 방법을 알아보자. 단순하게 파스칼의 삼각형을 구성하면서 2차원 배열의 생성 / 접근 / 대입을 해보자.

제한사항(Constraints)

제한사항 1. 입력값은 양의 정수 2. 반환값은 2차원 배열 혹은 리스트		코드
아이디어	시간 복잡도:	
	공간 복잡도:	
테스트		

아이디어를 생각해보기 전에, 파이썬에서 2차원 배열을 생성하고 접근하는 방법을 알아보자. 기본적인 리스트 사용법은 **1.2.1**에서 다시 한번 확인하면 된다.

Python Shell (3.7)

```
>>> two = []
>>> two.append([])
>>> two.append([])
>>> print(two)
[[], []]
>>> two[0].append(1)
>>> two[0].append(2)
>>> print(two)
[[1, 2], []]
>>> two[1].append(3)
>>> two[1].append(4)
>>> print(two)
[[1, 2], [3, 4]]
>>> two[2].append(5)
Traceback (most recent call last):
  File "<stdin>", line 1, in <module>
IndexError: list index out of range
>>>
```

2차원 리스트를 생성하기 위한 다양한 방법이 있는데, 위처럼 1차원 리스트를 만들고(two), append() 메서드를 통해 또 다른 리스트를 추가하는 방식으로 진행할 수 있다. 첫 two 변수의 출력은 [[ ], [ ]]다. 이후 각각 1,2 그리고 3,4를 2차원 배열에 값을 넣은 상태를 확인해보자. 그리고 초기에 append()로 리스트 2개만 추가 생성했기 때문에 two[2]의 인덱스로 접근했을 때 'list index out of range' 라는 에러를 볼 수 있게 되고, 초기에 할당 및 설정된 배열 내에 접근 및 값 대입이 가능해진다.

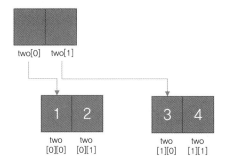

그림 1-24 2차원 배열 생성

다른 2차원 배열의 초기화 과정을 살펴보자. 리스트를 미리 정해진 크기로 설정하고 모든 요소를 0으로 초기화하는 방법이다.

Python Shell (3.7)

```
>>> one = [0] * 10
>>> print(one)
[0, 0, 0, 0, 0, 0, 0, 0, 0, 0]
>>> two = [[0 for i in range(3)]] * 3
>>> print(two)
[[0, 0, 0], [0, 0, 0], [0, 0, 0]]
```

one은 1차원 배열에 0을 10개 초기화한 것이고, two 변수에는 3개의 요소를 가지는 3개의 리스트를 생성한다.

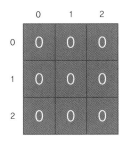

그림 1-25 초기화된 two 변수의 2차원 리스트

그렇다면, 피라미드 형태의 리스트를 할당하고 0으로 초기화하는 방법을 알아보자. 실제 2차원 리스트는 각 인덱스당 리스트를 가리키고 있는데 가리키는 리스트의 크기를 조정하여 피라미드 형태의 할당 및 초기화를 할 수 있다. 앞서 살펴본 방식을 조금 더 확장한다면 충분히 구성 가능하다.

Python Shell (3.7)

```
>>> pyramid = []
>>> for i in range(5):
...     column = []
...     while j >= 0:
...         column.append(0)
...         j -= 1
...     pyramid.append(column)
...
>>> print(pyramid)
[[0], [0, 0], [0, 0, 0], [0, 0, 0, 0], [0, 0, 0, 0, 0]]
```

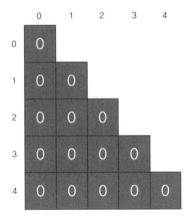

그림 1-26 pyramid 리스트 초기화 상태

2 차원 리스트를 구성하는 방법을 가지고 아이디어를 구상해보자.

아이디어(Ideas)

파스칼의 삼각형은 파이썬의 2차원 배열 혹은 리스트를 구성하고 접근하기 위한 좋은 연습이 될 수 있다.

제한사항		코드

아이디어(Brute-force)
1. 기반 리스트 생성
2. 1번째 리스트 요소를 1로 초기화한다.
3. 입력으로 주어진 행수(numRows) 만큼 순회한다.
  – 항상 행의 맨 앞과 맨 뒤의 값은 1이다.
  – 순회하면서 해당 줄(line)을 생성하기 위해서는 이전행의 값을
참조하여 더하거나 그대로 사용한다.
	시간 복잡도:
	$O(n^2)$	

	공간 복잡도: $O(1)$	
테스트		

맨 앞과 맨 뒤 요소는 1로 설정하고, 나머지는 이전 리스트 인덱스에서 현재 값을 넣고자 하는 인덱스보다 1 작은 수와 같은 인덱스를 더하면 된다.

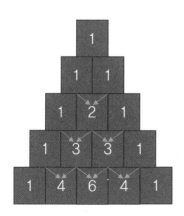

그림 1-27 이전 인덱스 리스트에서 더해지는 규칙

예를 들어 3번째 줄의 값을 접근하기 위해 리스트에 접근하고, 값을 넣기 위해 이전 인덱스의 값도 함께 접근해야 한다.

코드(Code)

조건을 직관적으로 코드로 구현할 수 있다. 각 행마다 맨 앞의 인덱스와 마지막 인덱스는 무조건 1이어야 한다.

제한사항		코드
| **아이디어** | 시간: | ```python
def generate(numRows: int) -> List[List[int]]:
    pascal = []

    if numRows <= 0:
        return pascal

    pascal.append([1])

    for i in range(1, numRows):
        prev_len = len(pascal[i - 1])
        curr_list = []

        for j in range(prev_level_len + 1):
            num = 1
            if j != 0 and j != prev_len:
                num = pascal[i - 1][j - 1] + pascal[i - 1][j]
            curr_list.append(num)

        pascal.append(curr_list)

    return pascal
``` |
| | 공간: | |
| **테스트** | | |

초기에 pascal 리스트는 비어 있는 단일 리스트로 초기화되었고, numRows가 0이 아니라면 최초 리스트 [1]을 추가한 상태로 로직을 시작한다.

2번째 행(row)부터 생성할 수 있는데, 이 문제는 인덱스를 잘 계산하는 것에 중점을 두고 풀이하면 된다. 또한 추가적인 조건으로 해당행의 1번째 요소와 마지막 요소는 무조건 1이어야 한다.
```

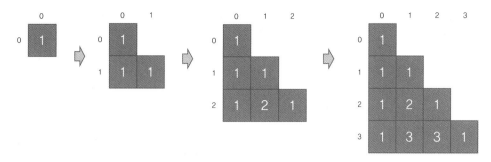

그림 1-28 각 단계별 리스트 값 구성

for 루프 내에 비어 있는 리스트를 만들고 비어 있는 리스트에 해당행(row)이 가져야 하는 값을 채워 넣은 다음 pascal 리스트에 append() 함수를 추가하여 [그림 1-28]처럼 형태를 갖추어 나갈 것이다. 각 요소의 1번째와 마지막은 1로 채우고 2번째 요소부터 이전행에서 현재 인덱스보다 1 작은 인덱스의 값과 같은 인덱스 값의 합으로 채워진다. 예를 들어 pascal[2][1]의 값을 채울 때, pascal[1][0] + pascal[1][1]로 계산하여 해당 값 2를 도출해낸다. 이런 규칙으로 순회한다면, 주어진 numRows까지 리스트를 만들어 나가면서 파스칼의 삼각형을 완성할 수 있다.

테스트(Test Cases)

테스트해야 되는 입력값 자체가 단순하다. 양의 정수를 입력값으로 가지는데, 이 문제의 에지 케이스(Edge case)는 0일 때 엄청 큰 수일 것이다. 이 문제는 엄청 큰 수에 대한 처리를 기대하지 않더라도 충분히 검증이 될 수 있기 때문에 0일 경우에 어떻게 처리해야 하는지 확인해 보자.

```
Test Case 1: numRows = 0
```

파스칼 삼각형 자체를 만들지 않을 것이므로, 비어 있는 리스트를 전달하면 된다. 이는 로직에서 구분되지 않고, numRows의 값이 0보다 큰 지 수행하기 전에 확인하고 처리해야 한다.

1.8.3 관련 문제 사이트

- Hackerrank

  파스칼의 삼각형 *https://www.hackerrank.com/challenges/pascals-triangle/*
  problem

- LeetCode

  파스칼의 삼각형 *https://leetcode.com/problems/pascals-triangle/*

1.9 배열에서 다수의 요소 찾기

1.9.1 문제 기술 및 설명

정수형 배열이 주어졌을 때 다수의 요소를 찾아보자. 다수의 요소는 배열 내에서 $\lfloor n/2 \rfloor$번 (floor(n/2))을 초과하여 나타나는 요소를 말한다. 예를 들어 배열 요소 총개수가 9개라면 n/2는 4.5다. 결국 5번 이상 나타나는 요소를 찾으면 된다. 배열은 항상 1개 이상의 요소를 가지고 있으며 다수의 수가 무조건 하나 존재한다고 가정하자.

입력값이 [2, 1, 2] 라면 다수의 요소는 2가 된다.

1.9.2 노트 레이아웃을 이용한 문제 접근 및 풀이

다양한 접근 방법이 가능한 문제이다.

제한사항(Constraints)

제한사항		코드
1. 정수형 배열 2. 배열은 1개 이상의 요소를 가진다 3. 다수의 수는 무조건 하나가 존재한다.		
아이디어	시간 복잡도:	
	공간 복잡도:	
테스트		

제한사항과 관련한 추가적인 내용은 살펴볼 것이 없다.

아이디어(Ideas)

정수형 배열, 문자 배열 혹은 문자열의 각 숫자나 문자의 개수를 세기 위한 방법은 다양하다. 단순 이중 순회로 각 숫자나 문자를 선택하고, 선택된 숫자나 문자가 얼마나 있는지 순회를 매 번 하는 방법 또는 해시 테이블을 사용하는 방법이 있다.

제한사항	코드
아이디어(Brute-force) 1. 배열을 순회한다. 2. 각 배열의 요소를 다른 모든 요소와 비교하여 배열에 몇 개가 들어있는지 파악한다. 3. 개수를 세면서 다수의 수 조건에 맞는 숫자가 있으면 해당 숫자를 반환한다.	시간 복잡도: $O(n^2)$ 공간 복잡도: $O(1)$
아이디어(Hash Table) 1. 해시 테이블에서 키 항목으로는 배열의 요소로 하고 값 항목으로는 횟수를 지정한다. 2. 배열을 순회한다. 4. 배열을 순회하면서 해당 요소를 해시 테이블에서 찾는다. – 값이 있다면 해당 요소를 키값으로 하는 값 항목을 꺼내 1을 더해 업데이트한다. – 값이 없다면, 해당 요소를 키 항목으로 두고 1의 값으로 추가한다. 5. 값을 업데이트하고 다수의 수 조건에 맞는 숫자를 반환한다.	시간 복잡도: $O(n)$ 공간 복잡도: $O(n)$ 최악의 경우 요소만큼 해시 테이블이 만들어져야 한다.
아이디어(정렬) 1. 배열을 정렬한다. 2. 가운데 수를 반환한다.	시간 복잡도: $O(nlogn)$ 공간 복잡도: $O(1)$
테스트	

이중 순회로 모든 요소의 숫자를 세는 방법을 알아보자. 문제의 조건을 보면 단 하나의 다수의 수가 존재한다고 가정했으니 따로 배열 요소의 개수를 저장해 둘 필요는 없다.

순회하는 시점에 선택된 숫자를 기준으로 뒤에 있는 숫자 중 같은 숫자를 센다.

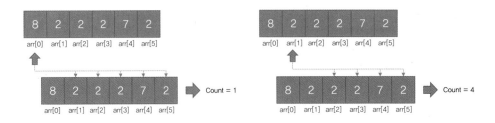

그림 1-29 숫자 요소 카운팅

[그림 1-29]를 보면 1번째 요소 8을 기준으로 뒤에 있는 숫자 중 8이 없으니 1개가 되고 이는 다수의 수(4개)가 되지 않는다. 다음 수로 넘어가자. 다음 수로 넘어가는 경우 앞선 숫자가 다수의 수가 아니기 때문에 다음 숫자로 넘어가더라도 배열의 맨 앞부터 검사할 필요가 없다. 다음 수는 2고 배열에 4개가 있다. 이는 다수의 수(4개) 이상의 개수이므로 다수의 수가 되고 해당 값을 반환하면 된다. 아주 직관적으로 접근이 가능하며, 최악의 경우 마지막 숫자가 다수의 수일 경우의 시간 복잡도는 $O(n^2)$이 된다.

2번째 아이디어는 해시 테이블을 사용하는 것이다.

파이썬은 기본적으로 사전(dictionary) 형으로 해시 테이블을 사용할 수 있도록 지원하고 있으며, 요소를 찾고 값을 넣는 과정 모두 시간 복잡도 $O(1)$을 가진다. 해시 테이블로 배열 숫자를 세어 다수의 수를 찾는 과정을 살펴보자. [그림 1-30]을 참조하여 해시 테이블의 활용을 알 수 있다. 1번의 배열 순회만으로도 모든 숫자의 개수를 셀 수 있다. 다만 다수의 수는 순회를 시작하기 전부터 알 수 있으므로 해당 개수만큼 있는 요소를 발견한다면, 바로 해당 숫자를 다수의 수로 판단하고 반환하면 문제를 해결할 수 있다.

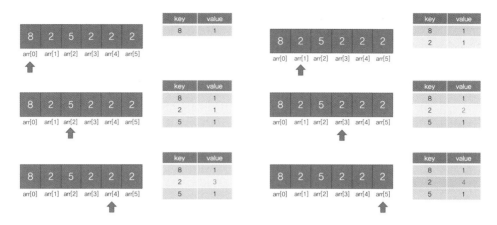

그림 1-30 해시 테이블을 이용한 숫자 카운팅

마지막으로 정렬을 이용하는 방법이다. 다수의 수라는 의미는 $\lfloor n/2 \rfloor$로 배열의 반 이상이 해당 숫자로 채워져있다는 얘기다. 정렬을 한다면 어떤 모양이 되는지 확인해보자.

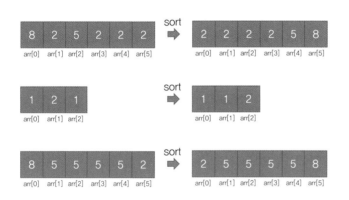

그림 1-31 배열의 정렬

이렇게 다수의 수를 포함하는 배열을 가지고 정렬을 하면, int(n/2)에 위치하는 수는 무조건 다수의 수가 된다는 것을 알 수 있다. 1번째 예제에서는 n/2는 3이 되고 arr[3]은 2가 된다. 이는 다수의 수가 배열의 총개수에서 반을 초과하여 들어있기 때문에 가능한 것이다.

코드(Code)

앞서 살펴본 아이디어를 코드로 구현해보자.

이중 순회로 배열 모든 숫자를 각각 세어보는 방법으로 진행해보자.

제한사항		코드
아이디어	시간:	```def majorityElement(nums: List[int]) -> int:```
	공간:	
테스트		

```python
def majorityElement(nums: List[int]) -> int:
    majority_count = int(len(nums)/2)

    for i, item_i in enumerate(nums):
        count = 0
        for j, item_j in enumerate(nums[i:], start=i):
            if item_i == item_j:
                count += 1
            if count > majority_count:
                return item_i

    return -1
```

해당 코드는 $O(n^2)$의 시간 복잡도를 가진다. LeetCode, Hackerrank와 같은 사이트에서 실행한다면 실패하는 테스트 케이스가 있을 수도 있다. 다음은 해시 테이블을 이용한 배열의 각 요솟값을 카운팅 하는 코드를 구현해보자.

제한사항		코드
아이디어	시간:	
	공간:	
테스트		

```python
def majorityElement(nums: List[int]) -> int:
    majority_count = int(len(nums)/2)

    hashmap = {}

    for num in nums:
        if hashmap.get(num) != None:
            hashmap[num] = hashmap[num] + 1
        else:
            hashmap[num] = 1

        if hashmap[num] > majority_count:
            return num
    return -1
```

파이썬에서 해시 테이블(hash table)을 사용할 때, 많이 활용하는 기능 중 하나는 어떤 요소가 해시 테이블의 키값으로 있는지 확인하는 것이다. 기본적으로 해시 테이블의 요소 접근을 할 때, hashmap[key]를 사용하면 되는데 해시 테이블에 키값이 존재하지 않는다면 잘못된 접근으로 예외 처리된다.

Python Shell (3.7)

```
>>> hashmap = {} # 초기화
>>> key = 3
>>> hashmap[key]
Traceback (most recent call last):
  File "<stdin>", line 1, in <module>
KeyError: 3
>>> print(f'{hashmap.get(key)}')
None
>>> if hashmap.get(key) == None:
...     print(f'{key} as key is not defined')
...
3 as key is not defined
>>>
```

구현된 코드에서 hashmap 변수를 사용하는 방식이 기본이다. 파이썬의 사전(dictionary) 형을 해시 테이블처럼 사용하는 과정에서 키값의 존재 유무를 get() 함수를 통해 확인할 수 있다. 확인한 뒤 배열 요소의 키값에 1을 넣거나 1을 더해서 배열을 다수의 수가 발견될 때까지 진행하면 된다. 이 해결책은 배열을 1번만 순회하는 시간 복잡도 O(N)이 된다. 사전형의 키에 대한 값을 얻어오고 업데이트하는 시간 복잡도[8]는 O(1)이기 때문이다.

마지막으로 정렬을 이용하여 배열에 있는 다수의 수를 찾는 방법을 구현해보자. 해당 코드는 너무 간단하지만, 이렇게 생각하는 것이 쉽지는 않을 것이다. 많은 연습을 통해 익숙해지도록 하자.

---

8 *https://wiki.python.org/moin/TimeComplexity* dict 자료형의 시간 복잡도를 확인해보길 바란다.

제한사항		코드
아이디어	시간 :	`def majorityElement(nums: List[int]) -> int:`
	공간 :	`    return sorted(nums)[int(len(nums)/2)]`
테스트		

단 한 줄 만으로도 이 문제를 해결할 수 있다. 보통 해시 테이블로 접근하여 해결한다면 충분히 좋은 답이 될 수 있다. 문제에서 주어지는 데이터를 정렬한다면 어떤 모양이 되는지 확인하는 습관을 가지면 조금 더 쉽게 문제를 해결할 수 있는 방법을 찾을 수도 있다. 여기서 짚고 넘어가야 하는 것은 파이썬 3 버전부터는 정수형을 나누었을 때, 반환값이 부동 소수형(float)으로 자동 변경된다. 파이썬 2에서는 10/3 하면 둘 다 정수를 나눈 것이기에 3이라는 정수형이 반환되지만, 파이썬 3 부터는 3.3333333333333335으로 반환한다. 배열 인덱스를 접근하는데 부동 소수형으로 할 수 없으니 int() 내장 함수를 사용하여 정수형으로 변환해 주도록 하자.

테스트(Test Cases)

문제의 조건을 보면 배열에는 다수의 수 조건에 맞는 수가 존재한다고 가정했다. 이 문제의 에지 케이스(Edge Case)는 요소가 1개만 있는 경우이다.

```
Test Case 1: nums = [1]
```

이 문제의 답은 당연히 1이 되어야 한다. 이중 순회 혹은 해시 테이블로 문제를 접근했을 때도 결과가 정상적으로 나올 수 있을지 코드를 검토해 보길 바란다. 이외에 다른 경우는 다수의 수 조건에 맞는 개수를 모두 넣어둔 상태로 진행해야 하기 때문에 예제로 사용했던 경우만 통과하더라도 문제 해결하는 데에는 충분할 것이다.

1.9.3 관련 문제 사이트

- LeetCode : Majority Element

  `https://leetcode.com/problems/majority-element/`

- GeeksforGeeks : Majority Element

https://practice.geeksforgeeks.org/problems/majority-element/0

- CodeChef: Count of Maximum

  https://www.codechef.com/problems/MFREQ

1.10 배열의 회전

1.10.1 문제 기술 및 설명

입력으로 정수형 배열과 k 값이 주어지면, 각 요소를 우측으로 k 번 이동 및 회전을 해보자. k는 양의 정수 값이다.

예를 들어 nums 배열에 [1, 2, 3, 4]가 있고, k가 1이라면 요소는 우측으로 1칸씩 이동 및 회전하여 [4, 1, 2, 3]이 된다.

1.10.2 노트 레이아웃을 이용한 문제 접근 및 풀이

이 문제도 배열의 접근 및 제어하는 방식에 따라 다양한 해결책을 만들어 볼 수 있다. 제한사항부터 다양한 아이디어를 도출하는 과정을 단계별로 살펴보자.

제한사항(Constraints)

특별하게 짚고 넘어갈 제한사항은 없다.

제한사항 1. 정수형 배열 2. k 값은 양의 정수		코드
아이디어	시간 복잡도:	
	공간 복잡도:	
테스트		

아이디어(Ideas)

k 만큼 이동 및 회전하는 방법, 추가 빈 배열을 만들어 k 만큼 이동시키고 다시 원 배열에 넣어주는 방법 등 여러 가지 아이디어를 생각해보자. 아이디어는 특별한 방법이 아닌 문제를 있는 그대로 구현해보는 방법(Brute force 접근)으로 먼저 진행하고 중복되거나 불필요한 작업을 줄여나가는 방식으로 확장 및 개선 해나가면 좋은 연습이 된다. 어떤 문제를 해결함에 있어 바로 가장 적합한 알고리즘과 자료구조를 적용하여 풀어내면 좋겠지만 그렇게 하기에는 많은 연습이 필요하다. 그전에는 차근차근 단계를 밟아가자.

제한사항		코드
아이디어(Brute-force) 1. k 번만큼 순회한다. 2. 배열의 요소를 1칸씩 우측으로 이동 및 회전시킨다.	시간 복잡도: O(n * k)	
	공간 복잡도: O(1)	

아이디어(임시 배열)
1. 입력과 같은 크기의 임시 배열(temp)을 생성한다.
2. nums 배열을 순회한다
   – temp 배열에 nums의 요소를 k 만큼 이동 및 회전 시킨 위치에 값을 삽입한다.
3. 임시 배열을 순회한다
   – temp 배열의 요소를 nums 배열에 같은 인덱스의 값을 복사한다
	시간 복잡도:
	O(n)	

	공간 복잡도: O(n)	
테스트		

간단한 방법이지만 시간 복잡도가 가장 높은 방법을 먼저 살펴보자. nums 배열에 [1, 2, 3, 4, 5, 6] 요소가 있고, k 값이 2인 경우에 2번의 순회가 일어나는데 순회 때마다 배열의 요소가 어떻게 변화하는지 알아보자.

그림 1-32 k 번 배열의 요소 이동

특별히 설명할 것 없이 간단 명료하다. k 만큼 배열의 요소를 한 번씩 우측으로 이동 및 회전시키면 된다. 추가 임시 배열을 생성하여 각 배열의 요소가 k 만큼 이동했을 경우 위치해야 하는 곳을 임시 배열에 넣어두고, 모두 순회가 완료되면 임시 배열에는 원 배열의 k 만큼 이동한 값이 배치된다.

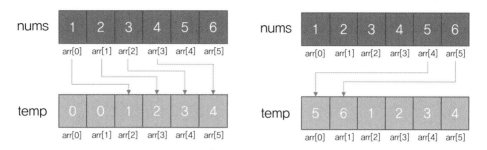

그림 1-33 임시 배열을 이용한 값 이동

임시 배열을 생성하여 이용한다면 1번의 배열 순회 참조로 k 만큼 이동된 결과를 얻어낼 수 있다. [그림 1-33]에서 k가 2인 경우 처리되는 모습을 확인할 수 있다. 이렇게 추가 공간을 할당한다면 문제가 쉽게 해결된다.

임시 배열을 할당하지 않고, 원 배열에 값을 서로 이동시켜 k 만큼 이동할 수 있는 방법을 살펴보자.

제한사항	코드
아이디어 1. 모든 요소가 한 번씩 교환이 될 때까지 배열을 순회한다. 2. 요소를 k 만큼 이동 및 저장한다. 　– 이동한 위치의 이전 요소는 저장한다. 　– 저장한 요소는 다음 k 만큼 이동하여 넣는다. 　– 시작한 요소까지 값을 이동시키면 해당 순회를 종료한다. 　– 이동시킬 때마다 카운트한다. 　– 다음 요소를 선택하고 다시 2번의 내용을 반복한다.	시간 복잡도: O(n) 공간 복잡도: O(1)
아이디어(3번 뒤집기) 1. 전체 숫자를 뒤집는다. 2. 처음 K 만큼까지 숫자를 뒤집는다. 3. 이전에 뒤집은 숫자 다음(n − k)부터 마지막(n)까지 뒤집는다.	시간 복잡도: O(n) 공간 복잡도: O(1)
테스트	

3번째 아이디어는 배열의 시작 요소(0번째 요소)부터 k 만큼 이동을 다시 자신으로 돌아올 때까지 이동시키는 방법이다. 배열이 [1, 2, 3, 4, 5, 6]이고, k가 2라면 1(0)을 3(2) 자리로 3(2)를 5(4) 자리로, 5(4)를 다시 1(0)의 자리로 1번 순회하면 1, 3, 5 요소는 k 만큼 이동이 끝난다. 다음 요소인 2(1)도 동일하게 진행해보자.

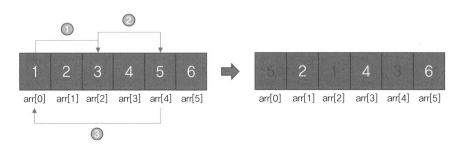

그림 1-34 1번째 요소부터 1번째 순회

다음 2(1)의 요소를 같은 방법으로 순회 및 k 만큼 이동시키면 다음과 같이 진행된다.

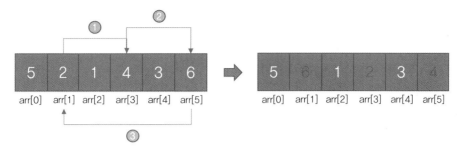

그림 1-35 2번째 요소부터 2번째 순회

2번만 순회하면 모든 요소의 이동이 마무리되고, 원하는 결과가 나온다. 그림으로 확인하면 해당 아이디어가 어떤 방식으로 수행되는지 쉽게 이해할 수 있을 것이다. 마지막으로 배열 뒤집기 방식인데 수학 공식 같은 느낌으로 학습하면 좋다. 배열의 각 요소를 k 만큼 이동시키는 것은 한정된 공간에서 요소를 이동 및 회전을 시키는 것이기 때문에, 배열 요소 순서 자체를 변경하지는 않는다는 점에서 착안된 방법이다.

배열은 [1, 2, 3, 4, 5, 6, 7], k = 3일 때 우선 배열 전체를 뒤집는다.

그림 1-36 배열 전체 뒤집기

다음으로는 0 ~ (k − 1)까지 뒤집는다. 즉, 처음부터 k 개만큼의 요소를 뒤집는다.

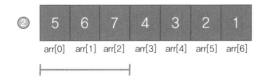

그림 1-37 앞에서부터 k 개만큼 뒤집기

마지막으로 k ~ (n − 1)까지 뒤집는다. 즉 앞서 뒤집은 요소 다음부터 끝까지 뒤집는다.

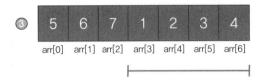

그림 1-38 뒤집지 않은 영역의 요소 뒤집기

이 3번의 진행으로 원하는 결과를 얻을 수 있다. 아주 간단하면서도 구현하기 좋은 방법이지만 생각하기 쉬운 방법은 아니기 때문에 많이 보고 연습하자.

코드(Code)

요소 하나하나를 1칸씩 k 만큼 이동시키는 아이디어에 대한 구현을 진행해보자.

제한사항		코드
아이디어	시간:	```
	공간:	
테스트		

```python
def rotate(nums: List[int], k: int) -> None:
    for _ in range(k):
        prev = nums[len(nums) - 1]
        for i in range(len(nums)):
            temp = nums[i]
            nums[i] = prev
            prev = temp
```

코드는 k 번 반복하는 루프가 있고, 배열 전체를 순회하는 내부 루프가 있다. 1칸씩 이동하는 것이기에 마지막 요소는 제일 처음 요소가 된다. 우선 마지막 요소를 저장하고 처음 요소부터 교체하면서 다음 배열 인덱스로 이동시키면 요소가 k 만큼 이동한 배열을 얻을 수 있다. 시간 복잡도가 $O(n^2)$이라 데이터가 증가할수록 느려지지만 이 문제의 최초 접근법으로는 좋은 방법이다. 이를 통해 복잡도를 줄여나가면 문제 해결을 위한 생각의 흐름을 구성할 수 있다.

임시 배열을 만들어 k 만큼 이동시킨 요소를 순차적으로 넣은 다음 문제에서 요구하는 배열에 업데이트해 주면 된다. 또한 **1.6.2 아이디어**에서 살펴본 대로 함수가 종료하고 나서도 업데이트된 값을 유지하기 위해서 슬라이스 대입(Slice Assignment)을 사용해야 한다. 임시 배열을 temp라는 이름으로 변수를 만들고 nums = temp로 정의한다면 실제 nums는 함수가 종료하고 나서 입력으로 사용했던 원래의 값을 가리키게 된다. 이 점을 유의하면서 이 문제의 임시 배열을 만들어 해결해보자.

제한사항		코드
아이디어	시간 :	```def rotate(nums: List[int], k: int) -> None:```
	공간:	
테스트		

```
def rotate(nums: List[int], k: int) -> None:
    temp = [0] * len(nums)

    for i, elem in enumerate(nums):
        temp[(i + k) % len(nums)] = nums[i]

    #for i, elem in enumerate(temp):
        #nums[i] = elem
    nums[:] = temp
```

temp라는 배열을 nums와 동일한 크기로 할당하고, 순회하면서 $(i + k)$ % len(nums)를 통해 앞서 설명한 대로 값을 순차적으로 넣어준다. 순회가 끝나면 temp에는 nums 배열 요소가 k 만큼 회전한 값이 위치한다. for 루프로 순회를 하면서 temp의 요소를 순서대로 nums에 대입해도 좋고, 슬라이스 대입으로 업데이트해도 괜찮다.

임시 배열 없이 배열의 요소를 순회하며 이동시키는 방법의 구현을 살펴보자. 이 방법은 상대적으로 복잡하지만 [그림 1-34]와 [그림 1-35]를 확인하면서 알아보자.

제한사항		코드
| **아이디어** | 시간: | ```python
def rotate(nums: List[int], k: int) -> None:
    count = 0

    for start in range(len(nums)):
        if count >= len(nums):
            break

        curr_index = start
        prev_elem = nums[start]

        while True:
            next_index = (curr_index + k) % len(nums)
            temp = nums[next_index]
            nums[next_index] = prev_elem
            prev_elem = temp

            curr_index = next_index
            count += 1

            if curr_index == start:
                break
``` |
| | 공간: | |
| **테스트** | | |

이 코드를 설명하기에 앞서 파이썬에서 사용되는 루프의 패턴 중 C / C++ / 자바 등의 루프와는 조금 다른 경우가 있다. C / C++ / 자바의 경우 for 루프를 쓰면서 **for 초기식; 종료식; 변화식**으로 for 루프에 종료 조건을 정의할 수 있다. 하지만 파이썬은 for 루프 종료 조건을 다음 라인에 break 문을 이용하여 따로 정의해야 한다. 또한 최소 1번의 순회를 허용하는 do-while 문이 파이썬에는 없다. 해당 코드에서 내부 루프를 수행하기 위해 curr_index를 start로 초기화되는데 순회를 수행하다 curr_index가 다시 start가 되었을 때 종료해야 하기에 do-while 문 사용이 필요할 것이다. 하지만 파이썬에서는 **while True:**로 무조건 허용하고 종료 조건을 내부에 정확히 명시하는 방법을 사용한다. 만약 다른 언어를 사용한 경험이 있다면 생소할 수 있는 부분이라고 생각된다. 이 점을 참고하여 코드를 살펴보자.

마지막으로 배열 뒤집기를 이용한 방법의 코드를 살펴보자. 추가로 파이썬3에서 배열(리스트)을 특정 영역 내 값을 뒤집는 방법을 알아보자. 사실 순회를 하면서 값을 뒤집어도 된다. 다만 파이썬에 있는 슬라이스 연산자를 사용하면 더욱 쉽게 해결할 수 있고 해당 언어의 사용을 용
```

이하게 운영할 수 있다. 2가지 방법이 있는데 내장 함수인 reversed()[9]를 이용하는 방법과 슬라이스 제어를 이용하는 것이다. 사용 예제를 살펴보자.

Python Shell (3.7)

```
>>> py_list = [1, 2, 3, 4, 5, 6, 7]
>>> py_list[2:4] = reversed(py_list[2:4])
>>> py_list
[1, 2, 4, 3, 5, 6, 7]
>>>
>>> py_list = [1, 2, 3, 4, 5, 6, 7]
>>> py_list[2:4] = py_list[2:4][::-1]
>>> py_list
[1, 2, 4, 3, 5, 6, 7]
```

reversed()는 sorted() 내장 함수와 비슷하게 리스트를 받아서 리스트를 반환한다. 다만 슬라이스 인덱스를 이용하면 특정 범위의 요소를 뒤집고 반환할 수 있고, 조금 더 간단하게 슬라이스 연산자만 사용하여 바로 업데이트할 수 있다. 슬라이스로 특정 영역의 리스트를 잘라낸 다음 해당 리스트를 뒤집고 적용하는 과정이 py_list[2:4][::-1]에 모두 들어있다. 파이썬은 개발 편의성이 너무 좋게 구성되어 있으니 검색을 통해 다양한 사용법을 찾아보자. 이 정도 내용을 파악한 뒤 뒤집기 방법을 사용한 구현을 살펴보자.

제한사항		코드

아이디어	시간 :	`def rotate(nums: List[int], k: int) -> None:`
		`    k = k % len(nums)`
		`    nums[:] = nums[::-1]`
		`    nums[0:k] = nums[0:k][::-1]`
		`    nums[k:len(nums)] = nums[k:len(nums)][::-1]`

	공간:	
테스트		

중요한 포인트는 뒤집기 전 k 값을 미리 배열의 크기로 나머지 연산을 해줘야 한다. 이유는 k 값이 배열 크기 내에 있어야 앞부분과 뒷부분을 나누어 뒤집기가 가능하기 때문이다. 이것만 조심하면 간단하게 구현이 가능하다.

----

9 *https://docs.python.org/ko/3.7/library/functions.html?highlight=reversed#reversed*

테스트(Test Cases)

이 문제의 테스트로 배열이 얼마나 큰 지는 크게 중요하지 않다. 배열이 비어 있는 경우를 고려하지 않아도 된다면, k 값이 배열의 크기보다 큰 경우 정도가 에지 케이스(Edge Case)가 된다.

```
Test Case 1: nums = [1, 2], k = 3
```

어떤 해결책으로 하든 k 값에 의해 회전되는 것이기에 k 값이 배열의 길이보다 큰 경우의 처리가 중요하다. 예를 들어 배열의 길이가 2인데 k 값이 4라면 2바퀴를 돌아 원래 요소가 있었던 자리에 다시 놓이게 된다. 이를 고려하여 정상적으로 수행되는지 확인이 필요하다.

1.10.3 관련 문제 사이트

- LeetCode

  https://leetcode.com/problems/rotate-array/

- Hackerrank

  https://www.hackerrank.com/challenges/ctci-array-left-rotation/problem

- GeeksForGeeks

  https://practice.geeksforgeeks.org/problems/rotate-array-by-n-elements/0

1.11 빠진 숫자 찾기

1.11.1 문제 기술 및 설명

주어진 정수형 배열은 0 ~ n까지 숫자를 담고 있는데 이 중 빠진 숫자를 찾아보자. 배열의 값은 0에서 시작하여 n까지 n + 1개의 요소를 가질 수 있지만, 배열의 크기는 n으로 이 숫자 중 하나는 빠져 있다는 의미다.

예를 들어 nums = [3, 1, 0] 라면 빠진 숫자는 2다.

1.11.2 노트 레이아웃을 이용한 문제 접근 및 풀이

배열은 정숫값으로 구성되어 있으며 0에서 n까지 숫자 중 하나를 제외하고 정렬되지 않은 상태로 가지고 있다. 해당 배열에서 빠진 하나의 숫자를 찾는 방법을 생각해야 하는 문제다. 이 문제 또한 다양한 알고리즘이나 자료구조를 사용해서 풀어볼 수 있다. 하나의 문제에 다양한 접근법이 있는 경우 앞으로 해결할 문제에 많은 도움이 되니 꼼꼼히 확인하고 정리해두면 좋을 것이다.

제한사항(Constraints)

제한사항		코드
1. n 크기의 정수형 배열 2. 0에서 n 사이의 숫자만 갖고 있다. 3. 예외적인 경우는 없다고 가정한다.		
아이디어	시간 복잡도:	
	공간 복잡도:	
테스트		

이 문제는 특별히 제한사항이라기 보다 값의 범위가 명확히 명시되어 있다. 주어진 배열의 크기가 n이라면 0 ~ n 값으로만 구성될 수 있다. 또한 n 값이 정수형보다 크면 입력값으로 넘어오질 못하거나 문제를 구성하기가 어렵다는 의미다. 물론 파이썬의 경우 정수형은 long 타입까지 확장 가능하니 걱정할 필요가 없다.

아디디어(Ideas)

문제 해결책을 보게 되면 간단 명료하지만 다양한 문제에서 활용 및 확장이 가능하니 잘 알아두도록 하자.

제한사항		코드
아이디어(정렬) 1. 배열을 정렬한다. 2. 1번째 요소가 0이 아니라면 0을 반환한다. 3. 마지막 요소가 n이 아니라면 n을 반환한다. 4. 배열을 1번 인덱스부터 n − 1까지 순회한다. 　　– 현재 요소가 이전 요소에 1만큼 큰 수가 아니라면 현재 인덱 　　　스를 반환하다.	시간 복잡도: O(nlogn)	
	공간 복잡도: O(1)	
아이디어(Hash Set) 1. 배열의 모든 값을 해시 셋(Hash Set)에 넣는다. 2. 0에서 n까지 순회한다. 　　– 해시 셋에 없는 값을 반환한다.	시간 복잡도: O(n)	
	공간 복잡도: O(n)	
테스트		

배열과 관련된 문제 중 정렬로 해결되는 문제가 많다. 이 문제도 마찬가지다. 우선 정렬을 하면 배열 [3, 1, 0]일 경우 [0, 1, 3]이 된다. 배열의 크기는 3으로 0, 1, 2, 3에서 빠진 2를 찾으면 된다. 단순 순회를 하든 이전 숫자에 1 더한 값이 다음 숫자인지 확인해본다.

다음은 해시 테이블(Hash Table)을 이용한 방법이다. 보통은 키(key)를 이용하여 해당 키에 매핑되는 값을 가지는 테이블 구성을 위해 사전형(Dictionary) 자료구조를 사용하는데 이 문제는 키와 값의 매핑이 아니라 숫자의 존재 유무를 확인하는 작업만 필요하기 때문에 파이썬에서 제공되는 set 자료구조[10]를 사용할 수 있다. set 자료구조는 간단히 말하면 중복을 허용하지 않는 순서가 없는 컬렉션이다. 사용법을 간단히 살펴보자.

Python Shell (3.7)

```
>>> number_set = set([1, 2, 3])
>>> number_set
{1, 2, 3}
>>> 3 in number_set
True
>>> 4 in number_set
False
>>>
```

---

10 *https://docs.python.org/ko/3/tutorial/datastructures.html#sets*

이터러블(iterable – 문자열, 리스트와 같은) 객체를 인자로 받아 set(집합)을 구성한다. set 은 내부적으로 사전형(Dictionary)을 사용하여 구현되어 있어 시간 복잡도는 사전형과 거의 유사하다. 요소를 추가하고 지우는 동작과 어떤 값이 set에 있는지 확인하는 것도 $O(1)$에서 확인할 수 있다. 리스트의 모든 값을 set 자료구조로 옮기고 0에서 n까지 순회하며 해당 숫자 가 있는지 없는지 확인하면 된다.

조금 더 수학적으로 접근해보자. 비트 연산 중에 XOR[11]이 있다. 이 비트 연산의 특징 중 하나가 동일한 숫자를 XOR($\oplus$) 하여 얻은 결과가 0이라는 것이다. 예를 들어 3에 3으로 XOR($\oplus$) 연산을 한다면 0이 된다.

$$3 \oplus 3 = 0$$

이유는 XOR 연산을 하는 연산자와 피연산자가 같은 위치에 같은 비트면 0이 되고, 다른 비트 면 1이 된다. 예를 들어 $3 \oplus 5$를 한다면 어떤 결과를 낼 수 있는지 확인해보자.

$$
\begin{array}{llll}
 & 0 & 1 & 1 \Rightarrow 3 \\
XOR & 1 & 0 & 1 \Rightarrow 5 \\
\hline
결과 & 1 & 1 & 0 \Rightarrow 6
\end{array}
$$

파이썬에서는 비트 연산에서 XOR 연산을 다음과 같이 수행할 수 있다.

Python Shell (3.7)

```
>>> 3 ^ 5
6
>>> 3 ^ 3
0
```

11 *https://ko.wikipedia.org/wiki/비트_연산#XOR*

제한사항	코드

아이디어(비트 연산)	시간 복잡도: O(n)
1. 변수에 n의 값으로 초기화한다. 2. 배열을 순회한다. – 변수에 현재 인덱스와 해당 값을 다 같이 XOR 한다. 3. 변숫값을 반환한다.	
	공간 복잡도: O(1)
아이디어(합의 차)	시간 복잡도: O(n)
1. 0에서 n까지 합을 구한다. 2. 배열 요소의 총합을 구한다. 3. (0에서 n까지 합) – (배열 요소의 총합)을 반환한다.	
	공간 복잡도: O(1)
테스트	

XOR 연산을 어떤 식으로 진행하는지 자세히 알아보자. 배열의 크기는 4이고, 배열은 [1, 3, 0, 4]가 있다고 하자. 배열의 인덱스는 0에서 3까지만 되므로 변수(missing)에 4의 값으로 초기화하자.

$$
\begin{aligned}
missing &= 4 \oplus (0 \oplus 1) \oplus (1 \oplus 3) \oplus (2 \oplus 0) \oplus (3 \oplus 4) \\
&= (4 \oplus 4) \oplus (3 \oplus 3) \oplus (1 \oplus 1) \oplus (0 \oplus 0) \oplus 2 \\
&= 0 \oplus 0 \oplus 0 \oplus 0 \oplus 2 \\
&= 2
\end{aligned}
$$

배열을 순회하면서 0 ~ n − 1까지 숫자도 함께 XOR을 해준다면 실제 0에서 n까지 하나의 숫자를 제외하고 모든 숫자가 2번씩 XOR 연산에 인자로 들어가 0이 되고 하나의 숫자만 남게 되는 마법과 같은 방법이다. 위 공식에서 맨 앞 4는 missing 변수의 초깃값이고, 그 뒤에 따라오는 괄호의 1번째 숫자는 현재, 인덱스 2번째 숫자는 인덱스에 있는 실제 값이다. 차례대로 연산하면 공식의 2번째 줄에 해당하는 과정을 수행하게 되고 빠진 숫자 2만 남게 된다.

다음 아이디어는 0에서 n까지 합을 구하고 배열이 갖고 있는 요소의 합과 차이를 구해 없는 숫자를 바로 찾을 수 있는 방법이다. 추가적인 정보를 제공하면 0에서 n까지의 합은 가우스의 덧셈[12]을 이용해 시간 복잡도 O(1)로 해결할 수 있다. 0에서 n까지 순회하여 합을 구해도 시간 복잡도는 O(n)이 되겠지만, 조금 더 쉽게 합을 구할 수 있는 방법으로 생각하면 된다.

----

12 "가우스의 덧셈"으로 검색한다면, 관련 내용을 찾아 볼 수 있다.

$$sum = \frac{n(n+1)}{2}$$

가우스의 덧셈은 0에서 n까지의 합을 간단히 계산할 수 있는 공식이다. 이 공식을 사용해서 n 까지의 합을 구하고 배열 요소의 합을 구한 뒤에 차를 구하면 빠진 숫자를 찾을 수 있다.

코드(Code)

앞서 소개한 4가지 아이디어를 하나씩 구현하고 살펴보자. 우선 정렬을 이용한 해결책을 구현 해보자.

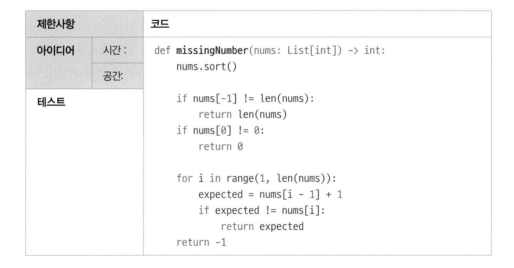

제한사항		코드
아이디어	시간 :	`def missingNumber(nums: List[int]) -> int:`
	공간:	
테스트		

```python
def missingNumber(nums: List[int]) -> int:
    nums.sort()

    if nums[-1] != len(nums):
        return len(nums)
    if nums[0] != 0:
        return 0

    for i in range(1, len(nums)):
        expected = nums[i - 1] + 1
        if expected != nums[i]:
            return expected
    return -1
```

리스트에 sort() 함수를 이용해 정렬한다.

그림 1-39 배열 정렬

[그림 1-39]와 같이 입력으로 주어진 배열을 정렬하면 빠진 숫자를 찾는 것은 수월하다. 처음 과 맨 마지막은 앞서 검사해서 걸러내고 배열을 순회하여 이전 값에 1 큰 값이 현재 요소에 있 는지 확인하자. set 자료구조를 이용한 방법으로 코드를 구현해보자.

제한사항		코드
| **아이디어** | 시간 : | ```python
def missingNumber(nums: List[int]) -> int:
    set_nums = set(nums)

    for i in range(len(nums) + 1):
        if i not in set_nums:
            return i

    return -1
``` |
| | 공간: | |
| **테스트** | | |

자료구조 및 알고리즘의 기초적인 문제에서는 해시 테이블로 해결할 수 있는 문제가 많이 있으니 파이썬에서 제공하는 사전형(dict)과 집합(set)의 사용법을 잘 기억하자. set() 함수에 nums 리스트를 넘겨주면, set_nums에 set 자료구조가 입력된다. 이제 0에서 n까지 순회하면서 set_nums에 숫자가 있는지 확인하자. 리스트의 특정 요소를 찾는 시간 복잡도[13]는 O(n)이지만 set에서는 O(1)로 가능하다. 또한 내부적으로 set은 dict를 이용해서 구현되어 있으니 동일하다고 봐도 무방하다. 다만 키와 값의 쌍으로 이루어진 것이 아니라 키만 관리하는 게 set이라고 생각하면 된다.

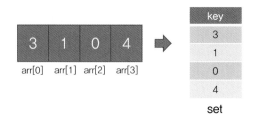

그림 1-40 리스트를 set으로 변환

----

13 *https://wiki.python.org/moin/TimeComplexity* 리스트(list), 사전(dict), 집합(set)의 수행 관련 시간 복잡도를 확인할 수 있다.
```

셋(set)은 in 키워드를 사용해 해당 셋(set)의 데이터 존재 유무를 확인할 수 있다. 단순히 0에서 n까지 순회하면서 셋에 없는 숫자를 빠진 숫자로 반환되면 된다.

3번째 방법으로 XOR 비트 연산을 사용해 있어야 하는 숫자를 찾아내는 아이디어를 구현해보자. 0에서 n−1까지 순회하면서 인덱스와 해당 인덱스의 값과 이전 XOR의 결과를 누적하여 연산을 진행하면 원했던 결과를 반환할 수 있다.

제한사항		코드
아이디어	시간:	```def missingNumber(nums: List[int]) -> int:```
	공간:	
테스트		

```python
def missingNumber(nums: List[int]) -> int:
    missing = len(nums)

    for i in range(len(nums)):
        missing = missing ^ i ^ nums[i]

    return missing
```

마지막으로 0에서 n까지 합과 배열의 모든 요소 합의 차로 빠진 숫자를 찾아내는 아이디어를 구현해보자. 앞서 설명한 대로 0에서 n까지의 합을 단순 순회를 통해 더해도 좋고, 가우스의 덧셈을 이용해도 좋다.

제한사항		코드
아이디어	시간:	
	공간:	
테스트		

```python
def missingNumber(self, nums: List[int]) -> int:
    expected_sum = 0
    nums_sum = 0

    for i in range(len(nums) + 1):
        expected_sum += i

    for _, num in enumerate(nums):
        nums_sum += num

    return expected_sum - nums_sum

# 가우스 덧셈을 활용
def missingNumber(nums: List[int]) -> int:
    expected_sum = int((len(nums) * (len(nums) + 1)) / 2)
    nums_sum = 0
    for _, num in enumerate(nums):
```

```
            nums_sum += num
        return expected_sum - nums_sum

# 가우스 덧셈과 sum()함수 이용
def missingNumber(nums: List[int]) -> int:
    return int((len(nums) * (len(nums) + 1)) / 2) -
sum(nums)
```

참고로 리스트 요소의 합을 반환해 주는 sum()[14]을 파이썬 내장 함수에서 제공한다. 단순 for 루프를 통해 리스트를 순회하며 합을 구하는 일이 더러 있으니 기억해 두면 좋다. 합을 이용한 3가지 구현 기법을 모두 살펴봤다. 하나씩 비교해가면서 기억해두자.

테스트(Test Cases)

문제에서 주어진 배열의 요소에 중복된 값이 있지 않고, 0 ~ n 사이의 값을 벗어나지 않는다는 조건에서 에지 케이스(Edge case)를 만들어 보면 단일 요소만 가지고 있는 경우에 해결할 수 있는지 확인해보면 된다.

```
Test Case 1: nums = [0] or nums = [1]
```

4가지 아이디어 모두 해당 테스트에서 1과 0을 각각 답으로 내어 놓을 수 있다.

1.11.3 관련 문제 사이트

- Hackerrank – Missing number in array

  https://www.hackerrank.com/contests/test-contest-39/challenges/missing-number-in-array/problem

- LeetCode – Missing Number

  https://leetcode.com/problems/missing-number/

---

14 *https://docs.python.org/ko/3.7/library/functions.html#sum*

1.12 더 나아가기 위한 준비

알고리즘 문제를 풀다 보면 유난히 어려움을 겪게 되는 것들이 있다. 그중 대표적으로 재귀(Recursion), 동적 프로그래밍(Dynamic Programming)으로 해결하거나 해당 기술 기반으로 접근해야 하는 문제라고 생각한다. 1장 배열 다음 단계의 문제는 재귀(Recursion)를 먼저 이해해야 한다. 피보나치 수열을 순회 방식과 재귀 방식으로 비교해보고 재귀의 방법을 이해해보자. 재귀에 대한 내용을 학습해봤다면 흔히 접했던 예제일 것이다. 자료구조와 알고리즘 문제를 해결하는 과정에서 재귀는 상대적으로 많은 연습을 해야 하는 분야다. 아래 문제를 보자.

> **문제** 2차원 리스트가 입력으로 주어질 때, 내부 배열의 모든 순차적 조합을 반환하자.
>
> - 입력값 : array_list = [["abc", "def"], ["123", "456", "789"], ["aa", "bb"]]
> - 출력값: ["abc123aa", "abc123bb", "abc456aa", "abc456bb", "abc789aa", "abc789bb", "def123aa", "def123bb", "def456aa", "def456bb", "def789aa", "def789bb"]

array_list 크기는 가변적이며, 2차원 리스트 내부 요소를 다른 리스트의 요소로 모든 순차적 조합을 만드는 문제다. 이 문제를 재귀로 해결해야 하는 것을 파악하기 힘들 수 있다. 이런저런 방법을 적용해보겠지만 array_list는 개수가 정해져 1가지 경우의 입력만 있는 것이 아니라 각 내부 배열의 개수가 다르고 내부 배열의 길이가 다르게 들어오더라도 해결 가능하게 구현해야 한다.

이 시점 이후 배열 문제를 살펴보기 전에 재귀(Recursion)를 이해하고 진행하길 권장한다. 배열, 문자열, 스택, 트리 등 다양한 자료구조 문제에서 해결책으로 재귀가 많이 이용되기 때문에 **4.2**를 먼저 학습하고 재귀에 대한 이해를 도모해보자.

LeetCode, Hackerrank 등 온라인 코딩 문제를 풀어볼 수 있는 사이트는 문제 난이도를 구분 지어 놓는데 쉬운(easy) 난이도의 문제라도 재귀를 이용하거나 관련 알고리즘을 사용해야 하는 경우 난이도가 쉽지 않게 느껴진다. 이것도 어느 정도 패턴이 있으니 포기하지 말고 해결해보자. 하지만 너무 오랫동안 하나의 문제를 잡고 있는 것은 효과적이지 못하다. 자료 구조 및 알고리즘 문제는 충분히 많으니, 2시간 이상 문제를 해결하지 못했다면 해결책을 확인하고 오답노트처럼 정리하자.

1.13 부분집합(subsets)

1.13.1 문제 기술 및 설명

고유한 정수의 집합으로 배열이 주어지면 가능한 모든 부분집합을 반환하자. 중복된 부분집합은 허용하지 않는다.

입력으로 [1, 2, 3]이 주어지면, 결과로 [[ ], [1], [2], [3], [1, 2], [1, 3], [2, 3], [1,2,3]]을 반환하면 된다.

1.13.2 노트 레이아웃을 이용한 문제 접근 및 풀이

배열에 있는 요소의 모든 조합을 찾는 문제다. 보통 '**모든 조합**'을 찾는 일은 재귀를 고려해야 한다. 이 문제를 재귀로 해결하는 방법을 하나씩 살펴보자. 이 문제의 해결책을 이해한다면 앞서 **1.12**에서 예제로 소개한 문제도 비슷한 방법으로 해결할 수 있다.

제한사항(Constraints)

제한사항 1. 정수형 배열 2. 반환값은 2차원 정수형 배열 3. 입력 배열 요소는 중복된 값을 허용하지 않음		코드
아이디어	시간 복잡도:	
	공간 복잡도:	
테스트		

이 문제의 입력값은 단순하다. 배열에 중복되는 값이 없이 정수형 값으로 채워져 전달된다.

아이디어(Ideas)

반복(Iterative)을 통한 해결 방법을 생각해보자. 반복 문의 방법을 알고 있다면 쉽게 할 수 있지만 모른다면 그렇지 않다. 모든 조합을 만들어야 한다면 우선적으로 재귀를 고려해야 하고 배열의 요소를 조합 선택하여 부분집합을 만들어 기록해야 한다. **4.2**의 group_sum()과 비슷하게 접근하여 해결이 가능하다.

제한사항	코드

아이디어(Brute-force)	시간 복잡도: $O(n * 2^n)$

1. index는 0, 비어 있는 배열(subset)을 선언한다.
2. 호출된 현재 부분배열(subset)을 결과 배열에 저장한다.
3. index부터 입력 배열 길이만큼 순회한다.
  − subset에 현재 입력 배열의 요소를 추가한다.
  − index를 1 증가시키고 재귀 호출한다.
  − subset에 재귀 복귀 후 마지막 요소를 제거하고 순회 진행한다.
	공간 복잡도:
	$O(n * 2^n)$

테스트	

재귀로 해결하는 문제는 아이디어를 정의하기 쉽지 않다. 재귀로 호출되면서 전달되는 인자와 재귀 호출 복귀 과정에서 유지하려 했던 데이터를 유심히 살펴봐야 할 것이다. 우선 해당 아이디어를 [그림 1-41]에서 진행하려 했던 의도를 알아보자. 입력 배열은 [1, 2, 3]이라고 가정하자.

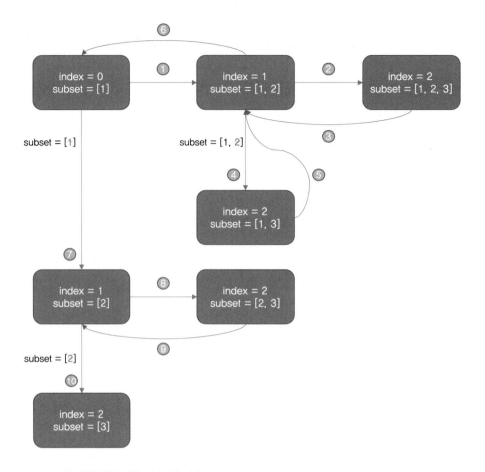

그림 1-41 부분집합을 찾기 위한 재귀 호출 과정

아이디어로 언급한 내용보다는 [그림 1-41]을 참조하여 배열의 모든 요소 조합을 만드는 과정을 쉽게 이해할 수 있을 것이다. 배열 요소가 3개 있다면 모든 부분집합은 8개가 된다. 즉 모든 부분집합을 구하기 위해서 2^n 개의 조합을 만들어야 한다. 또한 해당 조합들의 부분집합 (subset)을 최종 결과 배열에 추가하는 과정까지 포함하여 시간 복잡도는 $O(n * 2^n)$이 된다. 공간 복잡도는 재귀 호출로 생성되는 모든 부분집합과 결과를 저장하는 배열을 포함하여 $O(n * 2^n)$가 된다.

이와 같은 배열의 모든 조합을 구성하는 문제에서 공식처럼 사용되는 반복(iterative)문으로 해결하는 방법이 있다.

대부분의 개발 언어의 배열 접근은 인덱스 0부터 (배열의 크기 - 1)까지 접근 가능하다. [그림 1-42]로 부분집합의 생성 패턴을 살펴보자.

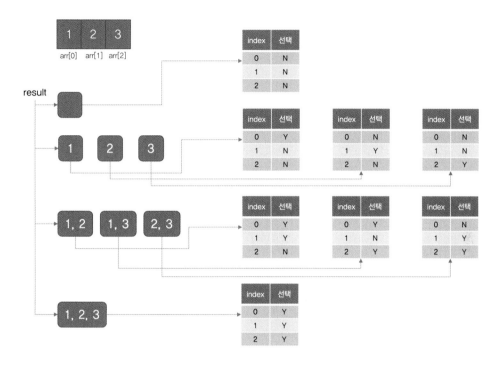

그림 1-42 인덱스 별 선택에 따른 부분집합

[그림 1-43]에 표현된 index와 선택 테이블을 확인해보자. 선택(Y)을 1로 보고 해제(N)를 0으로 생각하고 다시 표현해보자.

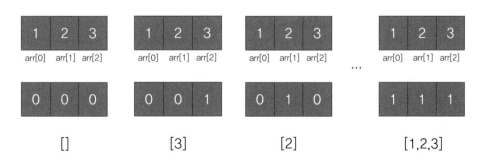

그림 1-43 1과 0으로 배열 인덱스의 선택 여부 판단

배열의 크기가 3이라면 [그림 1-43]과 같이 배열 선택을 통해 모든 부분집합을 찾을 수 있다. 하나씩 나열해보자. 000, 001, 010, 011, 100, 101, 110, 111로 모든 부분집합을 만들 수 있다. 이는 이진수로 0, 1, 2, 3, 4, 5, 6, 7이다. 즉, 숫자를 순서대로 0에서 $2^n - 1$까지 순회하고 이진수로 변환한다면 배열의 모든 부분집합 선택 인덱스를 만들어 낼 수 있다는 의미다. 우선 파이썬에서 정수를 이진수 문자열로 반환해 주는 내장 함수 bin()[15]을 알아보자.

Python Shell (3.7)

```
>>> bin(3)
'0b11'
>>> type(bin(3))
<class 'str'>
>>> for i in range(3):
...     print(f'{bin(i)}')
...
0b0
0b1
0b10
```

bin() 함수에 정수 3을 인자로 넣으면 '0b11'로 반환한다. 반환된 문자열의 맨 앞쪽에 '0b'는 이진수를 지칭하는 접두 표시다. 또한 파이썬에서 x의 y 거듭제곱을 반환하는 내장 함수 pow()[16]를 이용하거나 x ** y로 같은 결과를 얻을 수 있다.

Python Shell (3.7)

```
>>> pow(2, 3)
8
>>> 2 ** 3
8
```

이 문제를 0 ~ 2^n까지 순회하고 각 숫자를 이진 문자열로 만들어 각 위치에 있는 1과 0으로 앞서 소개한 선택 여부로 모든 부분집합의 조합을 만들 수 있다.

....

15 *https://docs.python.org/ko/3.7/library/functions.html#bin*
16 *https://docs.python.org/ko/3.7/library/functions.html#pow*

코드(Code)

먼저 재귀를 이용하여 배열 요소의 모든 부분집합(subset)을 반환하는 코드를 구현해보자.

제한사항		코드
아이디어	시간 :	```python\ndef subsets_recursion(nums: List[int],\n res: List[List[int]], sub: List[int],\n index) -> None:\n if len(sub) > len(nums):\n return\n\n res.append(sub.copy())\n\n for i in range(index, len(nums)):\n sub.append(nums[i])\n subsets_recursion(nums, res, sub, i + 1)\n sub.pop()\n```
	공간 :	
테스트		

코드를 차근차근 살펴보자. 재귀에 대한 내용을 이해했더라도 해당 코드를 쉽게 파악하기는 어려울 수 있다. 짧은 코드 내에 다양한 기술이 들어있는데 가장 먼저 설명하고 싶은 사항은 재귀 함수를 지속적으로 호출하면서 부분집합(subset) 변수의 내용(Value) 구성과 모든 부분집합을 관리하는(res) 2차원 배열의 구성이다. 일반적으로 파이썬은 **1.6.2 코드**에서 언급한 대로 수정 가능한(mutable) 객체(List, Tuple, Dictionary 등)는 참조에 의한 호출(call by reference)로 접근 및 수정이 가능하고, 수정 불가능한(immutable) 객체(숫자, 문자열 등)는 값에 의한 호출(call by value)로 처리한다. 간단히 말해 리스트 타입의 변수를 함수 인자로 넘기면 참조에 의한 호출로 같은 메모리 위치를 참고하여 데이터를 업데이트할 수 있고, 함수 호출 완료 후에도 해당 인자는 업데이트된 값을 유지한다.

```python
nums = [1, 2, 3]
res = []
sub = []
subsets_recursion(nums, res, sub, 0)

return res
```

subsets_recursion( ) 함수를 위와 같이 호출하고 res를 반환하면 모든 부분집합의 결과를 확인할 수 있다. res는 업데이트되는 부분집합(sub 변수)을 리스트의 append( ) 함수를 통해 추가되는데 그냥 아무 생각 없이 res.append(sub)로 하게 되면 res에 추가되는 것은 sub의 참조가 들어가게 되어 sub가 업데이트되면 res의 내용도 변하게 된다. 관련 내용을 예제로 알아보자.

Python Shell (3.7)

```
>>> res = []
>>> sub = []
>>> res.append(sub)
>>> print(res)
[[]]
>>> sub.append(1)
>>> print(sub)
[1]
>>> print(res)
[[1]]
>>> res.append(sub)
>>> print(res)
[[1], [1]]
>>> sub.append(2)
>>> print(sub)
[1, 2]
>>> print(res)
[[1, 2], [1, 2]]
>>>
```

res에 sub를 append( )로 추가하면 sub의 주솟값이 추가된다. 즉, res에 추가된 내용은 sub와 같은 메모리 공간을 바라보게 되는 것이다. [그림 1-44]와 같이 의도하지 않는 결과를 받을 수 있다.

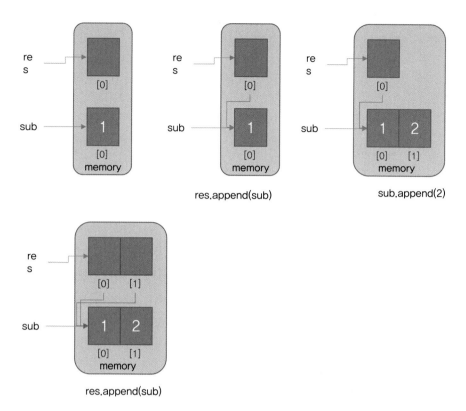

res.append(sub)

sub.append(2)

res.append(sub)

그림 1-44 리스트에 리스트를 추가하는 과정에서의 메모리

이를 해결하기 위해 리스트 클래스의 copy() 메서드를 이용해 해결이 가능하다. copy()를 사용하면 다른 영역의 메모리로 복사된 값으로 접근되어 sub를 업데이트하고 다시 res에 추가하더라도 각 부분집합이 기대했던 대로 추가될 것이다. 슬라이스 연산으로도 같은 결과를 얻을 수 있다. 위의 코드에서 res.append(sub.copy()) 부분을 res.append(sub[:])로 변경해도 좋다.

순회하는 과정을 살펴보자. index로는 처음 0이 넘겨졌을 것이고, res는 비어 있는 sub가 1번 추가된다. 순회는 0부터 입력 배열의 길이만큼 진행한다. nums에 [1, 2, 3]이 있다고 가정하고 [그림 1-41]을 해당 코드로 검토해보면 충분히 쉽게 이해할 수 있다.

추가적으로 반복(iterative) 방식으로 문제를 해결하는 구현을 살펴보자. 이 방식도 재귀를 사용했을 때와 동일한 시간 / 공간 복잡도를 가지기 때문에, 해결책으로 사용 가능하다.

```python
def subsets(nums: List[int]) -> List[List[int]]:
    res = []
    nums_len = len(nums)
    nth_bit = 1 << nums_len

    for i in range(2 ** nums_len):
        bitmask = bin(i | nth_bit)[3:]

        res.append(
            [nums[j] for j in range(nums_len) if bitmask[j] == '1'])
    return res
```

위 코드도 모든 부분집합(subset)을 res 리스트에 모두 추가하여 반환한다. nth_bit 변수의
목적은 nums 배열에 요소가 3개라면 처음 0일 때 비트가 000으로 표현되어 비어 있는 부분
집합을 만들어야 하는데 bin(0)은 '0b0' 값으로 의도와는 다르게 동작할 것이다. 그래서 시프
트 연산을 통해 요소가 3개라면 4번째 비트에 1을 추가하여 배열 길이와 동일한 비트 문자열
을 만들어 놓고 부분집합을 만들어야 한다. 즉, 배열의 요소가 3개라면 1을 3번 좌측 시프트를
한 $1000_{(2)}$ 이진수와 순회 시 사용할 숫자와 OR 연산을 한다. 만약 0과 $1000_{(2)}$을 OR 연산하
면 $1000_{(2)}$이 되고 bin()의 결과로 '0b1000'이 반환된다. 문자열도 리스트의 슬라이스 연산을
동일하게 적용 가능하니 [3:]을 통해 맨 앞부터 '0b1'을 잘라내어 '000'의 값을 얻어 낼 수 있다.
배열의 요소가 3개라면 0에서 7까지 순회할 것이고 000, 001, 010 순으로 비트 문자열을 만
들어 낼 것이다.

파이썬에서는 리스트 축약(List Comprehension)이라는 이름으로 1줄 정도로 리스트 요소
를 제어하는 코딩 기법이 있다. 위에 res.append()로 전달되는 리스트 연산은 전통적인 코드
로 아래와 같이 구현할 수 있다.

```python
temp = []
for j in range(nums_len):
    if bitmask[j] == '1':
        temp.append(nums[j])
res.append(temp)
```

위의 순회 코드에서는 임시 리스트를 만들고 조건을 만족하는 nums의 요소를 temp에 추가한
뒤 모든 순회가 끝나면 res에 추가하는 형식이다. 이를 1줄로 아래와 같이 축약이 가능하다.

```
res.append([nums[j] for j in range(nums_len) if bitmask[j] == '1'])
```

리스트 축약의 기본 포맷은 **[<expression> for <element> in <iterable>]**, 조건문이 들어간 다면 **[<expression> for <element> in <iterable> if <condition>]**으로 표현된다. 간단한 예제로 리스트 축약을 알아보자.

Python Shell (3.7)

```
>>> py_list = [1, 2, 3, 4, 5, 6, 7, 8, 9, 10]
>>> res = [item * 2 for item in py_list]
>>> res
[2, 4, 6, 8, 10, 12, 14, 16, 18, 20]
>>> res = [item for item in py_list if item > 5]
>>> res
[6, 7, 8, 9, 10]
>>> res = [item * 2 if n > 5 else item * 3 for item in py_list]
[3, 6, 9, 12, 15, 12, 14, 16, 18, 20]
```

취향에 따라 리스트 축약(List Comprehension)을 쓰는 빈도가 다르기 때문에 알아두면 다른 사람의 코드 리뷰를 할 때 도움이 될 것이다.

테스트(Test Cases)

특별한 에지 케이스(Edge Case)는 없다. 일반적인 경우에 대해서만 테스트를 진행하면 된다. 배열의 크기가 작더라도 로직상 모든 부분집합(subset)을 만들 수 있다면 추가 검토는 없어도 된다.

```
Test Case 1: nums = [1, 2, 3]
```

계속 사용해온 테스트 데이터를 가지고 검토하면 된다.

1.13.3 관련 문제 사이트

- LeetCode

  https://leetcode.com/problems/subsets/

- GeeksForGeeks

  https://practice.geeksforgeeks.org/problems/subsets/0

1.14 단어 찾기

조금씩 어려운 문제를 접하면서 알고리즘 문제에 대한 학습을 힘들게 만들었던 문제 중 하나이
다. 공부하던 책의 단어 찾기는 '쉬운' 문제에 속해 있었다. 이 정도 난이도는 어떻게 접근해야
할지 한참 고민해도 알아내기 힘든데 쉬운 난이도 문제라는 것에 깜짝 놀랐다. 끝내 해결하지
못하고 해답을 봐도 이해가 어려웠던 문제다. 이 문제를 너무 오랫동안 고민하지 말고, **들어가
며**에서 소개한 온라인 코드 비주얼라이저나 로그 출력으로 예제를 통해 코드를 해석해보자. 단
어 찾기 문제는 미로에서 최적의 경로를 찾는 문제의 기반이 되는 문제이기도 하다.

1.14.1 문제 기술 및 설명

2차원 문자 배열과 단어 문자열이 주어지는데 문자 배열에 인접한 문자의 조합 입력으로 주어
진 단어를 만들 수 있는지 확인해보자. 예를 들어,

```
board = [
    ["A","B","C","E"],
    ["S","F","E","S"],
    ["A","D","E","E"]
]
```

word = 'ABFE'가 주어진다면, true를 반환하도록 하자. 'ABFE'는 board의 (0,0)에서부터
인접한 문자들의 순서로 A → B → F → E의 순서대로 접근이 가능하다. 만약 word가 'AFE'
라면 false를 반환해야 한다.

여기서 **'인접한'** 문자라는 것은 현재 접근하고 있는 문자로부터 1칸씩 위, 아래, 왼쪽, 오른쪽에
위치한 문자로 한다. 그리고 1번 방문하여 문자를 확인한 경우 다시 해당 문자를 중복 사용할
수 없다.

1.14.2 노트 레이아웃을 이용한 문제 접근 및 풀이

입력으로 주어진 2차원 배열(board)에서 단어를 찾아내는 과정으로 문제를 추가적으로 설명하겠다. 앞선 예제에서 'ABFE'가 board 배열의 인접한 문자의 조합으로 만들 수 있는 문자인지 확인해보자.

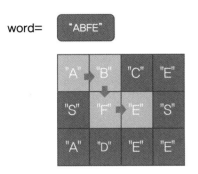

그림 1-45 board 배열에서의 ABFE 문자열 만들기

[그림 1-45]에서 확인한 바와 같이 인접한(위, 아래, 왼쪽, 오른쪽) 문자를 하나씩 확인하면서 이동했을 때 입력으로 주어진 'ABFE' 문자열이 완성되는지 확인하면 된다. 마치 미로에서 이동 가능한 위치로 길을 찾아가는 것과 비슷해 보일 것이다. 이제 노트 레이아웃을 이용해 문제를 분석하고 해결해보자.

제한사항(Constraints)

제한사항		코드
1. m x n의 크기의 문자 2차원 배열 2. 1 <= m <= 200 ~ 300, 1 <= n <= 200 ~ 300 3. word의 길이는, 1 <= len(word) <= 10^3 ~ 10^4		
아이디어	시간 복잡도:	
	공간 복잡도:	
테스트		

2차원 배열(리스트)의 접근을 제어하는 방법에 대한 내용은 **1.8**을 참고하자. 파이썬에서 사용하는 문자열은 배열(리스트)의 접근과 동일하게 처리 가능하다. 예로 확인해보자.

```
>>> word = "string"
>>> word[0]
's'
>>> word[2:6]
'ring'
>>> word_from_2 = word[2:]
>>> word_from_2
'ring'
```

리스트의 사용법과 동일하게 접근이 가능하다는 점을 확인하자.

아이디어(Ideas)

인접한 문자를 확인해야 하는 방향은 배열에서 위, 아래, 왼쪽, 오른쪽이 된다. 하나의 문자가 입력에서 주어진 문자열의 1번째 문자와 일치한다면 그다음 문자는 위, 아래, 왼쪽, 오른쪽으로 이동해 확인해야 한다. 또한 한 방향으로 일치 시키며 진행하는 과정에서 맞지 않는 문자를 만나면 이전에 확인하지 못한 방향의 조합으로 다시 진행해야 할 것이다. **1.13**의 부분집합 문제와 동일한 알고리즘 기술인 '백트래킹(backtracking)'이다. 간단히 정리하면 모든 경우의 수를 만들면서 원하는 조건에 맞는 결과를 찾아내는 과정이라 생각하면 된다. 모든 조합이 필요한 경우라면 대개 백트래킹 기술이 적용된다고 보면 된다. 어느 정도 익숙해지고 보일 때까지 다양한 문제를 접해보도록 하자.

제한사항	코드
아이디어(Brute-force) 1. board 배열의 모든 요소를 순회한다. 2. word[0]과 board[x][y]요소가 같다면, 　– x, y위치의 문자와 word의 현재 문자와 같은지 확인 　– x, y가 board 크기를 벗어나는지 확인 　– 이미 방문한 위치인지 확인 　– board[x – 1][y]와 word의 다음 문자로 재귀호출 　– board[x + 1][y]와 word의 다음 문자로 재귀호출 　– board[x][y – 1]와 word의 다음 문자로 재귀호출 　– board[x][y + 1]와 word의 다음 문자로 재귀호출	시간 복잡도: $O(m * n * 4^L)$ m * n은 board의 크기, L은 입력 문자열의 길이 공간 복잡도: $O(1)$
테스트	

재귀(백트래킹) 로직의 아이디어를 글로 쓰기에는 어려움이 있다. 작은 board 배열로 단어를 찾아가는 과정을 살펴보자.

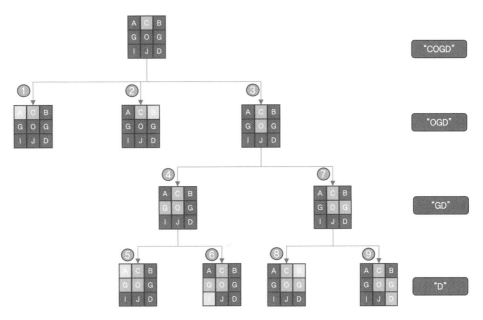

그림 1-46 board에서 'COGD' 문자열을 찾는 과정

[그림 1-46]에 주어진 board에서 'COGD' 문자열을 찾는다고 하면 시작이 되는 'C' 문자를 먼저 board에서 찾아야 한다. 찾고 나면 백트래킹(backtracking)으로 인접한 배열 요소를 접근하여 다음 문자를 찾는다. 순서는 상관없지만 [그림 1-46]에서는 위쪽, 왼쪽, 오른쪽, 아래의 순서로 접근하여 다음 문자를 찾도록 했다. 'C' 다음 문자는 'O'이다. 왼쪽과 오른쪽에 각각 'A', 'B'가 있으므로 그다음으로 진행하지 못한다. 'O'를 찾으면 'O'부터 위쪽, 왼쪽, 오른쪽, 아래의 순서대로 접근하는데 이미 방문했던 문자를 다시 방문할 수 있지만 이미 접근했던 배열의 요소는 무시하도록 해야 한다. 백트래킹의 중요한 부분은 6번까지 진행하여 접근해 왔던 과정을 4번에서 더 진행하지 못했던 상황으로 돌아가 다음 문자를 7번으로 접근한다는 것이다. 이 것도 **1.13**에서 소개한 부분집합과 비슷하게 해결이 가능하다. 이미 접근했던 문자는 다시 접근하지 않는 것과 같이 신경을 쓴다면 충분히 해결할 수 있다. 마지막으로 단어 찾기 알고리즘의 시간 복잡도는 $O(m * n * 4^L)$이다. L은 주어진 word의 길이이고, 4는 word의 문자가 접근해야 하는 네 방향(위쪽, 아래쪽, 왼쪽, 오른쪽)을 계산한 것이다.

코드(Code)

온라인으로 알고리즘 및 자료구조 문제를 제공하고 확인해 주는 사이트는 입력에 따라 기본 호출해야 하는 함수 원형을 제공하는데, 백트래킹으로 문제를 해결하는 경우 추가 함수를 선언하고 인자를 몇 개 더 추가하는 요구사항이 있다. 이를 해결하기 위해 추가 함수를 생성하고 기본 함수에서 해당 함수를 호출하여 결과를 얻어 반환해 주는 방식을 많이 사용한다. 파이썬도 다른 언어와 동일한 방식으로 진행해도 되지만 파이썬이 제공하는 중첩 함수(nested 혹은 inner function)로도 해결 가능하다. 중첩 함수에 대한 내용을 알아보자.

중첩 함수의 기능을 간단히 말하면 함수 내에 또 다른 함수 선언 및 호출이 가능하다는 것이다.

Python Shell (3.7)

```
>>> def outer(number):
...     outer_num = 5
...     def inner():
...             print(f'total : {number + outer_num}')
...     inner()
...
>>> outer(7)
total : 12
```

위에서 선언된 outer() 함수 내부에 inner() 함수를 구현한 사항이다. 여기서 중요한 부분은 변수의 사용 범위인데 outer() 함수로 넘어온 number 변수와 outer() 내부 지역 변수로 선언한 outer_num 변수를 inner() 함수에서 특별한 선언 없이 바로 접근 사용이 가능하다. 중첩된 함수는 def로 동일하게 선언 및 구현이 가능하고 inner()로 호출을 꼭 해줘야 실행 가능하다. 더 많은 중첩 함수의 내용이 있지만 여기서는 outer() 함수로 전달되는 인자 및 지역 변수가 inner() 함수에서 다른 처리 없이 그대로 사용 가능하다는 점만 확인해두자.

이제 단어 찾기 문제에 대한 코드를 확인하고 분석해보자.

제한사항		코드
아이디어	시간 :	
	공간:	
테스트		

```python
def exist(board: List[List[str]], word: str) -> bool:
    direction = [[-1, 0], [1, 0], [0, -1], [0, 1]]

    def search_direction(x: int, y: int, subword: str):
        if (x < 0 or x >= len(board)) or \
            (y < 0 or y >= len(board[0])):
            return False

        if board[x][y] != subword[0]:
            return False

        if len(subword) == 1:
            return True

        board[x][y] = '.'

        for i, j in direction:
            if search_direction(x + i, y + j,
                                subword[1:]):
                return True

        board[x][y] = subword[0]
        return False

    res = False
    for x in range(len(board)):
        for y in range(len(board[0])):
            if board[x][y] == word[0] and \
                search_direction(x, y, word):
                res = True
                break
    return res
```

가장 먼저 direction 변수를 보자. 이 변수로 각 문자의 4방향(위쪽, 아래쪽, 왼쪽, 오른쪽)을 이동시키기 위한 2차원 리스트다.

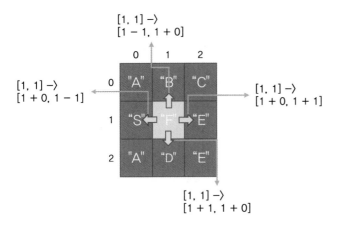

그림 1-47 배열의 4방향 접근

미로 찾기와 같은 문제에서 direction 변수를 미리 선언해두고 배열의 현재 위치에서 다음 방향을 지시하는 용도로 많이 쓰이는 방식이다. 각 요소를 접근하는 시점에 direction 변수를 순회하면서 해당 요소의 인덱스와 더해 모두 접근이 가능하도록 한다. [그림 1-47]을 확인하자. 만약 board[1][1]에 있는 'F'에서 다음 문자의 확인을 위해 주변을 확인해야 한다. 이를 각각 board[x − 1][y], board[x][y − 1]의 식으로 접근을 해도 되지만 1번의 순회 코드로 만들 수 있다는 장점이 있다.

다음은 중첩 함수 search_direction()를 구현했고 exist() 함수로 넘어온 board, word를 모두 접근할 수 있다. 먼저 재귀 함수를 구현한다면 종료 조건을 정확히 정의해야 한다. 해당 문제의 종료 조건을 알아보자.

- board 배열에 접근 가능한 인덱스를 넘어선다면 False 반환
- search_direction()으로 넘어오는 subword의 첫 문자가 board[x][y]에 있는 문자와 동일하지 않으면 False 반환
- subword가 board[x][y]와 동일한지 확인 후 남은 길이가 1이라면 단어를 찾았기 때문에 True 반환

이미 접근한 배열의 요소를 다시 접근하여 비교되지 않도록 임시로 접근된 요소는 '.'으로 변경했다. 그리고 다음 문자를 추적하다 다시 복귀하는 시점의 문자를 board[x][y]에 다시 넣어주도록 한다. [그림 1-46]에서 연한 색으로 칠해진 요소는 '.'으로 변경되었다고 보면 된다. 마지막으로 board 배열에서 word의 최초 문자를 찾고 남은 연속적인 문자를 찾기 위한 search_ direction()을 최초 호출하는 코드를 보자. 최초 시작점은 먼저 찾고 해당 문자에서 시작하여 인접한 문자의 입력으로 주어진 word가 만들어질 수 있는지 확인해야 한다. search_direction() 함수로 전달되는 인자 중 subword는 [그림 1-46] 우측을 확인하면 재귀 호출 중에 맨 앞 자가 같을 경우 다음 문자를 동일한 로직으로 수행하기 위해 subword의 맨 앞 문자를 잘라 전달해야 한다.

테스트(Test Cases)

배열이 주어지고 해당 문자를 찾을 수 있는 단 하나의 방향만 존재하는 단어, 중간 일부만 하나의 경로고 나머지는 여러 경로가 존재하는 단어, 일부만 배열에 있고 나머지는 없는 경우, 마지막으로 처음부터 맞지 않는 경우로 나누어 테스트를 해보면 된다. 앞서 언급한 대로 재귀 함수로 구현된 코드는 문제가 있을 때 추적하기 힘들다. 어느 시점에 어떤 값으로 문제가 되었는지 알아내기 위한 다양한 방법이 있지만, 그중 **들어가며**에서 소개한 온라인 코드 비주얼라이저를 사용해 간단한 예제로 하나씩 추적해보면 자신이 구현한 코드를 제대로 살펴볼 수 있다.

```
Test Case 1: board = [
        ["A","B","C","E"],
        ["S","F","E","S"],
        ["A","D","E","E"]
], word = "BFEE"
```

Test Case 1의 'BFEE'는 하나의 경로만 있는 경우다. 2번째는 여러 경로가 있는 테스트를 수행해보자.

```
Test Case 2: board = [
        ["A","B","C","E"],
        ["S","F","S","D"],
        ["A","D","E","D"]
], word = "BFSE"
```

Test Case 2의 주요 확인 사항은 BFS의 경로가 2가지라는 것이다. 'BFSA'로 진입해 마지막 문자가 'A'로 주어진 word의 마지막 'E'와 다르기 때문에 다시 복귀해서 'BF'부터 다시 확인해야 한다. 이런 과정이 백트래킹(Backtracking)이다.

```
Test Case 3: board = [
        ["A","B","C","E"],
        ["S","F","S","D"],
        ["A","D","E","D"]
], word = "BFST"
```

Test Case 3은 없는 단어를 찾을 때, 모든 경우의 수를 확인하는 과정이 끝나면 False를 반환하는지 확인하자. 마지막으로 첫 문자가 같은 것이 board 배열에 없다면 잘 동작하는지 확인해보면 된다.

1.14.3 관련 문제 사이트

- 백준 온라인

  https://www.acmicpc.net/problem/15705

- LeetCode

  https://leetcode.com/problems/word-search/

- GeeksForGeeks

  https://practice.geeksforgeeks.org/problems/find-the-string-in-grid/0

문자열(String)

2.1 문자열의 이해

파이썬은 문자열을 편리하게 제어할 수 있는 'str'이라는 내장 객체 클래스를 제공한다. 파이썬에서 문자열은 큰따옴표(" ") 혹은 작은따옴표(' ')로 선언하는데, 큰따옴표와 작은따옴표의 기능 차는 없다. 큰따옴표와 작은따옴표 자체를 문자열로 인식하고 싶은 경우는 백슬래시(\)를 사용한다. 예를 들어 `"string has \"(double quote)"`로 선언하면 백슬래시와 함께 쓰인 큰따옴표는 문자 그 자체로 선언된다. 또한 큰따옴표 사이의 작은따옴표는 백슬래시와 같은 추가 문자없이 문자 그대로 사용할 수 있다. "I'm a boy"와 같이 작은따옴표가 큰따옴표 사이에 쓰여도 문제가 되지 않는다.

문자열은 처음 생성된 이후 변경이 불가능한 불변(immutable) 객체이다. 문자열은 변경이 불가능하기 때문에 연산으로 만들어진 문자열은 새로운 문자열에 할당된다. 예를 들어 'hello'와 'world' 문자열을 더해 'helloworld'라는 문자열을 만들게 되면 새로운 공간에 할당되어 저장된다.

파이썬의 문자열 클래스는 배열(리스트) 방식으로 각 문자를 접근할 수 있다. s = "hello"로 생성이 되었다면, s[0] ⇒ 'h', s[1] ⇒ 'e' 식으로 접근이 가능하다. 파이썬은 문자열을 제어하는 다양한 기능을 제공하니 하나씩 알아보자.

2.2 파이썬에서 문자열 사용법

파이썬에서 문자열은 유니코드 문자로 표현한 배열이라고 생각하면 된다. 다른 개발 언어와 다르게 문자형(Character type)을 따로 제공하지 않고, 문자열(str)에서 길이가 1인 것을 문자로 취급하는 특징이 있다. 문자열의 생성부터 다양한 사용법을 알아보자.

2.2.1 문자열 생성

큰따옴표 또는 작은따옴표로 묶인 문자열을 변수에 대입하는 방식으로 문자열을 생성할 수 있다.

Python Shell (3.7)

```
>>> s = 'hello'
>>> print(s)
hello
>>> s = "hello, I'm daeseok"
>>> print(s)
hello, I'm daeseok
>>> s = '''I'm trying to learn python with solving algorithm problems'''
>>> print(s)
I'm trying to learn python with solving algorithm problems
>>> s = '''MultiLine
...         String
...         declaration'''
>>> print(s)
MultiLine
          String
          declaration
>>> s = """Same with triply single quotes"""
>>> print(s)
Same with triply single quotes
```

기본적으로 문자열 생성은 큰따옴표(" ")나 작은따옴표(' ')로 문자열을 감싸 선언한다.

2.2.2 문자열 변수 접근

파이썬의 문자 접근은 리스트와 동일한 접근과 사용이 가능하다. s = "hello world"라는 문자열이 있다면 [그림 2-1]과 같이 인덱스로 접근이 가능하다.

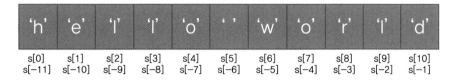

그림 2-1 문자열 인덱스

또한 리스트에서 사용한 슬라이스 연산도 동일하게 사용 가능하다. 예제를 통해 확인해보자.

Python Shell (3.7)

```
>>> s = 'hello world'
>>> s[0]
'h'
>>> s[3]
'l'
>>> s[-11]
'h'
>>> # slicing
... s[0:5]
'hello'
>>> s[6:]
'world'
```

리스트에서 사용하는 것과 동일하다. 하지만 특정 위치의 문자를 다른 문자로 교체하면 어떻게 되는지 알아보자.

Python Shell (3.7)

```
>>> s[3] = 'p'
Traceback (most recent call last):
  File "<stdin>", line 1, in <module>
TypeError: 'str' object does not support item assignment
```

문자열 객체에 접근은 가능하지만 업데이트는 불가능하다.

2.2.3 문자열 메서드

문자열 클래스(str[1])에서 문자열을 조작하기 위해 일반적으로 사용하는 메서드를 알아보자.

메서드	설명
lower() / upper()	문자열을 소문자로 반환(lower()) 혹은 대문자로 반환(upper()) 한다.
strip()	문자열의 시작과 끝에 공백 문자를 제거한다.
isalpha() / isdigit() / isspace() / isalnum()	alpha는 알파벳, digit은 숫자, space는 공백, alnum()은 공백이 없는 알파벳 + 숫자를 확인한다.
startswith('start') / endswith('end')	startswith()는 문자열의 시작이 'start'로 시작하는지 확인한다. endswith()는 문자열의 끝이 'end'로 마무리되는지 확인한다.
find('str')	문자열에서 'str' 문자열을 찾는다. 처음 발견된 문자열의 인덱스를 반환한다.
replace('old', 'new')	문자열에서 모든 'old' 문자열을 'new'로 바꾼다.
split(구분문자)	예를 들어 "111,222,333"을 ','(쉼표)로 구분하고 싶을 때, "111,222,333".split(',')하면 ['111', '222', '333']을 반환한다.
"".join(리스트)	split과 반대의 역할을 하는 메서드다. 예를 들어 ['111', '222', '333']을 "111,222,333"으로 변환하려면, ",".join(['111', '222', '333'])로 하면 된다.

간단한 예제를 통해 위 함수 기능을 알아보자.

Python Shell (3.7)

```
>>> s = "Python is Scripting Language"
>>> s.lower()
'python is scripting language'
>>> s. upper()
'PYTHON IS SCRIPTING LANGUAGE'
>>> s = " test with whitespace "
>>> s.strip()
'test with whitespace'
>>> alpha = "number is 7"
```

---

1 *https://docs.python.org/ko/3/library/stdtypes.html#str*

```
>>> alpha.isalpha()
False
>>> alpha[1].isalpha()
True
>>> alpha[-1].isdigit()
True
>>> alpha[7].isspace()
False
>>> alpha.isalnum()
False
>>> alpha = "numberis7"
>>> alpha.isalnum()
True
>>> s = "number is 7"
>>> s.startswith('num')
True
>>> s.endswith('7')
True
>>> s.endswith('8')
False
>>> s.find('is')
7
>>> s.replace('8', '7')
'number is 7'
>>> s.split(' ')
['number', 'is', '7']
>>> ",".join(s.split(' ')
... )
'number,is,7'
>>> ",".join(s.split(' '))
'number,is,7'
```

기본적인 예제로 메서드의 사용법을 알아보았다. 추가적으로 필요한 메서드나 활용법은 문제 설명을 통해 알아볼 것이다.

2.2.4 문자열 포매팅

필자는 문자열을 활용하는 방식 중 가장 큰 부분을 차지하는 것이 디버깅이라고 생각한다. 다양한 변수 사용에 대한 값의 변화를 추적하거나 함수 호출을 추적하는 일에 가장 쉽게 접근하는 방식이 print()를 사용하는 것이다. 변수, 문자열을 어떻게 하면 효과적으로 출력할 수 있는지 알아보자. 알고리즘 문제를 디버깅하는 과정에서도 데이터를 살펴 보기 위해 출력하는 경우도 많으니 알아두면 좋다. 물론 문자열을 제어하는 문제를 해결하는 과정에서도 사용 가능하다.

문자열 포매팅은 파이썬 3.6을 기점으로 새로운 방식이 도입되었다. 3.6 이전의 포매팅 방식도 계속 사용되고 있으니 함께 살펴보자. 우선 3.6 이전부터 사용했던 방식을 알아보자.

%-포맷

문자열 객체는 % 연산을 지원하는데 간단한 예제로 살펴보자.

Python Shell (3.7)

```
>>> name = 'Daeseok'
>>> "Hello %s" % name
'Hello Daeseok'
>>> age = 30
>>> "My name is %s, age is %s." % (name, age)
'My name is Daeseok, age is 30.'
>>> "My name is %s, age is %d." % (name, age)
'My name is Daeseok, age is 30.'
```

문자열내 % 연산을 통해 변수의 값을 표현하는데 C 언어에서 사용하는 printf 스타일의 포매팅[2]과 동일한 플래그 문자를 사용한다.

str.format()[3] 메서드

2번째 방식은 str 클래스의 format() 메서드를 이용하는 것이다. 앞의 방식에서 확장된 printf 스타일은 출력되는 변수의 타입(str, int, float, double 등)을 정확히 알아야 출력이 제대로 되기 때문에 인지해야 하는 내용이 많았다. str.format()을 이용하면 플래그 문자를 고려하지 않아도 되고 1번의 출력에 다양한 변수를 사용하더라도 출력 의도를 명확하게 할 수 있는 장점이 있다. str.format()도 예제를 통해 학습해보자.

---

2 *https://docs.python.org/ko/3/library/stdtypes.html#printf-style-string-formatting*

3 *https://docs.python.org/ko/3/library/stdtypes.html#str.format*

```
>>> name = 'Daeseok'
>>> age = 30
>>> "Hello, my name is {} and I'm {}".format(name, age)
"Hello, my name is Daeseok and I'm 30"
>>>
>>> "Hello, my name is {1} and I'm {0}".format(age, name)
"Hello, my name is Daeseok and I'm 30"
>>>
>> whoami = {'name': 'Daeseok', 'age': 30}
>>> "Hello, my name is {name} and I'm {age}".format(name=whoami['name'],
age=whoami['age'])
"Hello, my name is Daeseok and I'm 30"
>>> "Hello, my name is {name} and I'm {age}".format(**whoami)
"Hello, my name is Daeseok and I'm 30"
```

문자열을 선언하고 출력할 때 사용하는 포매팅 방법 중에 파이썬 3.6이 나오기 전에는 이 방법을 사용해 문자열을 출력했다.

f-string 포매팅

앞선 두 방법이 딱히 문제가 있는 것은 아니지만 복잡한 출력의 경우 % 연산은 포맷 플래그 문자와 변수를 1번씩 써주고 위치를 신경써줘야 한다. str.format()은 변수를 2번씩 쓰게 되어 문장이 조금 길어져 복잡하게 느껴질 수 있는 단점이 있다.

아래 예제를 확인해보자.

```
first_name = 'Daeseok'
last_name = 'Youn'
my_age = 30
address ='somewhere in seoul'
job_title = 'software developer'
job_description = 'developing server with python'

print(("Hello, my name is {first_name} {last_name}." +
        "I'm {my_age} and lived in {address}." +
        "My job title is {job_title}" +
        "Details for my job is {job_description}") \
        .format(first_name=first_name, last_name=last_name, \
            my_age=my_age, job_title=job_title, \
```

```
                job_description=job_description)
```

조금은 억지스러운 예제지만 하나의 출력에 2번씩 써야 하는 변수 이름이 지저분한 느낌이 든다. 각 변수를 사전(dict) 타입으로 선언하고 **연산으로 바로 넘겨주면 더 간단할 수 있다. 하지만 여기서 소개하는 f-string은 그보다 더 좋은 방법으로 문자열을 표현할 수 있다.

다음 예제를 확인해보자.

Python Shell (3.7)

```
>>> name = 'Daeseok'
>>> age = 30
>>> f"Hello, my name is {name}. I'm {age}"
"Hello, my name is Daeseok. I'm 30"
```

문자열을 선언할 때, f가 따옴표 앞에 위치한다. format() 메서드를 사용한 것과 비슷하지만 이미 선언된 변수를 중괄호({})로 묶으면 따로 바꿔주는 메서드가 필요 없게 된다. 이렇게 사용하면 str.format()과 크게 다른 점이 없다. f-string의 중괄호 안에서는 함수 호출이나 연산이 가능하다.

Python Shell (3.7)

```
>>> name = 'DAESEOK YOUN'
>>> f"Hello, my name is {name.lower()}."
'Hello, my name is daeseok youn.'
>>> f"{2 ** 3}"
'8'
```

앞서 소개한 str.format()으로 수행했던 예제를 f-string으로 바꿔 출력해보자.

```
first_name = 'Daeseok'
last_name = 'Youn'
my_age = 30
address ='somewhere in seoul'
job_title = 'software developer'
job_description = 'developing server with python'
```

```
msg = (
    f"Hello, my name is {first_name} {last_name}."
    f"I'm {my_age} and lived in {address}."
    f"My job title is {job_title}"
    f"Details for my job is {job_description}"
)
print(f"{msg}")
```

추가적인 다양한 사용법은 파이썬 공식 문서인 PEP-498[4]에서 확인해보길 바란다.

2.3 회문(Palindrome) 확인

문자열 알고리즘 문제 중 빈번하게 등장하는 회문에 관한 간단한 문제를 풀어보자.

2.3.1 문제 기술 및 설명

문자열이 주어지면 해당 문자열이 회문인지 아닌지 확인하자. 문자열에서 회문으로 확인해야 하는 문자는 알파벳과 숫자이며, 알파벳은 대 / 소문자를 구분하지 않는다. 예를 들어 보자.

입력으로 'Abbc, c, bb, a' 문자열이 주어진다면 true를 반환해야 한다. 알파벳과 숫자만 남기면 'Abbccbba'가 되며 대소문자를 구분하지 않기 때문에 'abbccbba'가 된다. 이 문자는 회문의 조건을 가지고 있다.

2.3.2 노트 레이아웃을 이용한 문제 접근 및 풀이

회문이 무엇인지 간단히 소개하면 'eye'와 같이 바로 읽거나 거꾸로 읽어도 같은 말이나 구절이 되는 것을 말한다. 입력으로 주어진 문자열이 앞으로 읽거나 거꾸로 읽어도 같은 단어나 문장인지 확인하면 되는 문제다.

---

4 *https://www.python.org/dev/peps/pep-0498/#how-to-denote-f-strings*

제한사항(Constraints)

제한사항		코드
1. 문자열의 입력, true 혹은 false 반환 2. 비어 있는 문자열은 회문		
아이디어	시간 복잡도:	
	공간 복잡도:	
테스트		

비어 있는 문자의 경우 회문으로 정의하고 문제를 해결하자.

아이디어(Ideas)

파이썬에서 문자열은 리스트와 동일하게 접근 가능하다는 것을 앞서 언급했다. 그렇다면 회문인지 아닌지를 판단하기 위해 문자열을 어떤 식으로 접근하여 비교하면 되는지 고민해보자. 또한 파이썬에서 제공되는 내장 함수를 통해 다른 형태의 코드 구현도 가능하다.

제한사항		코드

아이디어
1. i는 0에서 시작하고, j는 문자열의 끝에서 시작
2. i가 j보다 작을 때까지
  – i 위치에 문자가 알파벳 혹은 숫자가 아니라면, i + 1
  – j 위치에 문자가 알파벳 혹은 숫자가 아니라면, j – 1
  – i 위치와 j 위치의 문자가 같은지 비교
  – 같지 않다면, false 반환
3. 모두 확인이 되었다면, true 반환
	시간 복잡도:
	O(n)
	
	공간 복잡도:
	O(1)	

아이디어 1. 알파벳과 숫자만 남기고 제거 2. 소문자로 변환 3. 변환 완료된 문자열과 해당 문자열을 뒤집은 문자열을 비교하여 같으면 true 반환, 다르면 false 반환	시간 복잡도: O(n) 공간 복잡도: O(n)	
테스트		

회문을 확인하는 방법 중 2개의 포인터를 이용한 방법을 알아보자. i 변수는 문자열의 앞 부분에서 하나씩 증가하며 문자를 확인하고 j 변수는 문자열의 맨 뒤에서 시작해 하나씩 감소하며

문자를 확인한다.

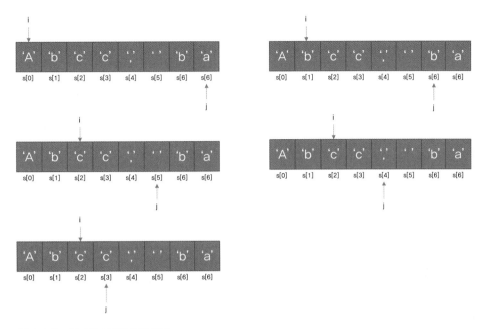

그림 2-2 두 포인터를 이용한 회문 확인

[그림 2-2]에서 i와 j의 움직임을 확인해보면 i는 증가하고 j는 감소하는 것을 볼 수 있다. j는 s[5]와 s[4]에서 각각 공백과 쉼표를 확인하고 계속 앞으로 문자가 나올 때까지 진행했다. 모든 확인이 끝나면 true를 반환하면 될 것이다.

2번째 아이디어는 주어진 문자열에서 알파벳과 숫자를 제외한 나머지를 제거하는 방법이다. 제거한 문자열과 해당 문자열을 뒤집은 것과 비교해 같다면 회문이라고 판단한다. [그림 2-3] 의 마지막 문자열을 확인해보자. 처음 'Abcc, ba'라는 문제에서 쉼표와 공백을 제거했다. 제거한 문자열은 'Abccba'가 되고, 소문자로 변경하면 'abccba'가 된다. 이 문자는 뒤집어도 동일한 문자열을 가지니 회문이라 할 수 있다. 코드를 구현하면서 알파벳과 숫자를 남기고 방법과 파이썬에서 문자열을 뒤집는 다양한 방법을 학습해보자.

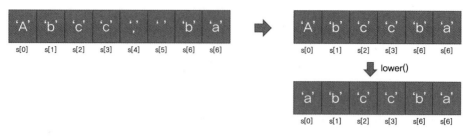

그림 2-3 알파벳과 숫자, 문자 제외 및 소문자 변환

코드(Code)

먼저 문자열에서 문자를 접근하고 확인하는 단순한 방식으로 문제를 해결해본 다음 파이썬의
내장 함수를 이용한 해결책을 살펴보자.

제한사항		코드
아이디어	시간:	`def isPalindrome(s: str) -> bool:`
	공간:	
테스트		

```python
def isPalindrome(s: str) -> bool:
    i = 0
    j = len(s) - 1

    s = s.lower()

    while i < j:
        while i < j:
            if s[i].isalnum():
                break
            i += 1

        while i < j:
            if s[j].isalnum():
                break
            j -= 1

        if s[i] != s[j]:
            return False

        i += 1
        j -= 1

    return True
```

가장 먼저 i와 j 변수를 선언하고 각각 0과 문자열의 마지막 인덱스를 설정했다. 문자열을 소문자로 변경하는 lower() 메서드를 사용해 다시 s에 할당해서 s는 소문자만 남아 있게 된다. 회문은 문자열 가운데를 기점으로 데칼코마니[5]와 같다는 것을 알 수 있다. 즉, i가 j보다 커지게 되는 시점에서는 비교하는 게 의미 없게 된다.

각 문자열의 문자가 알파벳 혹은 숫자인지 확인하기 위해 isalnum() 메서드를 이용했다. 이 메서드는 알파벳과 숫자가 아니라면 false를 반환한다. i와 j가 가리키는 문자가 알파벳 혹은 숫자일 때까지 각 인덱스를 증가시키거나 감소시킨다. 그런 다음 가리키는 문자를 비교하여 같지 않으면 바로 false를 반환하고 같다면 계속 반복한다.

위 코드의 문자열에서 알파벳과 숫자만 확인하기 위해 문자열을 순회하며 isalnum() 함수를 이용했다. 문자열에서 알파벳과 숫자만 남기는 방법을 사용할 수도 있다. 그 방법으로 파이썬에서 제공하는 리스트 축약(**1.13.2 코드**에서 소개)을 이용하거나 그와 유사한 기능을 하는 filter()[6] 내장 함수를 사용할 수 있다. 아래 예제를 보자.

Python Shell (3.7)

```
>>> s = "Abbc, cbb a"
>>> s1 = [ch for ch in s if ch.isalnum()]
>>> s1
['A', 'b', 'b', 'c', 'c', 'b', 'b', 'a']
>>> "".join(s1)
'Abbccbba'
>>> "".join(s1).lower()
'abbccbba'
>>> s2 = list(filter(str.isalnum, s))
>>> s2
['A', 'b', 'b', 'c', 'c', 'b', 'b', 'a']
>>> "".join(s2).lower()
'abbccbba'
```

우선 isalnum()을 사용하고 리스트 축약과 filter()를 사용하여 알파벳과 숫자만 리스트 형태로 뽑아내는 작업을 진행했다. filter() 함수는 1번째 인자로 함수를 받는데 선언된 문자열 클래스에서 isalnum()을 사용하면 해당 문자열이나 문자를 검사하지만, 단순히 함수만 넘기기

---

5 *https://ko.wikipedia.org/wiki/데칼코마니*
6 *https://docs.python.org/ko/3.7/library/functions.html#filter*

위해서는 파이썬 문자열 클래스인 str.isalnum으로 사용해야 한다. 이렇게 얻은 문자열을 뒤집는 방법을 알아보자.

파이썬에는 문자열을 뒤집는 방법도 다양하게 있다. 그중 자주 쓰이는 2가지 방법만 알아보자.

Python Shell (3.7)

```
>>> s = "hello world"
>>> s1 = s[::-1]
>>> s1
'dlrow olleh'
>>> s2 = list(reversed(s))
>>> s2
['d', 'l', 'r', 'o', 'w', ' ', 'o', 'l', 'l', 'e', 'h']
>>> "".join(s2)
'dlrow olleh'
```

2가지 중 하나는 슬라이싱을 이용하는 방법이고 다른 하나는 reversed()[7] 내장 함수를 이용하는 방법이다. 성능적인 측면에서 슬라이싱을 사용하는 방법이 더 좋다고 알려져 있다.

제한사항		코드
아이디어	시간 :	`def isPalindrome(s: str) -> bool:`
	공간:	`    s = "".join(list(filter(str.isalnum, s))).lower()`
테스트		`    return s == s[::-1]`

입력으로 주어지는 s 문자열을 알파벳과 숫자를 제외하고 다시 만들어 뒤집은 문자열과 비교하면 회문인지 아닌지 쉽게 확인이 가능하다.

테스트(Test Cases)

알파벳과 숫자만 회문 검사를 하는데 인정되는 문자이다. 공백과 쉼표 등을 이용한 회문을 만들어 테스트해봐야 한다.

----

7 https://docs.python.org/ko/3.7/library/functions.html#reversed

```
Test Case 1: s = "Abbc, cbb a"
```

1번째 테스트 케이스는 대문자, 쉼표, 공백을 포함하는 회문의 예제이다. 다음은 알파벳과 숫자가 아닌 문자가 제거되면 비어 있는 문자열이나 단일 문자만 남는 경우다. 앞선 문제에서 비어 있는 문자열도 회문으로 판단하도록 한다.

```
Test Case 2: s = ",  , --"
```

2번째 테스트 케이스는 알파벳과 숫자를 제외한 나머지를 제거하면 비어 있는 문자열이 되는 경우다. 다음으로 회문이 되지 않는 경우를 확인해보자.

```
Test Case 3: s = "Abbc, cdd a"
```

코드가 각 테스트 케이스의 문자열을 가지고 1단계씩 진행 후 회문 판단을 잘하는지 확인하자.

2.3.3 관련 문제 사이트

- LeetCode

  https://leetcode.com/problems/valid-palindrome/

- Hackerrank

  https://www.hackerrank.com/contests/zoho-pr/challenges/check-palindrome

2.4 그룹 애너그램(anagram)

문자열 문제에 가끔 등장하는 애너그램(anagram)을 소개한다. 애너그램은 단어의 문자들 위치를 변경하여 다른 단어를 만들어 내는 놀이에서 나온 개념이다. 쉽게는 문자열 2개가 주어지고 두 문자열이 애너그램으로 서로 만들어질 수 있는지 확인하는 문제가 있는데, 그것보다는 조금 확장된 그룹 애너그램으로 연습해보자.

2.4.1 문제 기술 및 설명

문자열 리스트가 주어지는데 리스트에 있는 문자열을 검사해 서로 같은 애너그램을 가지는 문자열을 그룹으로 묶어보자. 예를 들어 문자열 리스트가 아래와 같이 주어졌다고 가정해보자.

strs = ['eat', 'repaid', 'paired', 'tea', 'bat']로 주어졌다면 결과로 같은 애너그램을 모아 2차원 리스트로 반환해야 한다.

```
res = [
    [ 'eat', 'tea'],
    [ 'repaid', 'paired' ],
    [ 'bat']
]
```

res로 반환하면 된다.

2.4.2 노트 레이아웃을 이용한 문제 접근 및 풀이

이 문제는 각 문자열을 애너그램을 확인하는 방법과 같은 애너그램을 모으는 2가지 작업을 해야 한다.

제한사항(Constraints)

제한사항 1. 문자열 리스트 2. 리스트에 있는 모든 문자열은 소문자로 구성		코드
아이디어	시간 복잡도:	
	공간 복잡도:	
테스트		

아이디어(Ideas)

일반적으로 애너그램을 확인하는 방법은 문자열을 정렬하여 비교하거나 문자열이 가지는 각 문자의 개수가 같은지 확인하는 방법을 사용한다. 문자열도 배열의 숫자 정렬과 같이 문자 각각의 값이 정해져 있어 정렬이 가능한데, 파이썬의 sorted() 내장 함수를 사용한다면 시간 복잡도는 O(nlogn)이 된다. 각 문자의 개수를 비교하는 방법은 문자열을 한 번 순회하면 되기 때문에, O(n)으로 가능하다. 문자열 내 각 문자 개수를 셀 때 사용하는 자료구조는 해시 테이블이나 문자를 각 인덱스로 매핑하고 인덱스에 개수를 넣는 방법이다. 이 모든 방법을 이 문제에서 살펴보자.

제한사항	코드

아이디어(정렬 및 해시 테이블)
1. 해시 테이블 생성
   – 키로 문자열, 값으로 리스트를 가진다.
2. 입력 문자열 리스트를 순회
   – 문자열을 정렬
   – 정렬된 문자열을 키로 찾은 리스트에 문자열을 추가
	시간 복잡도:
	O(n * LlogL)
	n은 문자열 총개수, L은 문자열 중 가장 긴 문자열 길이
	
	공간 복잡도:
	O(n * L)

아이디어(문자 카운트 및 해시 테이블)
1. 해시 테이블 생성
   – 키로 a ~ z까지 문자 개수 튜플, 값으로 리스트를 가진다.
2. 입력 문자열 리스트를 순회
   – 각 문자열의 문자를 순회하며 카운트한다.
   – 만들어진 문자 카운트 배열을 기준으로 해시 테이블에서 키로 찾고, 같은 키를 가지는 문자열을 값으로 추가한다.
	시간 복잡도:
	O(n * L)
	
	공간 복잡도:
	O(n * L)

테스트	

정렬을 이용하는 방법을 알아보자. 문자열 리스트로 ['eat', 'repaid', 'paired', 'tea', 'bat']가 주어졌다면, 각 문자열을 정렬하고 정렬된 값을 기준으로 해시 테이블의 키로 사용하는 방식이다.

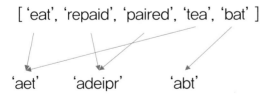

해시 테이블

key	value
'aet'	'eat', 'tea'
'adeipr'	'repaid', 'paired'
'abt'	'bat'

그림 2-4 문자열 정렬로 만든 키 / 값 해시 테이블

입력으로 주어진 문자열 리스트에 각 문자열을 정렬하면 애너그램이 같은 문자열은 같은 키값을 가지게 된다. 이를 통해 해시 테이블을 구성하면 [그림 2-4]의 우측처럼 해시 테이블이 키(key)와 값(value)으로 문자열을 모을 수 있다. 모아진 문자열을 2 차원 리스트 형태로 반환하면 문제를 해결할 수 있다.

2번째 아이디어는 문자열 내 각 문자의 개수가 동일하면 같은 애너그램으로 판단하는 것으로 진행하는 방법이다. 이 문제는 입력으로 주어지는 모든 문자열이 소문자로만 구성되어 있기 때문에, 문자를 a ~ z까지만 고려하면 된다. 또한 문자열을 세고 배열에 저장하는 방법 중 문자 'a'를 배열 인덱스 0으로 매핑하고 'b'는 1로 하나씩 매핑하여 각 문자의 개수를 저장할 것이다. 이렇게 하기 위해 사용하는 방법은 각 문자를 ASCII 코드[8] 값으로 변환하여 계산하면 배열 인덱스 0 ~ 25까지 'a' ~ 'z'를 매핑할 수 있다.

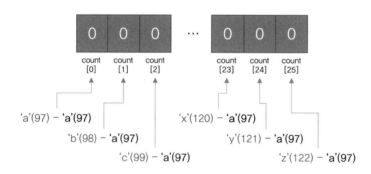

그림 2-5 배열 인덱스에 영문자 a–z 매핑

문자열의 각 문자를 순회하면서 'a'를 기준으로 뺄셈 연산을 하면 26개 정수형 공간을 가지는 배열의 인덱스 0 ~ 25까지 각각 매핑되어 해당 문자가 나올 때마다 그에 해당하는 배열 인덱스 값을 1 증가시킬 수 있다. 만약 'eat' 문자열이라면, 'e'(101) − 'a'(97) = 4, 'a'(97) − 'a'(97) = 0, 't'(116) − 'a'(97) = 19로 계산되고 count[4] = 1, count[0] = 1, count[19] = 1이 된다. 'tea' 문자열도 같은 방법으로 진행하면 동일한 인덱스에 동일한 값이 있으니 'eat'와 'tea'는 애너그램이라고 할 수 있다.

....

8 *https://ko.wikipedia.org/wiki/ASCII*에 각 문자에 대한 ASCII 코드 값을 테이블로 표현해두었다. 'a'의 ASCII 코드는 10진수로 97이다.

코드(Code)

해시 테이블을 구성하는 방법은 배열 문제 중 **1.3.2 코드**에서도 언급했다. **1.3.2 코드**의 해시 테이블 제어는 정숫값의 키와 값을 제어하는 것이고, 이 문제에서는 키값으로 문자열을 사용하고 대응되는 값을 리스트로 사용할 것이다. 여기서 문제는 최초 문자열을 해시 테이블에 넣을 때 키값으로 'abc'를 넣고 대응되는 리스트에 ["abc"]를 추가해야 하는데, 'abc' 키값에 대응되는 리스트가 생성되어 있지 않기 때문에 문제가 발생한다. 즉 'abc' 문자열의 키값이 해시 테이블에 없다면 대응되는 값으로 리스트를 먼저 초기 생성해 줘야 된다. 이해를 돕기 위한 실습을 해보자.

Python Shell (3.7)

```
>>> hashmap = {}
>>> key_str = 'aet'
>>> if hashmap.get(key_str) is None:
...     hashmap[key_str] = ['eat']
... else:
...     hashmap[key_str].append('tea')
...
>>>
```

hashmap(사전형) 변수 초기화를 중괄호({ })를 통해 비어 있는 사전 타입 변수를 선언했다. 해당 변수에 문자열 리스트를 매핑해야 하는데 최초 키값 'aet'에 대응되는 리스트가 없기 때문에 hashmap.get()으로 키값이 없다면 초기화된 리스트를 넣어주는 작업을 한다. 그다음 문자열부터는 append()를 통해 추가된다. 이렇게 문제에 주어진 문자열 리스트를 순회하면서 각 문자열을 정렬하고, 정렬된 문자열이 해시 테이블에 있는지 없는지 확인하고 없다면 리스트를 초기 생성 / 추가해야 하고, 있다면 리스트에 문자열을 추가하는 방식으로 처리해야 한다. 파이썬에서는 이 부분을 지원하기 위한 초기화 함수를 제공한다.

Python Shell (3.7)

```
>>> hashmap = {}
>>> hashmap['aet'].append('eat')
Traceback (most recent call last):
  File "<stdin>", line 1, in <module>
KeyError: 'aet'
```

```
>>>
>>> from collections import defaultdict
>>> hashmap = defaultdict(list)
>>> hashmap
defaultdict(<class 'list'>, {})
>>> hashmap['ate'].append('eat')
>>> hashmap
defaultdict(<class 'list'>, {'ate': ['eat']})
>>>
```

파이썬에서는 collections 모듈에 defaultdict 함수로 사전형을 선언할 때 매 초기 키값이 추가될 때마다 대응되는 값의 초기 데이터 타입을 만들어 준다. 위의 실습에서는 처음 hashmap을 {}로 초기화했을 때 'aet' 키값에 대한 리스트가 존재하지 않아 append() 메서드는 사용할 수 없다. hashmap을 collection.defaultdict[9](list) 함수로 선언하면 키에 해당하는 값으로 리스트를 초기 생성해 주기 때문에 append()를 바로 이용할 수 있다.

제한사항		코드
아이디어	시간:	`def groupAnagrams(strs: List[str]) -> List[List[str]]:`
	공간:	
테스트		

```
def groupAnagrams(strs: List[str]) -> List[List[str]]:
    hashmap = collections.defaultdict(list)

    for s in strs:
        hashmap["".join(sorted(s))].append(s)

    return hashmap.values()
```

코드가 간단하다. sorted() 내장 함수는 앞선 배열에서 자주 사용되었다. sorted() 내장 함수는 문자열도 인자로 받을 수 있는데 정렬된 문자열을 각 문자 리스트로 반환해 준다. 그래서 join() 함수를 통해 다시 문자열로 변환해 주는 작업이 필요하다.

Python Shell (3.7)

```
>>> str = 'eat'
>>> sorted(str)
['a', 'e', 't']
>>> "".join(sorted(str))
```

---

9 *https://docs.python.org/ko/3.7/library/collections.html#collections.defaultdict*

```
'aet'
>>>
```

마지막으로 사전형에서 구분을 위한 키값의 대응되는 값만 뽑아 반환해 줘야 한다. 값만 모아 리스트로 만들어 주는 역할을 해주는 것이 dict 클래스의 values()[10] 함수다.

Python Shell (3.7)

```
>>> hashmap = defaultdict(list)
>>> hashmap['aet'].append('eat')
>>> hashmap['aet'].append('tea')
>>> hashmap['abt'].append('bat')
>>> hashmap
defaultdict(<class 'list'>, {'aet': ['eat', 'tea'], 'abt': ['bat']})
>>> hashmap.values()
dict_values([['eat', 'tea'], ['bat']])
>>>
```

2번째 방법인 문자 카운트로 이 문제를 해결해보자. 각 문자열을 정렬하는 것은 $O(n\log n)$이지만 문자열의 문자 개수 카운팅은 1번의 순회로 가능하다. 카운팅을 저장하는 방식은 **2.4.2 아이디어**에서 소개했다. 다만 배열의 각 문자에 대응되는 인덱스에 카운팅을 저장했다면 해시맵에 해당 카운트를 키값으로 사용하는 방법을 알아봐야 한다. 배열은 인덱스 0에서 시작하여 n까지 일련의 값을 가지고 있는 데이터 타입이다. 배열(리스트)을 해시 테이블의 키값으로 사용할 수는 없지만, 튜플(tuple) 자료구조는 사용 가능하다. 또한 리스트는 튜플로 변경이 가능하니 배열의 각 문자를 카운팅하고 해당 결과를 튜플(tuple)로 변경하여 키값으로 사용할 수 있다.

C / C++ / 자바에서 문자의 ASCII 값을 얻기 위해서 문자 타입(char)을 정수 타입으로 변경하면 ASCII 값을 얻을 수 있다. 하지만 파이썬은 해당 값을 얻기 위해 ord()[11]라는 내장 함수를 사용해야 한다. ord('a')는 정수 97을 반환한다.

위의 내용을 포함한 애너그램 그룹을 만드는 문제를 해결해보자.

....

10 *https://docs.python.org/ko/3.7/library/stdtypes.html#dict.values*
11 *https://docs.python.org/ko/3.7/library/functions.html?highlight=ord#ord*

제한사항		코드
아이디어	시간 :	```def groupAnagrams(strs: List[str]) -> List[List[str]]:```
	공간:	
테스트		

```
def groupAnagrams(strs: List[str]) -> List[List[str]]:
    hashmap = collections.defaultdict(list)

    for s in strs:
        count = [0] * 26

        for ch in s:
            count[ord(ch) - ord('a')] += 1
        hashmap[tuple(count)].append(s)

    return hashmap.values()
```

'eat'의 각 문자를 카운트하여 얻어진 count 배열을 tuple ( )[12]로 초기화하면 해시 테이블에서 구분 가능한 키값으로 사용 가능하다.

$$\text{“eat”} \longrightarrow [1, 0, 0, 0, 1, 0, \cdots, 0, 0, 0, 1, 0, 0, 0, 0, 0, 0]$$

$$\downarrow$$

$$(1, 0, 0, 0, 1, 0, 0, \cdots, 0, 0, 0, 1, 0, 0, 0, 0, 0, 0)$$

key	value
(1, 0, 0, 0, 1, 0, 0, ..., 0, 0, 0, 1, 0, 0, 0, 0, 0, 0)	'eat', 'tea'
(1, 1, 0, 0, 0, 0, 0, ..., 0, 0, 0, 1, 0, 0, 0, 0, 0, 0)	'bat'

그림 2-6 해시 테이블의 튜플(tuple) 키

[그림 2-6]에서 'eat'는 각 배열의 문자를 카운팅하면 리스트 타입으로 저장되는데 해당 리스트를 튜플(tuple)로 변환하여 해시 테이블의 값으로 등록하면 'eat', 'tea'를 같은 묶음으로 만들 수 있다.

....

12 *https://docs.python.org/ko/3.7/library/stdtypes.html?highlight=tuple#tuple*

테스트(Test Cases)

입력의 문자열 리스트에서 문자열은 소문자로만 구성되어 있다는 조건이 있기 때문에 다양한 테스트 케이스에 대한 고려는 필요 없다. 에지 케이스(Edge Case)로 애너그램의 그룹이 하나씩만 구성되는 경우나 하나의 그룹만 만들어지는 경우를 구성하고 앞서 예제로 든 일반적인 경우만 고려하면 된다.

```
Test Case 1: sts = [ 'ab', 'cd', 'ef' ]
```

1번째 케이스는 각 문자열이 서로 다른 애너그램으로 구성되어야 한다.

```
Test Case 2: sts = [ 'abc', 'bca', 'cba' ]
```

2번째는 하나의 그룹에 모두 속해야 한다.

2.4.3 관련 문제 사이트

- LeetCode

  https://leetcode.com/problems/group-anagrams/

- GeeksForGeeks

  https://practice.geeksforgeeks.org/problems/k-anagrams-1/0

- 백준 온라인

  https://www.acmicpc.net/problem/6566

2.5 IPv4 / IPv6 검증 시스템

알고리즘 문제에서 흔히 보는 형태로 문자열을 파싱(분석)하고 유효한지 검사하는 경우가 있다. 일반적으로 문자열의 다양한 조건을 충족하기 위해 많은 조건문(if-else)을 사용하게 된다. 특정 패턴이 있는 문자열 유효성 검사 문제를 해결해보자.

2.5.1 문제 기술 및 설명

입력으로 받은 문자열이 유효한 IPv4인지, IPv6인지 확인하는 함수를 작성해보자. 우선 IPv4는 어떤 형태로 구성되는지 알아보자.

IPv4 주소는 점(.)으로 분리된 4개의 10진수로 구성되며 각 숫자들은 0에서 255까지의 범위를 가진다. 예를 들면 172.2.10.1과 같은 식이다. IPv4 주소에 점으로 구분된 각 숫자는 0으로 시작할 수 없다. 즉, 172.2.10.01로 표현되면 유효하지 않은 주소가 된다.

IPv6 주소는 IPv4보다 더 복잡한 구성으로 이루어진다. IPv4에서는 점(.)으로 구분되어 있는 숫자가 IPv6는 콜론(:)으로 구분되며 숫자가 10진수가 아니라 16진수로 구성된다. 또한 구분된 각 16진수 숫자는 4자리이며, 4 자리의 숫자 8개의 그룹으로 표현된다. 16진수에서 영문 a에서 f까지는 소문자 / 대문자 혼용이 가능하다. 사용은 가능하지만 특별한 의미는 없다. 예를 들어 **2020:0bc3:0000:0000:853e:0777:1234**는 유효한 IPv6 주소이며 일부 대문자로 변경되어 **2020:0BC3:0000:0000:853e:0777:1234**로 사용되더라도 같은 IPv6 주소로 인식한다. IPv4와는 다르게 4자리를 채우기 위해 0으로 시작하는 숫자가 있을 수 있으며, 0000일 때는 0으로 나머지 3개는 생략이 가능하다. 앞선 IPv6주소를 **2020:0bc3:0:0:853e:0777:1234**로 나타내더라도 유효하다. 하지만 0뿐인 숫자를 생략해서 사용할 수는 없다. 즉, **2020:0bc3:::853e:0777:1234**와 같이 콜론으로 구분된 사이에 숫자가 없어서는 안된다.

당연한 조건이지만 IPv6에서 각 숫자는 4자리를 넘어 사용할 수 없다. 만약에 0으로 시작한 5자리 숫자를 사용하더라도 숫자 값은 동일하지만 IPv6에는 유효하지 않는 숫자이다. 예를 들어 **02020:0bc3:::853e:0777:1234**와 같이 사용할 수 없다.

입력값으로 '172.0.13.20'라면 'IPv4'를 반환하고, '2020:0bc3:0:0:853e:0777:1234'로 입력받으면 'IPv6'로 반환하면 된다. 만약 두 조건 다 만족하지 않는다면, 예를 들어 256.256.257.0라면 'Neither'를 반환한다.

2.5.2 노트 레이아웃을 이용한 문제 접근 및 풀이

IPv4 / IPv6을 만족하기 위한 조건이 많이 있다. 해당 조건을 잘 정리하여 유효함을 구현할 수 있어야 한다.

제한사항(Constraints)

IPv4와 IPv6를 구분하여 조건을 정리해보자.

제한사항(IPv4)	코드
1. 점(.)으로 숫자 구분 2. 점(.)으로 구분된 숫자는 4개 3. 각 숫자의 범위는 0에서 255 – 10진수 4. 0을 제외하고 0으로 시작하는 숫자는 없다. 　– 01, 00, 023과 같은 숫자는 유효하지 않음 **제한사항(IPv6)** 1. 콜론(:)으로 숫자 구분 2. 콜론(:)으로 구분된 숫자는 8개 3. 각 숫자는 16진수 0000에서 FFFF까지(4자리 16진수) 4. 각 숫자는 4자리를 채우기 위해 0으로 시작할 수 있음 5. 0000의 경우에는 0으로 사용 가능 6. 콜론(:) 사이에 숫자가 없으면 유효한 IPv6가 아님 7. 각 숫자는 4자리를 넘어서 사용할 수 없음	

아이디어	시간 복잡도:
	공간 복잡도:
테스트	

문자열 입력에 대해 IPv4 / IPv6의 로직을 구분하는 방법으로 각 숫자의 구분자(점 혹은 콜론)를 통해 진행할 수 있다.

아이디어(Ideas)

이 문제를 해결하기 위한 접근법은 데이터를 문자열로 수신하여 분석하거나 특정 패턴에 따라 처리하는 과정에서 자주 사용되는 코드의 기반이 된다. 예를 들어 입력 받은 데이터에 전화번호, 이메일 주소 그리고 이름 등을 구분하여 데이터 베이스의 적절한 항목에 기록하는 경우가 있을 것이다. 향후 현실적인 개발 문제에 도움이 될 수 있는 방법이다.

제한사항	코드
아이디어(Brute-force) 1. 점(.)과 콜론(:)으로 IPv4의 확인인지 IPv6의 확인인지 구분 2. IPv4 확인 　– 점(.)으로 문자열 리스트로 분리 　– 분리된 리스트의 크기가 4인지 확인 　– 각 문자열을 순회 　　– 문자열의 길이가 1 ~ 3인지 확인 　　– 해당 문자열이 '0'이라면 길이가 1인지 확인 　　– 해당 문자열이 숫자이고 255보다 작은지 확인 3. IPv6 확인 　– 콜론(:)으로 문자열 리스트로 분리 　– 분리된 리스트의 크기가 8인지 확인 　– 각 분리된 문자열의 길이가 0보다 크고 4보다 작은지 검사 　– 문자열의 각 문자가 모두 16진수 숫자 및 문자로 구성되어 　　있는 확인	시간 복잡도: $O(L)$, L은 입력 문자열 길이 공간 복잡도: $O(1)$
아이디어(정규 문법-Regular Expression) 1. IPv4의 규칙을 따르는 정규 문법 구성 2. IPv6의 규칙을 따르는 정규 문법 구성 3. 정규 문법 실행 및 규칙(IPv4 혹은 IPv6) 반환	시간 복잡도: $O(1)$ 공간 복잡도: $O(1)$ $O(1)$
테스트	

1번째 아이디어는 IPv4 / IPv6에 맞는 조건을 순서에 맞게 확인하는 과정을 진행하면 된다.

아이디어를 순서도로 표현하면 [그림 2-7]처럼 된다. '숫자 확인'에서는 IPv4 / IPv6에 부합하는지 확인이 필요하다. 점(.)과 콜론(:)으로 구분지어진 문자를 하나씩 조건과 비교하여 분리된 모든 문자열 검사가 완료되면 해당 IP 주소 버전 문자열을 반환하면 되고, 검사 중 하나라도 실패하면 'Neither'를 반환하면 된다.

2번째 아이디어는 문자열 패턴을 검증하거나 큰 데이터에서 특정 패턴을 가지는 문자열을 찾는 방법으로 많이 쓰이는 정규 표현(Regular Expression)의 방식이다. 우리는 흔히 접속하는 위키 페이지에서 Ctrl + F를 통해 원하는 문자열을 검색할 수 있다. 이 때 원하는 문자열과 동일한 문자열을 찾아 줄 때 정규 표현이 사용된다. 사실 정규 표현에 대해 모두 설명하는데는 상당한 양의 지면이 필요하다. 하지만 알아둔다면 다양한 문제를 쉽게 해결할 수 있기에 간략히 알아보자.

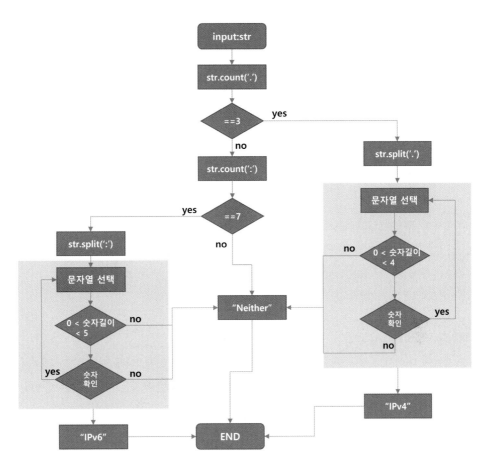

그림 2-7 IPv4 / IPv6 검증 순서도

정규 표현(Regular Expression)

정규 표현(Regular Expression)은 일련의 문자열 패턴을 정형화된 방법을 통해 찾을 수 있도록 한다. 다양한 언어의 정규 표현 실행을 위한 함수는 서로 다르지만 정규 표현 자체는 모든 개발 언어에서 동일하게 적용된다. 정규 표현의 몇몇 키워드를 살펴보고, 파이썬에서 해당 키워드 조합으로 문자열 패턴을 찾는 방법을 알아보자.

반복자(Repeaters): *,+,{}

해당 키워드는 문자열이 얼마나 많이 반복되는지 지정해 줄 때 사용한다. 하나씩 확인해보자.

* (별표): 정규 표현에 '*'를 사용하면 어떤 문자가 0번 혹은 그 이상 나올 수 있다는 것을 표현한다.

> 'a*b'이면, 'a'와 'b'사이에 'a'가 0번 혹은 그 이상 출현할 수 있다는 것을 의미한다. 예를 들면, 'b', 'ab', 'aab', 'aaab', 'aa…(무한히 많이)b'

+ (더하기): 별표(*)와 거의 비슷하지만 '*'와 다른 점은 최소 1번은 나온다는 의미를 가진다.

> 'a+b'이면, 'ab', 'aab', 'aaab', 'aa…(무한히 많이)b', 다만 'b'는 될 수가 없다.

{ }(중괄호): 중괄호({ })에 숫자를 포함해 문자열 패턴의 반복 횟수를 설정할 수 있다.

> 'a{3}b'이면, 'aaab'만 된다.
> 'a{3,}b'이면, 'aaab', 'aaaab', 'aaa...b'와 같이 최소 3이상 a가 나올 수 있다는 의미다.
> 'a{3,4}b'이면, 'aaab', 'aaaab'가 된다. 3 ~ 4의 'a'길이를 설정한다.

와일드카드(Wild Card): .

어떤 패턴에 대해서는 정규 표현식으로 만들기 어려운 경우가 있다. 이때 편리하게 사용하는 것이 와일드카드인 점(.) 키워드다. 이 키워드는 해당 자리에 어떤 문자든 가능하다는 의미다.

> '.'이면, 하나의 어떤 문자로든 매칭될 수 있다.
> '.*'이면, 다양한(모든) 길이의 문자열을 찾는다.
> 'a.b'이면, 'aab', 'abb', 'acb', … 'a b', 'a/b' 등과 같은 모든 문자가 대응 될 수 있다. 즉, a로 시작하여 b로 끝나는 길이 3의 모든 문자열로 정의된다.

선택 문자(Optional Character) : ?

'color' 혹은 'colour'과 같이 동일한 의미를 가지는 단어가 다른 스펠링으로 쓰이는 경우가 있다. 이런 경우 '?' 키워드를 통해 'u' 문자를 0 혹은 1개가 있을 수 있다는 것을 지정할 수 있다.

> 'colou?r'이면, 'color'혹은 'colour'이 선택 가능하다.

탈자 부호(Caret): ^

'^'를 통해 시작 문자를 지정할 수 있다. 특정 문자 혹은 문자열을 시작으로 하는 문자열 패턴을 만들기 위해 사용한다.

달러 문자(Dollar): $

'^' 반대로 마지막 문자 혹은 문자열을 지정한다. 특정 문자 혹은 문자열이 마지막에 지녀야 하는 문자열 패턴을 만들 때 사용한다.

'.*b$'이면, 'b'로 끝나는 모든 문자열

문자 클래스(Character classes): [ ]

때때로 문자열을 구성하는 문자가 하나 이상의 문자로 출현할 가능성이 있다. 예를 들어 0 ~ 9, a ~ z 사이의 문자를 선택 가능하다는 것을 표시하기 위해 대괄호([ ]) 내 해당 범위의 문자를 대시(−)를 통해 지정한다.

'[cdf]'이면, 'c' 혹은 'd' 혹은 'f'가 될 수 있다.
'[^cdf]'이면, 'c', 'd', 'f'를 제외한 나머지 문자

대괄호([ ]) 내에 사용하는 탈자 부호(^)는 앞서 살펴본 특정 문자 혹은 문자열을 시작으로 하는 문자열 패턴을 만드는 것과는 다르게 사용된다. 대괄호에 사용된 탈자 부호(^)는 괄호 내에 선언된 범위의 문자를 제외하고 나머지를 표시하는 키워드가 된다.

또한 문자의 범위가 확실한 클래스에 관한 메타 문자(metacharacter)가 있는데 다양하게 많이 사용하니 알아두도록 하자.

문자 클래스	메타 문자(metacharacter)	설명
[0-9]	\d	숫자와 매치
[^0-9]	\D	숫자(0 ~ 9)를 제외한 나머지 문자와 매치
[\t\n\r\f\v]	\s	공백 문자(whitespace): 공백,\t(tab), \n(new line), \r(carriage return), \f(form feed), \v(vertical tab)
[^ \t\n\r\f\v]	\S	공백 문자를 제외한 나머지와 매치
[a-zA-Z0-9]	\w	영숫자와 매치
[^a-zA-Z0-9]	\W	영숫자를 제외한 나머지

그룹 문자(Grouping character): ()

특정 문자의 조합 패턴을 검색하는 경우에 사용된다. 중괄호를 이용해 그룹화를 하고 이 그룹을 위에 언급한 키워드와 조합하여 사용 가능하다.

> '(ab)+'이면, 'ab', 'abab', 'ababab…'가 가능하다.
> '^(th).*'이면, 'th'로 시작하는 모든 문자와 매칭이 가능하다.

수직선(Vertical Bar, OR operator): |

수직선은 비트 연산의 OR 연산과 비슷한 역할을 한다. 함께 사용된 패턴 중 하나를 선택 및 찾기를 가능하게 한다.

> 'th(is|e|at)'이면, 'this', 'the', 'that'이 매칭이 될 수 있다.

역슬래시 (Back-slash, Escape character): \

예를 들어, 키워드 중 하나인 '*'을 문자로 찾고 싶은 경우가 있을 것이다. 앞서 소개한 모든 키워드 문자가 대상이 될 수 있는데, 해당 키워드를 문자 그대로 찾기 위한 방법으로 역슬래시를 사용한다.

> '[0-9]*[0-9]\+[0-9]'이면, '1*2+3 = 7'과 같은 문자열이 있다면, '1*2+3'을 추출할 수 있다.

예제 1 – 전화번호

많은 텍스트 내에 전화번호의 형태를 띄는 문자열을 찾는다고 가정해보자. 앞서 소개한 정규 표현식을 사용하면 다양한 전화번호 형태를 찾아낼 수 있다.

우선 전화번호의 패턴을 정리해보자.

- (02) 123 – 1234
- (031) 2233 – 1222
- 02 – 123 – 3333
- 02-123-3333
- 022 123 1234

위의 패턴이 전부라고 가정하고 정규 표현식으로 만들어보자.

- 지역번호에 대한 패턴에서 시작 괄호 '('가 0 혹은 1개가 있다. ⇒ \(?

- 지역번호는 2 ~ 3자리 숫자이다. ⇒ \d{2,3}

- 지역번호 끝 괄호(')')가 0 혹은 1개 있다. ⇒ \)?

- 지역번호와 다음 자리 숫자 간의 공백이 0개 혹은 1개가 있다. ⇒ \<space>? (참고로, 〈space〉는 스페이스 키로 넣은 공백이다.)

- 지역번호와 가운데 번호 사이에 대시('-')가 0개 혹은 1개가 있다. ⇒ \-?

- 가운데 번호는 3 ~ 4자리 숫자이다. ⇒ \d{3,4}

- 가운데 번호와 마지막 번호 사이 공백이 0개 혹은 1개가 있다. ⇒ \<space>?

- 가운데 번호와 마지막 번호 사이에 대시('-')가 0개 혹은 1개가 있다. ⇒ \-?

- 마지막 번호는 3 ~ 4자리 숫자다. ⇒ \d{3,4}

각 조건에 맞는 키워드 조합을 나열해보자. 전화번호 패턴에 맞는 것만 찾기 위해 맨 처음에 탈자 문자(^)와 마지막에 달러 문자($)를 넣어 조합을 만들자.

```
^\(?\d{2,3}\)?\ ?\-?\ ?\d{3,4}\ ?\-?\ ?\d{3,4}$
```

해당 내용을 검증해보기 위해 사용하는 사이트 regex101[13]이 있다. 이 사이트에 접속하여 왼쪽 메뉴에서 파이썬을 선택하고 정규 표현(REGULAR EXPRESSION) 칸에 위 코드를 넣고, 테스트 문자열(TEST STRINGS)에 위의 전화번호를 모두 넣어보자. 그러면 검색된 문자열에 파란색 블록이 잡힌다. 확인해보길 바란다.

자 이제, 위의 정규 표현을 어떻게 활용할 수 있는지 확인해보자. 파이썬에는 정규 표현을 지원하기 위한 re 모듈[14]을 제공한다. 이 모듈은 정규 표현식을 해석하고 문자열에서 해당 패턴을 찾아 반환해 준다.

13 https://regex101.com/

14 https://docs.python.org/ko/3.7/library/re.html

```
>>> import re
>>> pattern = re.compile(r'\w{3,4}')
>>> print(pattern)
re.compile('\\w{3,4}')
```

re 모듈을 포함(import)시키고 compile() 함수를 통해 정규 표현식을 넣어보자. 알다시피 다양한 언어에서 문자열을 작은(큰)따옴표로 선언할 때, 따옴표 내부에 있는 역슬래시는 탭 (\t), 새 라인(\n) 등의 키워드를 지원하는데 함께 사용된다. 정규 표현에서 사용되는 표현식의 문자열의 역슬래시는 언어에서 해석하는 역슬래시와는 다르기 때문에 r-string을 사용한다. r-string에서 r은 raw로 문자열 그대로 사용하게 해준다. compile로 생성된 패턴 문자열의 해당 객체를 다시 출력해보면 언어에 맞게 다시 만들어져 있음을 알 수 있다.

compile()로 정규 표현을 통해 패턴 객체를 만들었다면 match() 함수로 해당 패턴을 문자열에서 찾아보자.

```
>>> pattern = re.compile('[a-z]+')
>>> pattern.match('helloworld')
<_sre.SRE_Match object; span=(0, 10), match='helloworld'>
>>> m = pattern.match('HelloWorld')
>>> print(m)
None
>>> pattern = re.compile('[a-z]+', re.IGNORECASE)
>>> m = pattern.match('HelloWorld')
>>> print(m)
<_sre.SRE_Match object; span=(0, 10), match='HelloWorld'>
```

[a-z]+는 소문자만 검출하도록 했지만 re.IGNORECASE를 통해 대문자도 포함 시킬 수 있다. 그냥 \w를 사용하면 숫자도 포함하기 때문에 적절치 않을 수 있어 유의해서 조합하도록 하자.

match()는 문자열의 패턴을 검증하기 위해 사용되는데 search() / findall()은 해당 패턴을 찾아주는 역할을 한다. 예제를 통해 확인해보자.

```
>>> pattern = re.compile('[a-z]+')
>>> pattern.search('This is for search()')
<_sre.SRE_Match object; span=(1, 4), match='his'>
>>> pattern.findall('This is for findall()')
['his', 'is', 'for', 'findall']
```

search()는 소문자 조합을 맨 처음 발견하면 반환해 주는 것이고, findall()은 모두 찾아 해당 문자열을 리스트로 반환해 준다. 소개한 내용만 잘 숙지하고 정규 표현을 사용해도 충분히 해결 가능한 문제가 많을 것이다. IPv4 / IPv6도 같은 방식으로 해결해보자.

코드(Code)

2.2.3에서 소개한 문자열 메서드 이외에 추가적으로 count()[15]를 소개한다. 이 메서드는 인자로 문자열을 입력받아 타깃이 되는 문자열에 나타나는 횟수를 반환한다. 예를 들어 '12.3.4.5' 문자열에서 count('.')을 하면 3이 반환된다.

제한사항		코드
아이디어	시간 :	```def check_ip_v4(ipv4: str) -> str:```
	공간:	
테스트		(code below)

```
def check_ip_v4(ipv4: str) -> str:
    ipnums = ipv4.split('.')

    for num in ipnums:
        if len(num) == 0 or len(num) > 3:
            return 'Neither'

        if (len(num) != 1 and num[0] == '0') or \
            not num.isdigit() or int(num) > 255:
            return 'Neither'
    return 'IPv4'

import string
def check_ip_v6(ipv6: str) -> str:
    ipnums = ipv6.split(':')
```

---

[15] *https://docs.python.org/ko/3.7/library/stdtypes.html#str.count*

```
        for num in ipnums:
            if len(num) == 0 or len(num) > 4 or \
                not all(c in string.hexdigits for c in num):
                return 'Neither'
        return 'IPv6'

def validIPAddress(IP: str) -> str:
    if IP.count('.') == 3:
        return check_ip_v4(IP)
    elif IP.count(':') == 7:
        return check_ip_v6(IP)

    return 'Neither'
```

코드는 [그림 2–7]의 내용을 거의 그대로 반영했다. 우선 점(.)의 개수 유무를 확인해 3개라면 IPv4인지 확인하게 되고, 그게 아니면 콜론(':')을 확인해 7개라면 IPv6인지 판단하게 된다. 둘 다 아니라면 'Neither'를 반환한다. 먼저 IPv4의 확인 사항을 보자.

주어진 문자열을 점(.) 기준으로 분리(split) 하고 분리된 리스트를 순회하면서 각 숫자의 자리수가 0이거나 3자리를 초과하는지 확인한다. 그리고 0으로 시작하는 숫자는 0인 경우만 존재하므로 길이가 1인 경우 '0'의 문자만 있는지 확인한다. 또한 숫자로 변환하여 255 내에 있는지 확인하는 작업을 해준다. 모든 분리된 숫자를 확인하면 'IPv4' 문자열을 반환하고, 아니라면 'Neither'를 반환한다.

주어진 문자열이 콜론(:)을 기준으로 분리되었다면 IPv6를 확인하는 코드를 넣으면 된다. IPv6는 0으로 시작할 수도 있는 16진수 숫자이다. 우선 각 숫자가 4자리 이하인지 확인하자. 그리고 분리된 숫자는 모두 16진수인지 확인하는 과정이 필요하다. 파이썬에서는 미리 정의된 문자열 상수가 있다. 그 중에 string.hexdigits[16] 정의가 있는데, 해당 정의는 문자열 '0123456789abcdefABCDEF'의 선언이다. 분리된 숫자 문자열을 순회하면서 각 문자가 16진수 문자인지 아닌지 확인하는 방법을 보자. 앞서 언급을 했지만, 문자열은 리스트의 접근과 거의 유사하다. 그리고 문자열 순회도 리스트 축약(**1.13.2 코드**에서 소개)을 동일하게 적용을 할 수 있다.

---

16 *https://docs.python.org/ko/3.7/library/string.html#string.hexdigits*

```
>>> import string
>>> s = 'abcd22'
>>> result = [c in string.hexdigits for c in s]
>>> result
[True, True, True, True, True, True]
>>> all(result)
True
```

각 문자를 순회하면서 해당 문자가 hexdigits에 포함되는지 확인하고, all( )[17] 내장 함수를 통해 모두 참(True)이면 해당 문자열 숫자는 16진수라고 판단할 수 있다. IPv4 / IPv6 조건을 문자열에 적용하여 판단하는 방식이다. 문자열에서 자주 사용되는 함수의 운영을 볼 수 있다는 점에서 좋은 문제라고 생각한다.

2번째 방법은 정규 표현을 사용하는 것이다. 정규 표현을 만들기 위해 먼저 조건을 만족하는 IPv4 / IPv6을 보도록 하자.

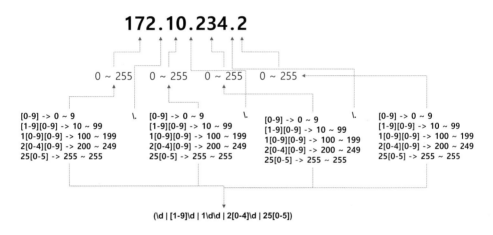

그림 2-8 IPv4 패턴 분석

[그림 2-8]에서 점으로 구분되는 문자열이 가져야 하는 패턴은 0 ~ 255 사이의 수다. 해당 범위의 숫자를 정규 표현으로 변경하면 (\d|[1-9]\d|1\d\d|2[0-4]\d|25[0-5])가 된다. 조금 복잡

---

17 https://docs.python.org/ko/3/library/functions.html?highlight=all#all

해 보일 수 있으나 수직바(vertical bar)를 기점으로 각각 분석해 보면 0 ~ 9이거나 10 ~ 99
이다. 이를 문자 점(.)과 조합해 패턴을 만들어 보자.

```
ipv4 pattern = \
r"(\d¦[1-9]\d¦1\d\d¦2[0-4]\d¦25[0-5])\.(\d¦[1-9]\d¦1\d\d¦2[0-4]\d¦25[0-5])\.
(\d¦[1-9]\d¦1\d\d¦2[0-4]\d¦25[0-5])\.(\d¦[1-9]\d¦1\d\d¦2[0-4]\d¦25[0-5])"
```

ipv4_pattern에 적용된 문자열이 조금 복잡해 보이지만 [그림 2-8]에서 점을 기준으로
각 부분이 동일하게 반복된다. 정규 표현에서 반복되는 패턴을 위해 앞서 살펴본 그룹화
(Grouping)와 반복자(Repeater)를 이용하면 더 간편하게 만들 수 있다. 우선 반복되는 패
턴은 0 ~ 255 숫자와 점이 3번 반복되고 마지막은 0 ~ 255의 숫자가 나온다. (ab){3}이라고
하면 ababab의 패턴을 만들게 된다. 그렇다면 IP 주소의 반복되는 3번의 숫자와 점에 반복자
를 붙이면 어떻게 되는지 확인해보자.

```
ipv4_pattern = \ r"((\d¦[1-9]\d¦1\d\d¦2[0-4]\d¦25[0-5]))\.){3}(\d¦[1-9]\d¦1\d\
d¦2[0-4]\d¦25[0-5])"
```

조금 간단하게 정리된 것을 알 수 있다. 이것도 0 ~ 255 부분이 2번 반복되어 약간 지저분해
보일 수 있으니 문자열 포매팅을 이용해 다시 정리해보자.

```
ipv4_num_part = r"(\d¦[1-9]\d¦1\d\d¦2[0-4]\d¦25[0-5])"
ipv4_pattern = re.compile(r"({p}\.){{3}}{p}".format(p=ipv4_num_part))
```

이렇게 반복되는 패턴을 간소화하는 작업이 가능하다. 다만 위 패턴으로는 제대로 검사를 못하
는 경우가 있다. 예를 들어 '127.0.0.123.222'라고 입력하면 Ipv4가 아니므로 match로 검사
하여 None이 반환되어야 하는데, '127.0.0.1'까지만 찾아 정상적이라고 반환한다. 이런 경우
처음과 명백히 끝나는 지점을 명시해 줘야 한다. 명시하는 방법은 탈자 문자(^)를 처음에 넣고
달러 문자($)를 마지막에 넣어 완성해 주자.

```
ipv4_num_part = r"(\d¦[1-9]\d¦1\d\d¦2[0-4]\d¦25[0-5])"
ipv4_pattern = re.compile(r"^({p}\.){{3}}{p}$".format(p=ipv4_num_part))
```

IPv4 검사에 대한 정규 표현식 패턴을 만들어 보았다. IPv6도 마찬가지로 진행하면 아래와 같

은 코드가 해당 문제를 해결할 수 있다.

제한사항		코드
아이디어	시간 :	`def validIPAddress(IP: str) -> str:`
	공간:	
테스트		

```python
def validIPAddress(IP: str) -> str:
    IPV4 = '(\d¦[1-9]\d¦1\d\d¦2[0-4]\d¦25[0-5])'

    ipv4 = \
        re.compile(r'^({p}\.){{3}}{p}$'.format(p=IPV4))

    if ipv4.match(IP):
        return "IPv4"

    IPV6 = '([0-9a-f]{1,4})'

    ipv6 = \
        re.compile(r'^({p}\:){{7}}{p}$'.format(p=IPV6),
                        re.IGNORECASE)

    if ipv6.match(IP):
        return "IPv6"

    return "Neither"
```

코드에 간편하고 속도도 빠른 정규 표현식을 사용할 수 있다면 많은 문제를 쉽게 해결할 수 있을 것이다. 정규 표현의 설명은 온라인에서 다양하게 찾아볼 수 있으니 열심히 학습하고 문자열 패턴 문제를 연습해보자.

테스트(Test Cases)

IPv4 / IPv6의 다양한 조건에 맞춰야 하는 IP 주소를 입력으로 전달해 확인해보자.

```
Test Case 1: IP = "256.256.256.256"
```

IPv4의 가능한 범위의 숫자를 넘기는 문자열을 확인해보자. 결과로 'Neither'를 반환하면 정상 동작 한 것이다.

```
Test Case 2: IP = "123.123.123.123."
```

마지막에 점을 하나 더 넣어보자. 숫자의 범위를 잘 확인했다면 점(.)이나 콜론(:) 구분자의 개수를 추가 혹은 제거해서 확인해보자.

```
Test Case 3: IP = "0.0.0.0"
```

0의 경우에도 확인되는지 입력으로 추가해보자.

```
Test Case 4: IP = "20AB:Fb8:85a3:0:0:8A2E:0370:7334"
```

IPv6는 정상적인 경우의 값을 넣고 다양한 조건을 확인해보자. 예를 들어 16진수 영문자의 경우 대소문자를 구분하지 않고 인식을 하는지 모두 4자리지만 0만으로도 유효한 IPv6인지를 확인하는지 알아보자.

이 문제의 테스트 케이스는 제시된 조건에 맞는 모든 경우를 각각 넣어보거나 조합해서 만든 IP 문자열을 넣어보자.

2.5.3 관련 문제 사이트

- LeetCode

  https://leetcode.com/problems/validate-ip-address/

- GeeksForGeeks

  https://practice.geeksforgeeks.org/problems/validate-an-ip-address/1

연결 리스트(Linked List)

3.1 연결 리스트의 이해

연결 리스트는 배열과 비교하여 많이 등장하는 자료구조 중 하나다. 우선 연결 리스트의 기본적인 구조에 대해 알아보고, 배열과 장단점을 비교해보자.

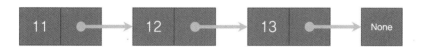

그림 3-1 연결 리스트 기본 구조

[그림 3-1]처럼 연결 리스트는 각 자료가 다음 자료에 연결 고리를 가진 자료구조다. 보통 데이터를 가진 하나의 요소를 노드(Node)라고 부르며, 각 노드는 연결 리스트로 유지하고자 하는 데이터와 다음 노드를 연결하기 위한 주솟값을 가지고 운영된다. 연결 리스트는 정해진 공간 내에 데이터를 넣고 빼는 구조가 아니라 연결 고리만으로 많은 데이터를 넣고 관리할 수 있다.(물론 시스템에서 허용되는 메모리 공간 내에 추가 확장 없이 가능하다는 것이다.) 배열과 비교하여 알아보자. 배열은 기본적으로 관리하려는 하나의 데이터를 특정 크기의 공간에 차곡차곡 넣을 수 있는 자료구조다. 즉, 고정 크기를 가진다. 연결 리스트는 데이터를 동적 크기로 관리하기 때문에 데이터가 얼마나 생성되고 관리돼야 하는지 측정할 수 없는 시스템이나 알고리즘에 활용될 수 있다. 또한 배열은 이미 갖고 있는 요소 사이에 값을 넣기 위해 해당 위치값을 넣고 그 인덱스에 위치하는 값을 뒤로 옮겨주는 작업이 필요하지만 연결 리스트는 데이터의

연결 고리만 변경해 주면 [그림 3-1]의 11과 12의 데이터 사이에 얼마든지 노드를 만들 수 있다. 물론 장점만 있는 것은 아니다. 배열은 인덱스를 이용해 특정 위치의 데이터를 접근할 수 있는 반면, 연결 리스트는 해당 값을 접근하기 위해 기본적으로 연결 리스트를 처음부터 순회해야 한다. 배열은 정수형 데이터를 10개 관리한다면 정수형 크기의 10개 만큼 메모리 공간이 필요하지만, 연결 리스트는 데이터 간 연결 고리를 저장하기 위해 추가 메모리 공간이 필요하다. 앞서 언급한 대로 연결 리스트는 각 노드를 동적으로 할당하고 원하는 위치에 넣거나 혹은 원하는 값을 가지는 노드를 삭제하는데 편리하게 구성되어 있다. 시스템에서 노드가 필요할 때마다 공간을 할당하고 추가하기 때문에 배열과는 다르게 연속적인 메모리 공간으로 관리되지 않는다. 이것이 왜 단점인지 의문이 들 수도 있는데 불연속적 메모리를 접근하는 것보다 연속적인 메모리 공간에 접근하는 것이 CPU 캐시 입장에서는 비용이 덜 든다.

연결 리스트도 배열과 같이 삽입 / 삭제 / 찾기 관련 연산을 기본적으로 살펴보고 알고리즘 문제를 풀어보자. 노드 간 연결을 맺고(삽입), 끊고(삭제) 등과 관련된 문제는 처음 접하면 쉽게 해결하기 어렵다. 연결 리스트는 트리나 그래프의 기본 자료구조가 되기 때문에 많은 연습을 통해 확실히 이해하도록 노력하자.

3.2 연결 리스트 연산

연결 리스트 연산을 살펴보기 전에 파이썬에서 연결 리스트를 위한 구성을 어떻게 해야 하는지 알아보자. 우선 노드(Node)라 불리는 객체를 만들자. 각 노드는 데이터 항목과 다음 노드를 가리키는 포인터를 갖고 있어야 한다. 파이썬에서 객체를 생성하기 위해 클래스(class)를 사용하며, 연결 리스트를 위한 노드를 만들어 각 노드를 제어하는 방법을 소개하겠다.

```python
from typing import Any

class Node:
    def __init__(self, data: Any):
        self.data = data
        self.next = None
```

Node라는 클래스를 만들었다. 파이썬 클래스 선언에서 객체를 생성하는 시점에 사용하는 함수는 __init__이다. 객체를 생성하는 방법은 다른 언어와 마찬가지로 지정한 이름의 클래스가 생성하는 시점에 원했던 인자를 넘겨주면 된다.

```
node = Node(3)
print(f'{node.data}')
```

C++ / 자바와는 다르게 클래스 내부에 접근 가능 여부를 명시하는 private 키워드를 사용하지 않는다. 그래서 Node 클래스의 data 멤버 변수에 접근하는데 특별히 public 키워드를 사용하여 명시할 필요는 없다. 각 언어마다 지향하는 문화적 방식이 있다. C++ / 자바는 지원하는 클래스의 private / protected / public 멤버 변수를 지정하여 private한 클래스 멤버를 접근 및 수정하고 싶을 때 관련 설정이 가능한 메서드를 통해 진행할 수 있도록 한다. 만약 그런 메서드를 지정해 주지 않는다면 내부적으로만 사용하여 보안에 관련된 사항을 지원하고 있다. 파이썬의 클래스는 다른 클래스 객체의 멤버를 변경하는 것을 지양하도록 가이드 한다. 이런 가이드를 통해 개발자들이 해당 사항을 자연스럽게 따르도록 해준다. 결론은 파이썬은 기본적으로는 만들어진 객체 멤버에 대한 접근이 쉽게 이루어진다. 예제를 보면 Node(3)으로 Node 객체를 생성하는데, 내부 멤버 변수인 data에 3의 값을 할당한다. 할당된 data 변수는 node.data의 형태로 접근하여 읽을 수 있고 수정도 가능하다.

이제 Node 클래스를 생성하고 [그림 3-1]에 표현된 데이터 간 연결하는 과정을 구현해 보자.

```
node1 = Node(11)
node2 = Node(12)
node3 = Node(13)

node1.next = node2
node2.next = node3
```

연결 리스트의 각 노드를 생성하고 다음 노드로 연결을 구현한 것이다. 가장 기본적인 연산이며 각 노드의 next 멤버 변수를 통해 다음 노드의 연결을 구성한다. 이제 연결 리스트 클래스를 정의하고 연결 리스트가 가질 수 있는 연산을 지원해보자.

연결 리스트 클래스는 LinkedList라는 이름을 가지며 연결 리스트의 처음을 가리키는 포인터 변수로 head를 가진다. head를 통해 가장 먼저 접근해야 하는 노드를 알 수 있을 것이며 이는 배열의 0 인덱스의 데이터를 접근한다고 생각하면 된다.

```
class LinkedList:
    def __init__(self):
        self.head = None
```

LinkedList에 연결 리스트 자료구조 연산을 하나씩 구현해보자.

3.2.1 연결 리스트 순회

가장 먼저 연결 리스트의 노드를 생성 및 연결하고 연결 리스트가 가지고 있는 데이터를 순회하여 출력해보자. 가장 기본적인 연산이 될 것이며 어떻게 값을 접근하고 출력하는지 확인해보자.

LinkedList 클래스의 head는 맨 처음 등록되는 노드를 가리키는 멤버 변수가 된다. 이를 통해 연결 리스트의 순회를 처음 노드부터 접근할 수 있도록 한다. [그림 3-2]와 같이 생성하고 연결해보고 처음 노드의 데이터부터 끝까지 출력해보자.

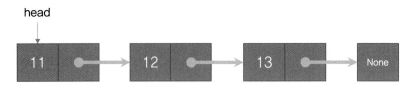

그림 3-2 LinkedList 클래스 구성 결과

각 11, 12, 13의 데이터를 가지는 노드를 3개 생성하고, LinkedList 클래스의 head가 11의 값을 가지는 노드를 바라보게 한다. 11의 노드는 12 값을 가지는 노드를 연결하고 12는 13을 연결한다.

```
from typing import Any

class Node:
    def __init__(self, data: Any):
        self.data = data
```

```python
        self.next = None

class LinkedList:
    def __init__(self):
        self.head = None

    def traverse(self):
        temp = self.head

        while (temp):
            print(temp.data, end=" ")
            temp = temp.next
        print()

linked_list = LinkedList()

node1 = Node(11)
linked_list.head = node1

node2 = Node(12)
node3 = Node(13)

node1.next = node2
node2.next = node3

linked_list.traverse()
```

LinkedList()를 통해 객체를 만들어 변수에 할당하면 linked_list 변수에 head를 포함하게 된다. 첫 노드인 Node(11)을 만들고 해당 노드를 head가 가리킬 수 있도록 head를 업데이트해 준다. 또한 각 노드를 [그림 3-2]처럼 연결하기 위해 next에 다음 노드의 정보를 넘겨 준다. 마지막으로 LinkedList 클래스에 traverse() 멤버 함수를 구현했는데 head는 항상 맨 처음 노드인 11을 가리키고 있어야 하기 때문에 임시로 temp를 head와 동일하게 만들어 각 노드를 접근할 수 있도록 한다.

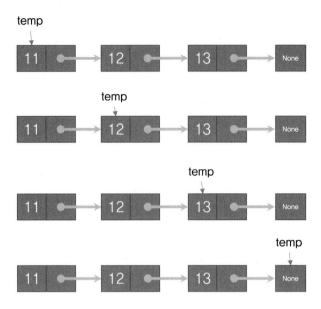

그림 3-3 연결 리스트 순회

traverse() 함수는 [그림 3-3]에서 보듯 각 노드를 temp를 통해 하나씩 이동 및 data를 출력하는 일을 하게 된다. temp = temp.next에서 temp.next는 이미 생성된 다음 노드의 위치를 갖고 있기 때문에 Node(11)에서 Node(12)로 이동하여 각 데이터를 접근할 수 있다.

3.2.2 연결 리스트에서 맨 뒤 요소 삽입

수동으로 Node 객체를 생성하고 데이터를 초기화하여 next로 연결해 주는 과정을 구현해보자. LinkedList 클래스에서 push_back()이라는 이름으로 데이터를 인자로 넘겨 새로운 노드를 생성한 뒤, 맨 뒤 노드에 연결해 주자.

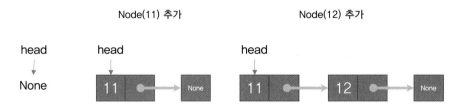

그림 3-4 연결 리스트의 맨 뒤 노드 추가

처음 LinkedList 객체에 노드가 추가되지 않았다면 head는 None의 값을 가진다. 그 뒤로 11 데이터의 추가 요청이 오면 Node(11)을 만들고 head 다음으로 연결해 준다. 다음으로 연결한다기 보다 head가 첫 노드가 되는 것이라고 표현하는 게 더 맞을 것이다. 11이 추가된 다음 해당 연결 리스트에 12를 추가한다면 11 뒤에 연결된다. 이를 위한 push_back() 함수를 구현해보자.

```python
class LinkedList:
    def __init__(self):
        self.head = None

    def push_back(self, data: Any):
        new_node = Node(data)

        if self.head is None:
            self.head = new_node
            return

        last = self.head
        while (last.next):
            last = last.next

        last.next = new_node
```

push_back() 함수는 노드를 생성하고 head가 None이라면 해당 노드를 head에 넣고 아니라면 traverse() 함수와 비슷하게 마지막 노드를 찾아 해당 노드의 next에 새로 생성될 노드를 연결해 줘야 한다. traverse()에서는 마지막 None까지 순회해야 하지만 push_back()에서 next 멤버가 None인 노드 객체까지만 순회해야 한다는 점을 명심하자.

```python
linked_list = LinkedList()
linked_list.push_back(11)
linked_list.push_back(12)
linked_list.push_back(13)

linked_list.traverse()
```

이렇게 해도 앞서 노드를 생성하여 연결해 준 것과 동일한 결과인 11 12 13을 얻을 수 있다.

3.2.3 연결 리스트 맨 앞에 요소 삽입

3.2.2와 다르게 연결 리스트 맨 앞에 삽입을 진행해보자. 맨 뒤는 마지막 노드가 None의 값을 가지기 때문에 추가하려는 노드를 next에 넣어주면 되지만 맨 앞에 넣기 위해서는 기존 head가 가지는 값을 변경하고 기존 head에 연결되었던 것은 새로운 노드의 next에 할당해 줘야 한다.

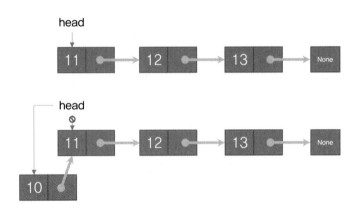

그림 3-5 노드 맨 앞 추가

[그림 3-5]에서 head가 연결하고 있던 내용을 새로운 노드로 변경하고 새로운 노드는 기존 head가 가졌던 정보로 업데이트해주면 된다.

```
class LinkedList:
    <생략>
    def push(self, data: Any):
        new_node = Node(data)

        if self.head is None:
            self.head = new_node
            return

        temp = self.head
        self.head = new_node
        new_node.next = temp

linked_list = LinkedList()
linked_list.push_back(11)
```

```
linked_list.push_back(12)
linked_list.push_back(13)

linked_list.push(10)

linked_list.traverse()
```

push_back()으로 11,12,13을 넣고, push()로 10을 넣는다면 10 11 12 13으로 traverse()
의 결과를 확인할 수 있다. 코드는 [그림 3-5]에 표현했던 그대로 구현한 것이니 어렵지 않을
것이다.

- *https://www.geeksforgeeks.org/linked-list-set-3-deleting-node/*

3.2.4 연결 리스트에서 노드 삭제

연결 리스트에서 특정 값을 가지는 노드를 삭제하기 위해서 다음과 같은 작업이 필요하다.

- 지워지는 노드의 이전 노드를 찾는다
- 찾은 이전 노드의 다음 노드를 변경한다.
- 지워지는 노드를 메모리에서 삭제한다.

각 단계에 따른 접근을 그림으로 알아보자. 그림에서 prev와 curr로 이전 노드와 현재 노드를
가리킬 수 있도록 운영한다. [그림 3-6]에서 지우려는 노드는 13의 데이터를 가지고 있다고 가
정하자.

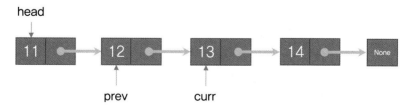

그림 3-6 지워지는 노드의 이전 노드 찾기

13의 데이터를 가지는 노드를 찾으면서 이전(prev) 노드를 같이 순회하며 유지하도록 한다.

찾은 이전 노드를 지우려는 노드의 다음 노드로 연결한다.

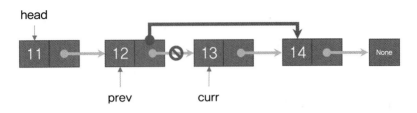

그림 3-7 이전 노드를 지우려는 노드 다음으로 연결

이전 노드를 현재 지우려는 노드의 다음 노드로 연결해야 한다. 이를 위해서 이전 노드의 다음 (next) 항목은 기존 13을 가리키던 것을 14로 연결해 줘야 한다. 이렇게 되면 기존 연결 리스트에서 13을 제외한 연결 고리를 만들 수 있다. 마지막으로 13의 데이터 노드를 제거하는 작업만 하면 노드를 지우는 로직은 완성된다. 지우는 작업은 개발 언어마다 다른데 파이썬의 경우 기본적으로 객체의 형태 참조(레퍼런스)가 0이 되면 메모리에서 제거된다.

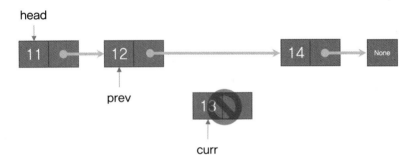

그림 3-8 노드 삭제

3단계를 통한 노드의 삭제를 구현해보자. 앞서 사용한 LinkedList 클래스에 remove() 메서드를 구현한다.

```
class LinkedList:
    def __init__(self):
        self.head = None
    <중략>
    def remove(self, data: Any):
        curr = self.head
        prev = None

        # head의 요소가 지워지는 요소일 때 처리
        if curr is not None:
            if curr.data == data:
                self.head = curr.next
                curr = None
                return

        while (curr is not None):
            if curr.data == data:
                break
            prev = curr
            curr = curr.next

        # 지우려는 data 노드를 찾지 못했을 때 처리
        if curr == None:
            return

        prev.next = curr.next

        curr = None
```

처음 head 노드가 해당 데이터라면 이전(prev) 노드를 찾을 필요 없이 바로 head가 다음 노드로 연결하여 끝낼 수 있다. 이런 경우가 아니라면 지우려는 데이터 노드를 찾고 지우는 노드의 이전 노드를 이용해 해당 노드를 제거할 수 있다. 보통 노드가 가지는 데이터로 해당 노드를 찾으면서 이전(prev)과 함께 해당 노드를 제거하는 경우가 대부분이지만 가끔 연결 리스트의 지우려는 노드 자체를 인자로 전달해 해당 노드를 제거해야 하는 문제가 생긴다. 알고리즘 문제를 제공하는 사이트에서 연결 리스트 관련으로 종종 나오는 문제이니 알아보자. 앞서 살펴본 노드의 삭제는 지우려는 노드의 이전 노드(prev)에 현재(curr)의 다음(next)을 연결해 주고 자신은 제거하는 방식이다. 하지만 지우려는 노드의 이전 노드로 접근할 수 없는 상황이라면 어떻게 해야 하는지 생각해보자. 알고 나면 너무 간단하다.

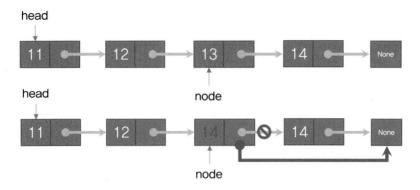

그림 3-9 지우려는 노드만으로 노드 삭제

[그림 3-9]에서 노드 13을 제거하는데 함수의 인자로 13의 값을 가진 노드만 넘어와서 연결 리스트에 현재 노드와 그다음의 노드 정보만 알 수 있는 상황이다. 이때 자기 자신을 지우기 위해 다음 노드의 값을 자기 자신에게 업데이트한 다음 자신이 이전 노드가 되어 다음 노드로 연결하면 다음 노드가 지워진다.

```
def remove_node(self, node: Node):
    if node == None:
        return

    if node.next == None:
        node = None:
            return

    next_node = node.next
    node.val = next_node.val
    node.next = next_node.next

    next_node = None
```

3.3 연결 리스트 문제

연결 리스트는 삽입, 삭제, 찾기 정도의 연산으로 확장된 문제를 해결해야 한다. 예를 들어 연결 리스트 뒤집기, 뒤에서 K 번째 요소 찾기 등은 기본 연산으로 충분히 해결되지만 연습하지 않으면 쉽게 해결하기 어려울 수도 있다. 연결 리스트 문제는 어느 정도 패턴이 있는 문제로 구성되어 있으니 수월한 문제 해결을 위해 꾸준히 연습하자. 앞으로 나올 트리 자료구조에 대한 이해에도 큰 도움이 될 것이다. 연결 리스트에서 필수적으로 알아야하는 문제를 해결해보자.

다양한 온라인 문제 사이트에서 연결 리스트나 트리에 관련된 문제를 제공하는 경우 파이썬은 노드의 클래스를 미리 구현해놓고 제공한다. 따로 구현하고 선언할 필요 없이 문제에 집중해서 해결하면 된다.

3.4 연결 리스트 뒤집기

알고 나면 쉽게 해결할 수 있는 문제지만 처음 마주치면 어떻게 해야 할지 파악하기 힘든 문제일 수 있다. 공식처럼 알아두고 이해해보자.

3.4.1 문제 기술 및 설명

단일 연결 리스트가 주어지면 이 연결 리스트를 역순으로 배치해보자. 예를 들어 $10 \rightarrow 11 \rightarrow 12 \rightarrow 13 \rightarrow None$이 주어지면, $13 \rightarrow 12 \rightarrow 11 \rightarrow 10 \rightarrow None$으로 배치하는 문제다.

3.4.2 노트 레이아웃을 이용한 문제 접근 및 풀이

쉽게 해결할 수 있을 지 고민해보자. 이 문제는 알고 있다면 아주 쉽게 해결 가능하고, 구현도 몇 라인으로 가능하다. 이 문제는 제한사항에 대해 특별히 고민할 것 없이 기본적인 연산으로 해결 가능하다.

아이디어(Ideas)

이 문제는 앞서 소개한 대로 공식처럼 해결 가능한 문제다.

제한사항	코드
아이디어(반복) 1. 이전(prev), 현재(curr), 다음(next)를 유지 운영한다. 2. 현재 노드가 None이 아닐 때까지, 　– 현재의 다음(next)을 임시 저장한다. 　– 현재의 다음(next)을 이전(prev)를 가리키도록 업데이트한다. 　– 이전(prev)를 현재 노드로 이동 　– 현재 노드를 임시 저장한 다음 노드로 이동한다.	시간 복잡도: O(n) 공간 복잡도: O(1)
아이디어(스택) 1. 노드를 저장할 스택 생성 2. 연결 리스트를 순회 　– 스택에 현재 노드를 추가 　– 마지막 노드는 넣지 않도록 한다. 3. 스택의 모든 요소를 하나씩 꺼냄 　– 마지막 노드로부터 꺼내진 요소를 다음(next)으로 연결	시간 복잡도: O(n) 공간 복잡도: O(n), 스택에 모든 노드를 저장
아이디어(재귀) 1. 노드를 저장할 스택 생성 2. 연결 리스트를 순회 　– 스택에 현재 노드를 추가 　– 마지막 노드는 넣지 않도록 한다. 3. 스택의 모든 요소를 하나씩 꺼냄 　– 마지막 노드로부터 꺼내진 요소를 다음(next)으로 연결	시간 복잡도: O(n) 공간 복잡도: O(n), 재귀도 스택을 사용
테스트	

아이디어의 실행 과정을 보면 어떻게 연결 리스트가 역전되는지 감을 잡기 어려울 수 있다. 이 과정을 그림으로 살펴보자.

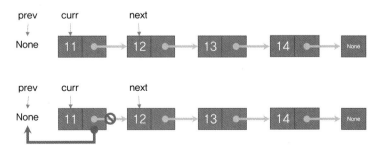

그림 3-10 현재(curr)노드의 다음을 이전 노드로 연결

처음 시작에서 이전(prev)은 None, 현재(curr)는 head, 다음(next) 노드는 현재(curr)의 다음을 저장하게 된다. 3개의 값을 유지하는 이유는 현재(curr) 다음(next)을 이전(prev)으로 연결하면 실제 다음을 연결하는 노드를 잃어버리기 때문에 미리 저장해둬야 한다. 이전(prev), 현재(curr), 다음(next)의 이동을 확인해보자.

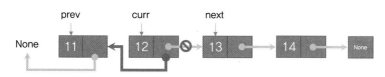

그림 3-11 역전(reverse)을 위해 다음 노드로 이동 및 이전으로 연결

[그림 3-11]은 이동 및 현재(curr)를 이전 노드로 연결하는 과정을 모두 표현한 것인데 기존 이전(prev)은 None을 가리키고 있었지만 이전 단계에서 현재가 가리키던 노드로 이동했고 현재(curr)는 이전 단계에서 다음(next)을 가리켰던 노드이다. 이렇게 1칸씩 이동하고 같은 방식으로 현재(curr)의 다음 연결 고리를 이전(prev)으로 업데이트해 주자. 이제 남은 연산을 [그림 3-12]로 살펴보자.

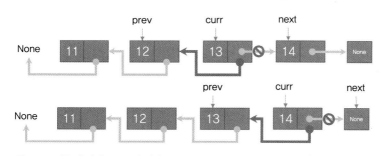

그림 3-12 이동 및 이전 노드로의 연결

현재(curr)가 None을 가리킬 때까지 모두 이동한다면 단일 연결 리스트가 역전되는 것을 알 수 있다. 현재 노드가 이전 노드를 가리킨다는 기본 전제를 전체 노드를 따라가며 진행하면 된다.

이제 스택을 이용한 연결 리스트를 뒤집는 방법을 알아보자. 4장에서 스택에 관련해 다룰 예정이지만 여기서 간단히 언급하자면 데이터를 들어오는 순서대로 쌓고 꺼낼 때는 마지막에 쌓은 데이터부터 꺼낼 수 있도록 하는 자료구조를 말한다. 아래 해결책을 본다면 스택에 대해 어느 정도 이해가 될 것이다.

우선 연결 리스트를 순회하면서 해당 노드를 스택이라는 자료구조에 하나씩 저장해보자. 마지막 노드는 첫 노드가 되어 다음 노드를 연결해야 하니 따로 넣을 필요는 없다.

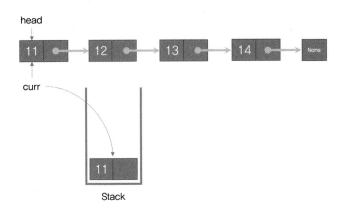

그림 3-13 현재 노드를 스택에 넣기

[그림 3-13]처럼 연결 리스트의 첫 노드(head)부터 시작해 하나씩 스택에 넣게 되면 모든 순회 후 [그림 3-14]와 같이 스택에 노드가 쌓이게 된다.

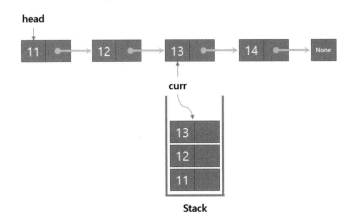

그림 3-14 모든 순회 후 스택의 요소

모든 순회 후 스택에 저장된 요소 현재(curr)를 가리키는 14 값 노드를 가리키고 있다. 이제 하나씩 꺼내면서 curr에 다음 노드를 연결하는 과정을 살펴보자.

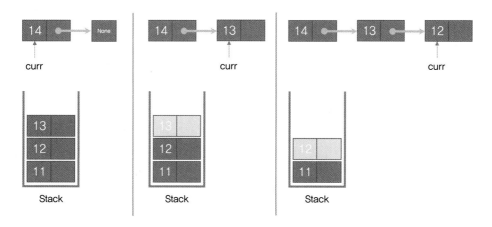

그림 3-15 스택에서 꺼낸 요소의 연결

대개 데이터를 역순으로 저장하는 경우에 스택을 많이 사용한다. 이유는 [그림 3-15]처럼 입력된 데이터를 거꾸로 꺼낼 수 있기 때문이다. 하나씩 노드를 꺼내면서 현재 포인터를 이동시키고 해당 노드의 다음(next)으로 연결해 주면 된다. 스택에 넣는 시점도 해당 노드의 다음(next)은 이전 연결 값을 가지고 있겠지만 덮어써주면 역순으로 연결된다.

마지막으로 재귀(Recursion)를 이용한 방법을 알아보자. 재귀는 내부적으로 스택을 이용한다. 스택을 이용해 앞서 살펴본 대로 요소를 순회하고 연결하면 연결 리스트를 뒤집을 수 있다. 차근차근 그림으로 단계를 알아보자.

재귀는 기본적으로 자기 자신(함수)을 호출하는 구조다. 그러면서 인자로 들어간 데이터를 스택에 쌓게 된다. 현재를 다음 노드로 이동시키면서 재귀 호출을 하면 된다. 재귀 호출을 무한정 할 수는 없다. 재귀는 큰 문제를 작은 단위로 쪼개 작은 문제를 해결하면 자연스레 큰 문제도 해결 할 수 있다는 접근(분할 정복 - Divide and Conquer) 방법을 가지고 있다. 그래서 작은 문제로 더 이상 쪼개지지 않는 수준까지 진행하는데 연결 리스트에서는 마지막 노드거나 마지막을 가리키고 있는 노드까지만 진행하면 된다. 앞서 살펴본 스택 자료구조를 이용한 접근법은 뒤집을 필요가 없는 마지막을 제외한 노드를 스택에 넣고 꺼내면서 역순으로 연결을 하는 방식을 이용했다. 재귀도 마찬가지다. 재귀 호출은 노드의 다음 노드가 없거나 현재 가리키는 노드가 없는 경우까지 이동해야 한다. 이렇게 재귀로 연결 리스트를 이동했다면 [그림 3-16]처럼 시스템의 스택 데이터와 현재(curr)가 가리키는 노드를 확인할 수 있다.

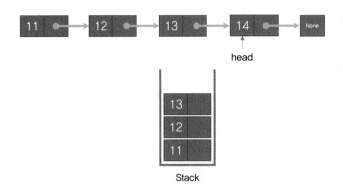

그림 3-16 재귀 호출로 포인터 이동

[그림 3-16]에서 head가 가리키고 있는 14 값을 가진 노드는 뒤집을 필요가 없는 상태다. 그렇다면 재귀 함수를 반환하면서 스택 맨 위에 쌓여있는 13의 노드를 꺼낸다. 노드가 꺼내진다는 것은 함수의 문맥상 head가 13 값을 가진 노드를 가리키고 있는 시점으로 돌아가게 되는 것을 말한다. 이 시점에 작은 문제로 쪼개진 연결 리스트는 13 → 14 → None으로 구성되어 있다. 그렇다면 연결 리스트를 뒤집는 것은 어렵지 않다. 13을 14 다음으로 연결하고 13의 노드 다음(next)은 None으로 연결 처리하면 14 → 13 → None으로 구성되면서 쪼개진 작은 문제를 해결한다. 이제 스택에서 12 노드를 꺼내보자. 12 노드를 꺼낸다는 것은 12 노드로 재귀 호출을 하는 시점이라는 말이다. 현재 연결 리스트는 일부 수정이 되어 있는 상태라는 것을 명심하자. 12 노드는 아직 수정되어 있지 않기 때문에 13을 가리키고 있을 것이고, 13은 원래 14를 가리키고 있었지만 현재는 None을 가리키고 있다. 이제 12 노드를 가지고 뒤집혀진 노드를 만들기 위해 13 다음으로 12 노드를 연결해주면 된다. 12는 13을 가리키고 있으니 head.next.next를 하면 13 다음을 가리키게 된다. 12 노드 다음을 None으로 설정해 주면 14 → 13 → 12 → None으로 쪼개진 단위의 역전된 연결 리스트가 된다. [그림 3-17]로 확인해보자.

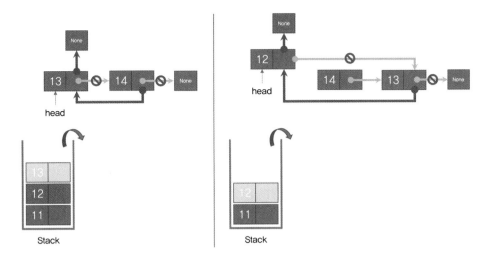

그림 3-17 쪼개진 단위의 연결 리스트 역전

[그림 3-17]에서 head가 가리키는 위치를 살펴보자. 이전 노드는 역전되기 전 다음 노드를 가리키고 있다는 점도 중요하다. 그래서 12 노드가 꺼내질 때 12는 13을 가리키고 있기 때문에 13 뒤로만 옮겨지면 역전이 자연스레 진행된다. 12에서 13 뒤로 연결하기 위해 head.next(13).next(None)에 자신인 12를 넣어주면 코드로 구현이 가능하다. 이제 각 3가지 접근법에 대한 구현을 알아보자. 이런 연결 리스트의 구조만 이해해도 연결 리스트의 다양한 문제를 해결할 수 있는 능력이 생길 것이다.

코드(Code)

아이디어 중 하나에 대한 구현 내용을 알아보자. 위 아이디어 모두 연결 리스트의 좋은 연습이니 잘 기억해두길 바란다.

제한사항		코드

아이디어	시간 :	<pre># class Node:
		# def __init__(self, val=0, next=None):
		# self.val = val
		# self.next = next</pre>

	공간:	

테스트		<pre>def reverseList(head: ListNode) -> ListNode:
		    prev = None
		    curr = head</pre>

```
        while (curr != None):
            next_temp = curr.next

            curr.next = prev
            prev = curr
            curr = next_temp
        return prev
```

아이디어 내용을 그대로 반영한 것이다. 중요한 것은 prev, curr, next_temp가 덮어 써지기 전에 다음 내용을 담는 작업이 선행된다는 것이다. 그리고 head는 reverseList() 호출 전에 첫 노드를 가리키고 있지만 역전이 되면 마지막 노드를 가리키게 되므로 역전된 첫 노드는 prev를 가리키게 된다. 이해가 되지 않는다면 노트에 1 → 2 → 3 → 4 → 5 → None 정도로 연결된 내용을 해당 코드에 따라 어떻게 변경되는지 확인해보길 바란다. 다음은 스택 자료구조를 이용한 연결 리스트의 역전을 구현해보자.

C++ / 자바와 같은 언어는 내장 스택 클래스를 제공하며 해당 클래스를 생성하여 push / pop / top 등을 지원한다. 하지만 파이썬은 스택을 위한 내장 클래스를 제공하지 않아 리스트를 통해 스택의 자료구조를 생성 및 활용해야 한다.

Python Shell (3.7)

```
# 스택 생성
>>> stack = []
# 스택 push
>>> stack.append(1)
>>> stack.append(2)
>>> stack.append(3)
# 스택 확인
>>> stack
[1, 2, 3]
# 스택 pop
>>> stack.pop()
3
# 스택 pop
>>> stack.pop()
2
>>> stack
[1]
```

```
# 스택 top
>>> stack[-1]
1
>>>
```

4장에서 자세하게 다룰 예정이므로 이 문제에서는 스택 자료구조가 가져야 하는 메서드를 리스트 연산으로 모두 지원 가능하다는 것만 알아두자.

제한사항		코드

아이디어	시간 :	<pre># class Node:
		# def __init__(self, val=0, next=None):
		# self.val = val
		# self.next = next
		def reverseList(head: ListNode) -> ListNode:
		    if head == None:
		        return head
		
		    stack = []
		
		    curr = head
		
		    while curr.next != None:
		        stack.append(curr)
		        curr = curr.next
		    # 역전 후에 첫 노드를 임시 저장하고 반환해야 한다.
		    first = curr
		
		    while stack:
		        curr.next = stack.pop()
		        curr = curr.next
		
		    curr.next = None
		
		    return first</pre>

	공간 :	
테스트		

스택을 이용한 구현은 스택의 특징을 이용해 역전하는 것이다. 연결 리스트 문제의 경우 처음엔 노트를 꺼내 놓고 연결 고리의 변화를 추적하는 연습을 하길 바란다. 조금 복잡해 보일 수 있는 문제를 그림으로 그려보면 더 쉽게 이해할 수 있다. 마지막으로 재귀 코드에 대한 구현을 살펴보자. 앞서 언급한 대로 재귀는 하나의 문제를 작은 단위로 쪼개어 진행하면서 최종적으로

문제를 해결하는 방식(분할 정복)이다. 더 이상 뒤집을 필요 없는 곳까지 쪼개고 스택에서 하나씩 노드를 꺼내어 뒤로 옮겨주는 작업을 하는 것이다. 구현을 살펴보자.

제한사항		코드

아이디어	시간 :	<pre># class Node:
		# def __init__(self, val=0, next=None):
		# self.val = val
		# self.next = next
		def reverseList(head: Node) -> Node:
		    if head == None or head.next == None:
		        return head
		
		    reversed_list = reverseList(head.next)
		    head.next.next = head
		    head.next = None
		
		    return reversed_list</pre>

	공간:	
테스트		

재귀로 구현할 때는 종료 조건을 잘 파악해야 한다. 연결 리스트를 뒤집는 문제에서는 더 이상 뒤집을 수 없을 때 연결 없이 바로 반환해 주면 된다. 현재 접근 중인 노드가 없거나 다음 노드가 없는 경우 뒤집어도 동일하기 때문에 그냥 반환하면 된다. 또한 [그림 3-17]처럼 현재 접근 중인 노드의 다음다음에 자신을 옮기면 맨 뒤로 가게 되는 구조를 만들 수 있다. 이것도 노트에 그림을 그려가며 진행해보길 바란다. 처음에 아이디어 설명 부분과 해당 구현을 일치시켜 이해하기는 힘들 것이다. 코드를 따라가며 해당 노드의 연결을 직접 해보도록 하자.

테스트(Test Cases)
이 문제는 비어 있는 리스트의 경우와 단일 노드만 있는 경우가 에지 케이스(Edge Case)가 될 것이고, 다른 특이한 경우는 없다.

```
Test Case 1: None
```

비어 있는 경우 None을 정상적으로 반환하는지 확인해야 하고, 노드가 하나만 있는 경우에도 해당 노드를 그대로 반환해야 한다. 뒤집는 게 의미가 없는 경우를 잘 확인하자.

```
Test Case 2: 1 -> 2 -> 3 -> 4 -> None
```

단일 연결 리스트는 가장 기본적인 예제의 해결을 확인하면 다른 특별한 경우를 확인할 필요는 없다.

3.4.3 관련 문제 사이트

- LeetCode

  https://leetcode.com/problems/reverse-linked-list/

- Hackerrank

  https://www.hackerrank.com/challenges/reverse-a-linked-list/problem

3.5 순환 검출(Cycle Detection)

연결 리스트라기 보다 그래프 순환(Cycle) 검출을 위한 알고리즘에 관한 내용이다. 연결 리스트는 결국 단방향이면서 단순한 그래프라고 봐도 무방하다. 이 문제는 순환을 검출하는 알고리즘 내용을 소개하기 위해 실었다. 이 내용을 알고나면 유용하게 사용할 수 있다.

3.5.1 문제 기술 및 설명

주어진 연결 리스트가 순환(Cycle)을 가지는지 판단하는 프로그램을 작성해보자. 순환이라 함은 특정 노드를 기점으로 이전 특정 노드로 돌아가 순환이 생기는 경우라고 보면 된다.

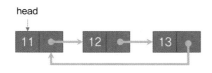

그림 3-18 순환 연결 리스트 예제

[그림 3-18]에서 마지막 13 값을 가진 노드에 일반적인 연결 리스트라면 다음(next)에 아무 연결도 없겠지만 11로 연결하는 고리가 있다. 이렇게 되면 연결 리스트를 순회할 때 끝을 알 수 없으므로 순환(cycle)이 발생한다. 해당 연결 리스트가 순환인지 아닌지 확인해보자.

3.5.2 노트 레이아웃을 이용한 문제 접근 및 풀이

순환을 검출하는 가장 유명한 알고리즘이 있다. 플로이드의 토끼와 거북이(Floyd's Tortoise and Hare[1])라는 알고리즘인데 간단히 설명하면 2개의 연결 리스트 포인터를 운영하면서 해당 포인터의 순환 이동 속도 차를 이용해 순환을 검출하는 방식이다. 만약 순환이 아니라면 빠른 토끼가 연결 리스트에 빠르게 도착할 것이고, 순환이 있다면 빠른 토끼가 느리게 가던 거북이와 만나도록 하는 알고리즘이다. 이 문제도 특별한 제약 사항이 없다. 바로 아이디어로 넘어가자.

아이디어(Ideas)

앞서 소개한 2개의 이동 속도가 다른 포인터를 운영하여 순환을 검출하는 것뿐 아니라 일반적으로 접근 가능한 방법도 고려하여 해결해보자. 이 문제도 여러 가지 방법으로 접근이 가능하다.

제한사항		코드
아이디어(Brute-force) 1. 노드를 순회한다. 　– 순회 중 노드가 끝에 도달하거나 연결이 없다면 종료 　– 현재까지 순회 카운터를 기록 　– 노드를 처음부터 순회한다.(순회 카운터만큼) 　　– 바깥 순회에서 선택된 노드와 비교해 2번 겹친다면 순환이 발생 　　– 아니라면 순회를 종료	시간 복잡도: $O(n^2)$	
	공간 복잡도: $O(1)$	
아이디어(해시 테이블) 1. 노드를 순회한다. 　– 각 노드를 set으로 있는지 없는지 확인 　– 있다면 참(true)을 반환 　– 없으면 set에 추가	시간 복잡도: $O(n)$	
	공간 복잡도: $O(n)$, 해시 테이블에 최악의 경우 모든 노드를 저장	

----

1 https://en.wikipedia.org/wiki/Cycle_detection#Floyd's_Tortoise_and_Hare

제한사항		코드
아이디어(Two pointer) 1. slow, fast 포인터는 head를 가리킨다. 2. slow는 1번의 이동을 한다. 3. fast는 2번의 이동을 한다. 4. fast와 slow가 같아진다면 연결 리스트는 순환 5. fast나 slow가 가리키는 노드가 None이면 순환이 없다.	시간 복잡도: O(n)	
	공간 복잡도: O(1)	
테스트		

전체 탐색(Brute-force) 방법으로 접근해보자. 이 문제는 연결 리스트가 순환이 있는지 확인하는 과정이므로 단순히 연결 리스트의 길이를 조사하기 어렵다. 순환이라면 단순 순회로 연결리스트의 길이를 판단할 수 없다. 그래서 전체 탐색에서는 하나의 노드를 선택하고 방문을 이어갈 때마다 추적 카운터로 길이를 가늠해야 한다.

먼저 [그림 3-19] 예제로 순환되어 있는 것을 확인해보자.

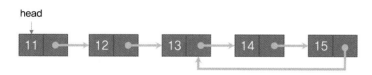

그림 3-19 연결 리스트의 순환 예제

이렇게 순회를 하면 계속 돌고 돌아 길이를 파악하기 힘들다. 그래서 순환(cycle)을 찾는 것이다. 이제 전체 탐색(Brute-force) 방법으로 1단계씩 접근하여 순환을 파악하는 알고리즘을 구현해보자. [그림 3-19]에서 처음 12 노드를 선택하고 추적 카운터(이하 node_cnt)를 1로 한다. 내부 순환에서 node_cnt 만큼 head가 가리키는 곳에서 이동하여 12 노드와 같은지 비교한다. 모두 순회를 하여 2번 겹친다면 순환이 되는 것이다. 이제 12 노드를 선택한다. node_cnt는 2가 될 것이다. 처음부터 13 노드와 같아지는지 확인한다. 2번 동일한 노드를 지나가게 되면 순환한다고 판단할 수 있다. 이제 14 노드이고 node_cnt가 3이 된다. 계속 진행해보자. 15 노드를 지나 다시 13 노드로 선택되면 node_cnt는 6이 된다. 이때 head가 가리키는 곳부터 순회하여 13 노드와 같아지는 경우는 2번이 된다. 그렇다면 순환(cycle)이 있다고 판단하면 된다. 만약 순환이 없다면 선택한 노드가 같아지는 경우가 1번씩만 존재할 것이다. 그림으로 해당 내용을 정리해보자.

이 풀이는 외부(outer) 순회에 선택되는 노드가 있고 처음부터 node_cnt만큼 이동하는 내부 순회(inner)가 있다.

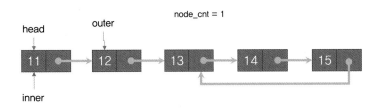

그림 3-20 외부(outer), 내부(inner) 순회

[그림 3-20]에서 node_cnt가 1이므로 outer 선택과 inner의 순회가 겹치는 구간이 1번이 된다. 이 결과로는 순환이라고 판단할 수 없다. 다음 outer가 13 노드를 선택하면 inner가 11 → 12 순으로 확인할 것이다.

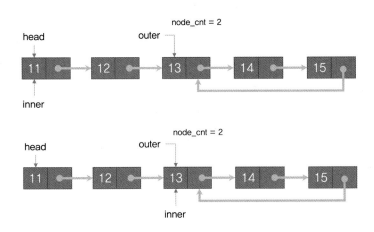

그림 3-21 node_cnt가 2일 때, inner 포인터의 접근

이렇게 계속 진행하다 보면 outer가 15 노드를 지나 다시 13 노드로 오면 node_cnt는 6이 된다. 그렇다면 inner는 head부터 6번 이동을 하게 되는데 순환이 발생하기 전 13을 1번 거치고 15를 지나 13을 다시 접근하여 2번 접근이 발생한다. 이것으로 해당 연결 리스트가 순환

(cycle)이라고 판단한다.

다음 아이디어는 해시 테이블을 이용한 것이다. 중복을 검출하는 데 있어 해시 테이블만 한 게 없다. 물론 공간적인 비용은 추가적으로 발생하지만 아이디어를 쉽게 구현을 할 수 있다는 장점이 있다. 앞과 같은 연결 리스트 구조를 해시 테이블로 순환(cycle) 유무를 확인해보자. 일단 연결 리스트를 순회한다. 순회하면서 파이썬 내장 함수 set()에 각 노드를 넣자. 넣기 전에 set에 원래 해당 노드가 있었는지 없었는지 확인하면 간단하게 순회를 확인할 수 있다.

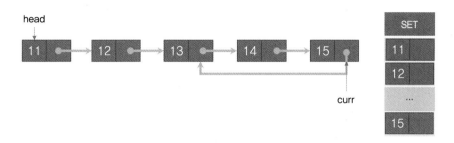

그림 3-22 연결 리스트 순회 및 set에 저장

연결 리스트를 15까지 순회한다면 set에는 11에서 15까지 모든 노드가 저장된다. curr이 15 다음 노드인 13을 접근한다면 set에 이미 존재하는 노드를 접근했다고 판단할 수 있고 순환(cycle)이 존재한다고 반환할 수 있다. 이제 마지막으로 2개의 포인터를 이용한 순환(cycle) 검출 알고리즘에 대해 알아보자.

앞서 언급한 대로 플로이드의 토끼와 거북이 알고리즘을 사용할 것인데, 하나의 포인터(slow)는 1칸씩 연결 리스트의 노드를 이동할 것이고, 다른 하나의 포인터(fast)는 2칸씩 노드를 건너뛰어 이동할 것이다. 계속 돌다가 이 둘이 만난다면 순환(cycle)이 있는 것이고 만나지 않고 순회가 종료한다면 순환(cycle)이 없는 것이다.

이 아이디어는 플로이드의 토끼와 거북이 알고리즘 혹은 빠른(Fast) & 느린(Slow) 포인터 패턴이라 불리는 방법이다.

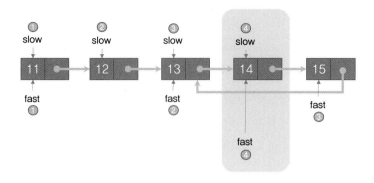

그림 3-23 Fast / Slow 포인터의 이동

이 아이디어는 방법만 알고있다면 적용하는데 크게 어렵지 않은 알고리즘이다. 빠른(Fast) 포인터는 순회 할 때는 2개의 노드를 한 번에 이동하고 느린(Slow) 포인터는 하나의 노드만 한 번에 이동한다. 이 포인터들이 이동하다 보면 순환(cycle)이 있을 경우 두 포인터는 만나게 돼 있다. 빠른(Fast) 포인터가 먼저 끝에 도달을 할 수 있을 것이다.

[그림 3-23]에서 처음 노드의 시작에서 slow / fast가 이동한다. 4번째 이동에서 slow는 다음 노드의 연결이 fast에서는 순환(cycle)을 통해 다시 13 → 14의 순으로 이동했을 것이다. 이 때 slow와 fast가 동일한 노드를 가리키게 되면 해당 연결 리스트는 순환한다고 할 수 있다. 연결 리스트에서 순환(cycle)은 많이 존재하는 경우가 아니니 이 연결만 봐도 충분히 이해를 할 수 있을 것이다.

코드(Code)

아이디어를 이해했다면 충분히 구현할 수 있다. 직접 손으로 노드의 이동을 간단한 예제를 통해서 그려보면 더 빠르게 이해할 수 있다. 제일 먼저 2개의 포인터를 이용한 순환(cycle) 확인을 구현해보자.

제한사항		코드
아이디어	시간:	
	공간:	
테스트		

```python
# class Node:
#     def __init__(self, val=0, next=None):
#         self.val = val
#         self.next = next
def hasCycle(head: Node) -> bool:
    outer = head

    node_cnt = 0

    while (outer != None and outer.next != None):
        outer = outer.next
        node_cnt += 1

        visit = node_cnt
        inner = head

        matched = 0
        while visit > 0:
            if outer != inner:
                inner = inner.next

            if outer == inner:
                matched += 1

            if matched == 2:
                return True

            visit -= 1

    return False
```

노드 객체를 접근하고 탐색하는 과정에서 기본적인 파이썬의 순회와 if 문을 사용해 해결이 가능하다. 아이디어 그대로 코드로 옮겨 놓은 것이니 내용에 대한 것을 코드로 잘 매치 시켜보길 바란다.

2번째 방법으로 소개한 해시 테이블을 이용해보자. 리스트를 순회하면서 각 노드를 파이썬 내장 자료구조인 set에 넣기 전에 해당 노드가 이미 있는지 확인하고, 이미 있다면 순환(cycle), 없다면 해당 set에 추가해 주고 다음으로 이동하면 된다.

제한사항		코드
| **아이디어** | 시간 : | ```python
def hasCycle(head: Node) -> bool:

    curr = head
    node_set = set()

    while curr != None:
        if curr in node_set:
            return True

        node_set.add(curr)
        curr = curr.next

    return False
``` |
| | 공간: | |
| **테스트** | | |

파이썬의 set()에 대한 설명은 앞의 **1.11.2**에서도 언급했으니 확인해보자. 확실히 앞서 모든 경우 확인(Brute-force) 방법 보다는 간단하다는 것을 알 수 있다. 사실 해시 테이블만 잘 사용해도 많은 알고리즘 문제를 해결할 수 있다. 이 문제도 해시 테이블을 통한 접근 방법으로 충분히 해결 가능하다. 다만 알고리즘 중 Fast / Slow 포인터 패턴이 있으니 알아두면 좋을 것이다. 실제 순환(cycle) 문제는 해당 알고리즘(Fast / Slow 포인터 패턴)을 원하는 경우라고 보면 된다. 구현을 살펴보자.

제한사항		코드
| **아이디어** | 시간 : | ```python
def hasCycle(self, head: Node) -> bool:
    slow = head
    fast = head

    while fast != None and fast.next != None:
        slow = slow.next
        fast = fast.next.next

        if slow == fast:
            return True

    return False
``` |
| | 공간: | |
| **테스트** | | |

fast를 기준으로 fast의 이동에 None을 확인하여(연결 리스트의 현재에서 2번 이동 가능한 시점까지) slow는 하나, fast는 2 노드의 이동을 해준다. slow가 fast와 같아진다면 해당 연결 리스트는 순환(cycle) 한다고 볼 수 있다.

테스트(Test Cases)

테스트는 단순하다. 순환을 가지는 연결 리스트와 순환을 가지지 않는 다양한 연결 리스트를 입력으로 테스트해보면 된다.

```
Test Case 1: node list 1 -> 2 -> 3 -> 1
```

숫자가 같은 것은 같은 노드로의 연결이라고 가정하자. 1번째는 순환(cycle)이 있는 리스트로 확인해보자. 그 뒤는 순환이 없는 다양한 경우를 확인해보자.

```
Test Case 2: node list 1
```

노드가 단일이고 연결이 없다면 앞서 구현한 코드가 문제없이 수행될 수 있는지 확인해보자.

```
Test Case 3: node list 1 -> 2 -> 3 -> 4 -> 5 -> 6
```

이 정도만 정상적으로 수행된다고 판단되면 충분하다.

3.5.3 관련 문제 사이트

- LeetCode

  https://leetcode.com/problems/linked-list-cycle/

- GeeksForGeeks: 조금 확장된 문제, 순환(cycle)을 찾으면 해당 연결을 끊는 문제

  https://practice.geeksforgeeks.org/problems/remove-loop-in-linked-list/1

- Hackerrank

  https://www.hackerrank.com/challenges/detect-whether-a-linked-list-contains-a-cycle/problem

3.6 두 수 더하기

연결 리스트의 각 자리의 숫자 하나하나가 연결 리스트의 노드로 구성되어있고 이 숫자의 합을
구하는 문제다. 이것은 단일 연결 리스트의 경우 첫 노드(head)를 기준으로 한 방향으로만 접
근 및 이동을 한다는 제약을 이용한 문제이다.

3.6.1 문제 기술 및 설명

주어진 2개의 연결 리스트로 표현되는 양의 정수의 합의 결과를 연결 리스트로 반환해보자. 예
를 들어 1 → 2 → 3과 4 → 5 → 6이 주어졌다면, 5 → 7 → 9를 반환하면 된다.

3.6.2 노트 레이아웃을 이용한 문제 접근 및 풀이

이 문제는 정수를 연결 리스트로 표현하여 해당 노드를 접근 및 숫자를 인식하고 다른 연결 리
스트의 같은 자리와 합 연산을 하여 새로운 연결 리스트를 만들어 반환하는 문제이다.

제한사항(Constrains)

제한사항		코드
1. 연결 리스트는 양의 정수로 표현 2. 1번째 노드는 가장 높은 자리의 숫자 3. 주어진 두 연결 리스트는 무조건 값이 있다. 4. 0을 제외하고 0으로 시작하는 숫자는 없다.(0 -〉 3 -〉 3 과 같은 입력은 없다)		
아이디어		시간 복잡도:
		공간 복잡도:
테스트		

문제 조건으로 중요한 부분은 정수를 표현한 연결 리스트의 1번째 노드가 표현된 정수에서 가
장 높은 자리의 숫자라는 것이다. 1 → 0 -〉 0 이라면 정수 100과 같다는 것이다. 덧셈의 연
산은 이전 자릿수에서 자리 올림(carry)이 있다는 것을 먼저 파악해야 한다. 이 점을 유의하여
두 연결 리스트의 덧셈 연산을 해보자.

아이디어(Ideas)

덧셈 연산에서 신경 써줘야 하는 부분이 있다. 이전 숫자의 합이 10이 넘어 넘어간 숫자가 다음 자리 숫자에 더해지는 것과 두 수에서 가장 높은 자리수의 합이 10이 넘어서 맨 앞자리에 1이 생기는 경우다. 예를 들면 9 + 2 = 11과 같이 각 자리 숫자의 합에 새로운 자릿수가 생기는 것을 고려하자. 가끔 마지막에 올림을 빠뜨리는 경우가 있기 때문이다.

이 문제도 다양하게 접근이 가능하다. 두 연결 리스트의 숫자를 더해야 하는데 첫 노드가 가장 큰 수 이니 가장 작은 숫자부터 진행하려면 연결 리스트의 맨 뒤 숫자부터 시작해야 한다. 이를 위해 스택 자료구조를 사용하면 좋다. 혹은 **3.4**의 연결 리스트 뒤집기를 통해 뒤집은 리스트에 접근 및 숫자 연산 방법으로 문제를 해결해보자.

제한사항		코드
아이디어(스택) 1. 스택 2개를 생성한다. 2. 각 연결 리스트(l1, l2)를 각각 순회하면서 노드 값을 스택에 넣어주자. 3. 스택의 값을 하나씩 꺼내 자리수를 더해 나가도록 하자. 더해진 각 값을 새로운 연결 리스트의 노드로 연결해 주자.	시간 복잡도: O(n)	
	공간 복잡도: O(2n)	
아이디어(연결 리스트 뒤집기) 1. 2개의 연결 리스트를 뒤집는다 2. 뒤집은 연결 리스트를 순회하며 각 자리수를 더한다. 각 자리 숫자를 더하면서 새로운 노드를 생성하고 연결한다.	시간 복잡도: O(n)	
	공간 복잡도: O(1)	
아이디어(문자열 연산) 1. 각 연결 리스트를 순회하면서 숫자를 문자열로 전환하고 문자열에 숫자를 추가 2. 두 문자열을 int()로 변환 3. 정수를 다시 str()로 변환 4. 각 자리를 접근하면서 연결 리스트를 구성	시간 복잡도: O(n)	
	공간 복잡도: O(L + M), 변환된 문자열 저장	
테스트		

먼저 스택을 이용한 방법으로 각 연결 리스트를 순회하여 스택에 넣게 되면 가장 높은 자리의 숫자가 스택의 맨 아래에 들어가게 된다. 두 연결 리스트의 값을 모두 넣고 하나씩 꺼내서 계산하면 원하는 결과를 얻을 수 있다. 이렇게 계산된 값도 역순으로 이루어지기 때문에 결과에 대

한 연결 리스트 구성도 신경 써줘야 한다.

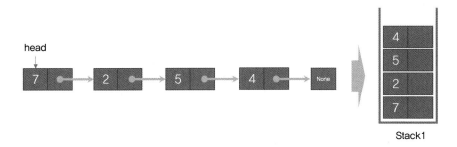

그림 3-24 연결 리스트 값을 스택에 넣기

[그림 3-24]를 보면 연결 리스트의 각 노드 값을 스택에 넣으면 역순으로 들어간 것을 알 수 있다. 연결 리스트가 각각 7 → 2 → 5 → 4와 2 → 8 → 3 → 3이라면 스택에서 값을 꺼내 결과 연결 리스트를 만드는 과정을 살펴보자. 두 연결 리스트의 값은 각각 스택에 넣어졌고 처음 꺼내지는 값은 4와 3이다.

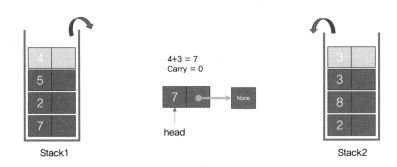

그림 3-25 스택 값을 꺼내고 더한 결과

처음 꺼내진 4와 3은 더해져 새로운 연결 리스트의 노드를 만들게 된다. 이후 각 값을 하나씩 꺼내면서 연결 리스트 구성해보자. 2번째 값을 꺼내면 5와 3이 된다. 앞서 나온 결과 7은 일의 자리이고 5와 3이 더해져 8은 10의 자리가 될 것이다. 그렇다면 8은 7보다 앞의 노드로 연결되어야 한다.

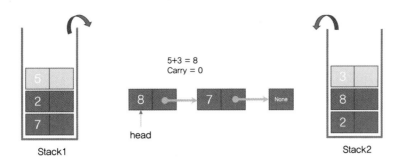

그림 3-26 다음 스택 값 연산

마지막까지 진행한다면 head는 두 연결 리스트의 덧셈에서 생성된 새로운 연결 리스트의 1번째 노드를 가리키게 된다.

2번째 아이디어는 굉장히 직관적이다. 두 연결 리스트를 뒤집어서 연산에 대한 결과를 새로운 노드로 구성하여 반환하면 된다. 연결 리스트를 뒤집는 부분은 **3.4**에서 자세히 설명을 했으니 생략한다. 뒤집은 연결 리스트를 순회하면서 각 자리수를 더하고 자리 올림을 고려하여 값을 더해나가면 된다. 각 더해진 결과는 새로운 노드를 생성하고 앞서 스택을 이용한 방법으로 연결하면 된다. 더해진 값을 단순 연결 리스트로 만들고 결과도 뒤집으면 동일하게 만들어진다.

마지막으로는 파이썬의 str( ), int( )와 같은 내장 함수를 이용해서 해결하는 방법이다. 각 연결 리스트를 순회하면서 각 값을 str( )을 통해 문자열로 변환하고 변환된 문자열을 뒤에 붙여주면 7 → 2 → 5 → 4는 문자열 '7254'가 된다. 이 문자열을 int( )를 통해 변환하면 7254가 된다. 정수는 더하기(+) 연산으로 쉽게 더해질 수 있으니 따로 자리 올림을 계산할 필요가 없다. 정수 더하기가 끝나 해당 숫자를 다시 한번 문자열로 변환하면 각 자릿수의 접근도 가능하다. 이를 통해 연결 리스트를 구성하면 되는 방법이다. 만약 변환된 7254, 2833이 있다면 더해서 나온 결과가 10187이 될 것이다. 이를 다시 문자열로 변환하면 인덱스로 각각의 값을 접근할 수 있다.

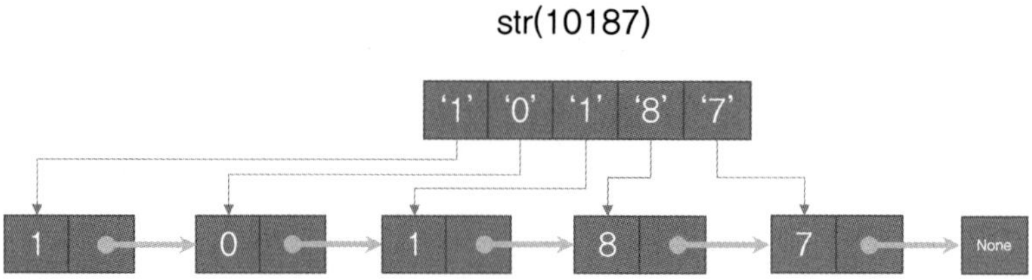

str(10187)

그림 3-27 숫자 문자열의 각 자릿수 접근 및 연결 리스트 생성

이 내용은 구현을 보면 더 쉽게 이해할 수 있으니, 코드에서 더 자세히 다루어보자.

코드(Code)

각 아이디어에 대한 구현을 살펴보자. 먼저 스택을 이용한 방법을 알아보자.

아이디어에서 설명했듯이 두 연결 리스트를 각각 순회하면서 노드를 스택에 담는다. 담은 값을 하나씩 꺼내면서 덧셈을 하면 되는데 자릿수가 맞지 않는 경우와 가장 높은 자리의 덧셈으로 자리 올림이 발생해 추가 노드가 생성되는 경우를 잊지 말자.

제한사항		코드
아이디어	시간:	```# Definition for singly-linked list.```
	공간:	
테스트		

```python
# Definition for singly-linked list.
# class Node:
#     def __init__(self, val=0):
#         self.val = val
#         self.next = None
def addTwoNumbers(l1: Node, l2: Node) -> Node:
    st1 = []
    st2 = []

    l1_curr = l1
    l2_curr = l2

    head = None

    while l1_curr != None:
        st1.append(l1_curr.val)
        l1_curr = l1_curr.next
```

```
                             while l2_curr != None:
                                 st2.append(l2_curr.val)
                                 l2_curr = l2_curr.next

                         carry = 0
                         while st1 or st2:
                             num1 = st1.pop() if st1 else 0
                             num2 = st2.pop() if st2 else 0

                             carry, num = divmod(num1 + num2 + carry, 10)

                             node = Node(num)
                             if head == None:
                                 head = node
                             else:
                                 temp = head
                                 head = node
                                 node.next = temp

                         if carry != 0:
                             node = Node(carry)
                             temp = head
                             head = node
                             node.next = temp

                         return head
```

다른 개발 언어와 다르게 파이썬은 스택을 리스트로 지원한다. st1, st2를 리스트로 선언하고 append()는 스택의 푸시(push) 작업이라 보면 된다. pop()은 스택과 동일하다. 이 구현에서 짚고 넘어가야 하는 부분을 살펴보자.

- 리스트가 비어 있는지 확인하는 방법

- 비어 있는 리스트에 pop() 연산으로 발생하는 IndexError 회피 방법

- 나누기 후 몫과 나머지를 얻어오는 방법(내장 함수 divmod()[2] 이용)

- 연결 리스트에서 새로운 노드를 맨 앞에 추가(**3.2.3** 참조)

----

2 *https://docs.python.org/ko/3.7/library/functions.html#divmod*

```
>>> num_list = []
>>> if num_list:
...     print(f'num_list is not empty: {num_list}')
... else:
...     print(f'num_list is empty')
...
num_list is empty
>>>
>>> num_list.append(1)
>>> num_list.pop()
1
# 비어 있는 리스트에서 pop() 연산 시 에러 발생
>>> num_list.pop()
Traceback (most recent call last):
  File "<stdin>", line 1, in <module>
IndexError: pop from empty list
# 에러를 회피하기 위한 코드
>>> num_list.pop() if num_list else 0
0
>>> divmod
<built-in function divmod>
# 13을 10으로 나눈 몫(q)과 나머지(r)
>>> q, r = divmod(13, 10)
>>> q
1
>>> r
3
```

이 사항을 잘 알아두면 코드를 조금 더 간결하게 작성할 수 있다. 이제 2번째 방법인 연결 리스트를 뒤집어 더하는 방법으로 해결해보자. 연결 리스트를 뒤집는 내용은 **3.4**에서 확인하길 바란다.

제한사항		코드
아이디어	시간:	```def addTwoNumbers(l1: Node, l2: Node) -> Node:```
	공간:	``` def reverse(head):```
테스트		``` prev = None``` ``` curr = head```

```python
        while curr != None:
            next_temp = curr.next
            curr.next = prev

            prev = curr
            curr = next_temp
        return prev

    r_l1 = reverse(l1)
    r_l2 = reverse(l2)

    res_head = None

    carry = 0
    while r_l1 != None or r_l2 != None:
        num1 = 0
        num2 = 0

        if r_l1 != None:
            num1 = r_l1.val
            r_l1 = r_l1.next
        if r_l2 != None:
            num2 = r_l2.val
            r_l2 = r_l2.next

        carry, num = divmod(num1 + num2 + carry, 10)

        node = Node(num)
        if res_head == None:
            res_head = node
        else:
            temp = res_head
            res_head = node
            node.next = temp

    if carry != 0:
        node = Node(carry)
        temp = res_head
        res_head = node
        node.next = temp

    return res_head
```

이 풀이는 스택 이용을 단순히 연결 리스트 역전으로 활용한 것이다. 시간 복잡도는 스택을 이용하는 것과 동일하지만 공간 복잡도는 스택이라는 추가 공간이 필요 없다는 것이 다르다.

마지막으로 문자열(str()[3])과 정수(int()[4])를 이용한 방법을 알아보자. 지금껏 살펴 본 내용은 결국 연결 리스트를 순서대로 읽게 되면 높은 자리 숫자에 먼저 접근하기 때문에 낮은 자리 숫자부터 읽을 수 있도록 만드는 것이 중요한 포인트임을 알 수 있다.

제한사항		코드
아이디어	시간 :	```def addTwoNumbers(l1: Node, l2: Node) -> Node:```
	공간:	
테스트		

```python
def addTwoNumbers(l1: Node, l2: Node) -> Node:
    num1_str = ""
    num2_str = ""

    l1_curr = l1
    l2_curr = l2

    while l1_curr != None:
        num1_str = num1_str + str(l1_curr.val)
        l1_curr = l1_curr.next

    while l2_curr != None:
        num2_str = num2_str + str(l2_curr.val)
        l2_curr = l2_curr.next

    res_num = int(num1_str) + int(num2_str)

    # dummy node
    head = ListNode(-1)
    curr = head
    for num_ch in str(res_num):
        curr.next = Node(int(num_ch))
        curr = curr.next

    curr.next = None
    return head.next
```

---

3 *https://docs.python.org/ko/3.7/library/functions.html#func-str*

4 *https://docs.python.org/ko/3.7/library/functions.html#int*

str()은 인자를 문자열 형태로 변환 및 반환해 준다. int()는 대개 문자열 입력을 숫자로 변환 및 반환해 준다. 이를 이용해 각 연결 리스트를 순회한 후 각 노드의 숫자를 문자열로 만들고 이전 문자열에 붙여 주면 자릿수에 맞는 문자열 숫자를 만들 수 있다. int()를 사용해 자릿수에 해당하는 10의 거듭제곱을 곱해주면 되지만 연결 리스트의 총 길이를 파악하려면 연결 리스트를 1번 순회해야 한다.

테스트(Test Cases)

이 문제의 주의 사항은 2가지가 있는데 하나는 가장 1번째 접근하는 연결 리스트의 노드가 가장 높은 자리 수라서 맨 뒤에 연결되어 있는 노드를 먼저 계산해야 한다는 것이다. 다른 하나는 두 수를 더했는데 가장 큰 자릿수의 합으로 자리 올림이 발생하여 추가 노드를 생성하고 연결해 주는 부분이다. 이 2가지 모두 잘 확인할 수 있도록 두 연결 리스트가 표현하는 숫자의 자릿수를 다르게 하고 가장 높은 자릿수의 자리 올림을 만들어보는 것이 좋다.

```
Test Case 1: l1 = (7 -> 8 -> 2), l2 = (2 -> 1)
```

일반적인 경우를 제외하고 테스트 케이스 하나로 많은 것을 검증 할 수 있다. 해당 입력으로 코드를 확인 해보자.

3.6.3 관련 문제 사이트

- LeetCode

  https://leetcode.com/problems/add-two-numbers-ii/

- GeeksForGeeks

  https://practice.geeksforgeeks.org/problems/add-two-numbers-represented-by-linked-lists/1

스택(Stack)과 재귀(Recursion)

4.1 스택의 이해

3장에서도 스택을 이용한 문제 해결을 했었다. 스택은 데이터를 넣고 뺄 수 있는 자료구조인데, 먼저 넣은 데이터가 나중에 꺼내진다는 개념이다. (FILO – First In Last Out) 이 자료구조는 다양한 경우에 사용된다. 앞서 재귀를 이용해 문제를 해결한 것이나 브라우저에서 '이전' 키를 통해 이전 페이지로 이동하는 것도 스택을 이용한 접근이라 할 수 있다.

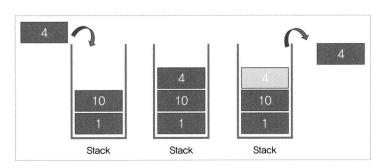

그림 4-1 스택의 입력과 출력

4.1.1 스택의 기본 연산들

스택 자료구조를 구현하거나 사용하기 위해서 기본적으로 지원하는 연산 및 기능이 있어야 한다. 먼저 데이터를 스택에 추가하는 연산이 필요하다. 1번째 Push(삽입) 연산이다. 데이터를 push 하여 스택에 쌓게 하는 연산이며 [그림 4-2]와 같이 데이터를 추가할 수 있다.

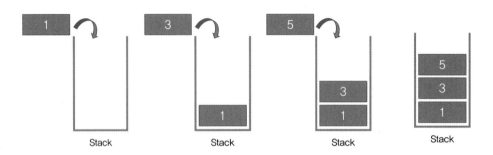

그림 4-2 데이터 Push

가장 먼저 추가한 데이터가 맨 아래에 쌓여 꺼내는 시점엔 맨 마지막에 꺼내지는 구조다.

다음 연산은 Pop(꺼내기)이다. Push와는 반대로 하나씩 데이터가 꺼내진다.

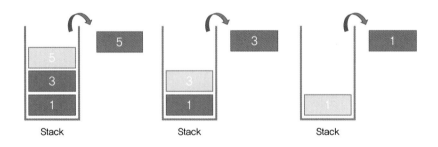

그림 4-3 데이터 Pop

스택은 기본적으로 위의 Push / Pop의 구현으로 지원이 가능하다. 파이썬에는 2가지로 스택의 기능을 지원할 수 있는데 하나는 리스트(list)를 사용하는 것이고 다른 하나는 deque을 사용하는 것이다. 리스트에서 push / pop 연산을 해보자.

```
>>> stack = []
>>>
>>> stack.append(1)
>>> stack.append(3)
>>> stack.append(5)
>>>
>>> stack.pop()
5
>>> stack.pop()
3
>>> stack.pop()
1
>>> stack
[]
```

deque(발음은 덱, deck이라는 단어의 발음과 동일)을 사용하는 방법을 알아보자. 리스트에서 사용한 append() / pop()을 그대로 사용할 수 있는데 deque 사용을 위한 선언을 추가로 해줘야 한다.

Python Shell (3.7)

```
>>> from collections import deque
>>>
>>> stack = deque()
>>>
>>> stack.append(3)
>>> stack.append(1)
>>> stack.append(5)
>>> stack
deque([3, 1, 5])
>>>
>>> stack.pop()
5
>>> stack.pop()
1
>>> stack.pop()
3
```

리스트(list)와 deque은 표면적으로는 동일한 사용 방법에 의해 동일한 결과를 가져올 수 있는데 내부적으로는 구현이 다르다. 리스트는 연속적인 메모리 블록을 할당하여 공간을 하나씩 채워가는 형태이고 deque은 이중 연결 리스트로 데이터 연결을 지원한다. 쉬운 예로 stack[2]로 인덱스에 접근할 때 리스트는 해당 요소를 특정 블록 3번째에 바로 접근이 가능하지만 deque은 연결 리스트 구조여서 앞에서부터 접근하기 때문에 리스트의 인덱싱보다 조금 느리다. 또 다른 점은 연결 리스트 구조인 deque은 데이터가 얼마큼 들어오는지 미리 정해 놓지 않아도 메모리가 허용하는 한 계속 추가할 수 있으나 리스트는 만들어진 공간이 차면 추가적으로 확장해 주는 작업이 필요하다.

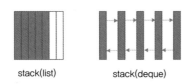

stack(list)   stack(deque)

그림 4-4 리스트와 deque

[그림 4-4]와 같이 리스트는 연속된 블록으로 데이터를 관리하고 deque은 연결 리스트로 관리한다. 초기 리스트가 생성되는 시점에 특정 크기의 리스트 공간을 확보하는데 해당 영역을 다 채우면 추가적으로 확장하고 데이터를 옮겨주는 작업이 필요하다. 연결 리스트는 인덱스로 접근 시 앞부터 하나씩 카운트하여 접근해야 하는 어려움이 있다. 해당 클래스를 적절히 판단하여 사용한다면 성능이나 공간적인 측면에서 효율적으로 데이터를 관리할 수 있다.

스택은 함수의 호출에서 가장 기본적으로 사용되는 자료구조이다. 어떤 개발 언어든 간에 함수나 스레드를 생성하여 실행했다면 해당 실행을 위한 인자나 지역 변수를 관리하기 위해 스택을 사용한다. 그리고 재귀 함수에서 스택을 사용하면 자기 자신의 함수를 호출하고 복귀하는 순서가 역순으로 반환되면서 진행하는 점을 기억하자.

4.2 재귀(Recursion)의 이해

재귀(Recursion)는 간단히 설명하면 어떤 함수 내에 직접적 혹은 간접적으로 자신을 다시 호출하는 것을 말한다. 알고리즘 문제에서 재귀를 이용할 때에는 문제를 나눌 수 있을 때까지 작게 나누어 해결하는 분할 정복(Divide and Conquer) 알고리즘을 적용 가능케한다. 쉽게 말해 아주 복잡한 문제를 작게 쪼개어 간단하게 만들 수 있는 방법이다. 인터넷에 검색하면 재귀에 대한 다양한 설명을 찾아 볼 수 있다. 그중 가장 쉽게 재귀를 이용한 설명을 하나 소개한다.

1명씩 입장이 가능한 가게에 사람들이 줄 서있다. 당신이 줄 마지막에 섰는데 본인이 몇 번째인지 궁금하여 바로 앞사람에게 몇 번째 인지 물어봤다. 하지만 앞선 사람도 자신의 위치를 모르니 앞사람에게 물었다. 이를 맨 1번째에 있는 사람에게 질문이 전달되었고, 1번째 사람은 자신이 1번째(1)라고 대답한다. 이 대답을 들은 그다음 사람이 자신은 2번째(2)라고 다음 사람에 전달하고 당신에게 대답이 돌아왔을 때는 그 숫자에 1을 더한 수가 자신의 위치임을 알 수 있다.

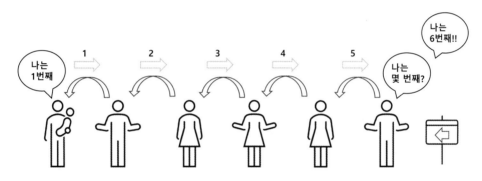

그림 4-5 나는 몇 번째야?

재귀를 쉽게 이해하기에 아주 적합한 이야기다. 간단한 예제를 통해 재귀를 이해해보자. 리스트에 있는 모든 숫자를 더하는 코드를 작성해보자.

```
def sum_elements(nums):
    sum = 0
    for i in nums:
        sum = sum + i
    return sum
```

for 루프를 이용한 반복문으로 sum_elements() 함수에 인자로 들어온 nums 리스트의 모든 요소를 순회하고 sum 변수에 모두 더하여 반환하는 코드다. sum_elements([1,2,3,4,5])를 호출하면 15를 반환한다.

```
sum = 0 + 1
  sum = (0 + 1) + 2
    sum = ((0 + 1) + 2) + 3)
      sum = (((0 + 1) + 2) + 3) + 4)
        sum = ((((0 + 1) + 2) + 3) + 4) + 5)
```

앞선 값의 합이 누적되어 최종 5까지 더하면 리스트의 모든 숫자를 더한 값이 sum에 저장된다.

$(((((0 + 1) + 2) + 3) + 4) + 5)$를 재귀로 해결하기 위해 $(1 + (2 + (3 + (4 + 5))))$로 변환해도 결과는 동일하다. 가장 안쪽의 괄호부터 하나씩 처리해오는 과정을 살펴보자.

```
sum = (1 + (2 + (3 + (4 + 5))))
  sum =       (1 + (2 + (3 + 9)))
    sum =            (1 + (2 + 12))
      sum =               (1 + 14)
        sum =                  15
```

위와 같이 더해지는 과정을 자세히 살펴보자. 정확히 재귀로 리스트 요소의 합을 구하는 과정과 동일하게 적용된다. 1번째 줄부터 마지막까지의 패턴을 확인해보자. 이에 앞서 언급한 자신이 몇 번째에 서있는지 확인하기 위해 어떤 질문을 하고 답변을 얻어오는지의 이야기를 생각한다면 조금 더 이해가 쉬울 것이다. sum의 1번째는 리스트의 1번째 요소인 1과 배열의 나머지 요소의 합이다. 이때 나머지의 합은 아직 알 수 없다. 다음 sum은 2의 요소와 나머지의 합이다. 이때도 나머지의 합은 알 수 없다. 이렇게 마지막 요소 5까지 진행하면 이제 자신은 작게 쪼개진 합을 알 수 있다. 5로 답변을 해준다. 그렇다면 그전의 4와 나머지의 합이 9로 계산된다. 9로 계산된 값을 계속 이전 호출로 답변해 맨 앞으로 전달되면 15로 계산된다. 풀어쓴 내용을 파이썬 호출로 정리하면 아래와 같이 1줄로 요약된다.

```
sum_elements(nums) = nums[0] + sum_elements(nums[1:])
```

그림으로 다시 한번 정리해보자.

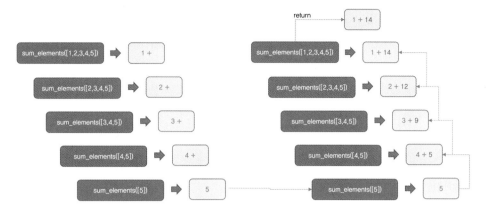

그림 4-6 sum_elements() 함수의 재귀적 호출

코드로 나타내면 다음과 같다

```python
def sum_elements(nums):
    if len(nums) == 1:
        return nums[0]

    return nums[0] + sum_elements(nums[1:])
```

재귀 알고리즘은 정상적인 수행 및 완료되기 위해 아래 3가지 조건을 만족해야 한다.

- 베이스(base) 케이스가 반드시 정의돼야 한다. 베이스 케이스는 재귀 호출을 마무리할 수 있는 조건이다. 앞서 살펴본 예제의 베이스 케이스는 nums 배열 요소 개수가 1인 경우로, 재귀 호출을 안 하고 마무리 한다.

- 지속적으로 재귀 인자가 변경돼야 하고 변경되는 인자는 베이스 케이스로 수렴해야 한다. 예제를 보면 다음 재귀 호출에 전달되는 인자는 맨 앞 요소가 빠진 상태로 전달되고 이를 통해 배열의 요소 개수가 베이스 케이스로 다가가는 모양새가 된다.

- 재귀 알고리즘은 자기 자신을 호출하는 과정이 필요하다.

재귀 알고리즘 관련하여 팩토리얼 수(Factorial Number) 혹은 피보나치 수열을 검색하면 다양한 내용을 확인할 수 있다. 여기서는 조금 다른 예제로 재귀를 살펴보자.

예제를 살펴보기 전 함수 호출과 반환의 과정에서 메모리의 역할을 알아보자. [그림 4-5]에서 자신이 서있는 위치를 알아보기 위해 앞사람에게 확인하는 과정을 함수 호출로 볼 수 있다. 맨 앞사람이 자신이 1번째라고 반환해 준다. 이것을 2번째 사람이 받고 다음 사람으로 전달하는 역할을 하는데 각각 서있는 사람들이 이 역할을 기억하고 있는 점이 함수 호출과 반환 과정에서 메모리가 하는 역할과 비슷하다. 프로그램 코드 내 함수 호출은 현재 진행 중인 흐름을 잠시 다른 곳으로 옮기고 수행을 완료하면 기존 흐름으로 복귀해야 한다. 그렇다면 컴퓨터에서 함수 호출이 또 다른 함수 호출로 연결되고 다시 처음 호출로 복귀하는 과정을 어떻게 지원하는지 알아보자.

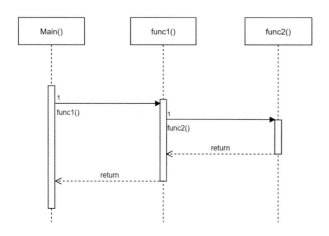

그림 4-7 함수 호출과 반환

Main() 함수에서 func1() 호출이 있었고, func1()의 수행에서 func2() 호출이 있었다. func2()가 완료되고 func1()로 func2()의 호출 시점으로 돌아온다. 이런 과정이 어떻게 일어나는지 알아보면 재귀를 조금 더 쉽게 이해할 수 있다. 함수가 호출되면 함수 실행을 지원하기 위해 스택 프레임을 생성한다. 스택 프레임에는 함수 호출 시점에 전달해 주는 인자와 호출이 반환되어 돌아오는 곳의 주소를 저장하게 된다. 스택 자료구조의 특성에 따라 main() → func1() → func2()의 호출이 된다면 func2() → func1() → main()의 차례대로 복귀가 가능하다. 함수를 호출 및 실행하고 복귀가 가능하게 하기 위해 스택 프레임을 생성하여 지원한다.

스택 프레임의 접근과 관리는 CPU의 특정 레지스터에서 저장하고 관리한다. CPU의 많은 레지스터 중 함수 호출 시 해당 함수가 사용하는 EBP(Extended Base Pointer: 스택의 시작점을 저장) 레지스터가 있고, 프로그램이 사용하는 스택 메모리 공간 다음을 시작 위치로 가지는 ESP(Extended Stack Pointer) 레지스터가 있다. 이 두 레지스터의 기준으로 스택 메모리 공간을 관리하고 접근할 수 있도록 한다. 만약 main()에서 func1(1, 2)를 호출했을 때 CPU 레지스터 상태와 스택 프레임이 어떻게 구성되는지 살펴보자. 프로그램의 시작인 main() 함수가 수행 중에 func1(1, 2)를 호출하면 우선적으로 인자를 뒤부터 스택에 쌓기 시작한다. 참고로 프로그램 스택은 메모리 상에서 역방향으로 주소를 이동(높은 주소에서 낮은 주소로 이동)하며 데이터를 쌓는다. func1(1, 2)을 호출하면 2와 1을 스택에 순서대로 쌓고, func1()의 호출이 반환되면 돌아와야 하는 주소를 스택에 넣어둔다. ESP는 스택에 데이터가 쌓이고 아래로 계속 내려오면 다음 데이터가 들어갈 자리를 가지고 있는데, 반환 주소를 넣고 나서는 func1()의 흐름이 시작되는 것이기 때문에 호출자인 main() 함수의 EBP를 저장하고 현재 ESP를 EBP로 설정한다. EBP는 수행 중인 함수나 프로그램이 가지는 스택의 시작점(Base)을 가리킨다. [그림 4-8]에서 a와 b는 func1() 함수 내에 있는 지역 변수 공간을 저장한 경우이다.

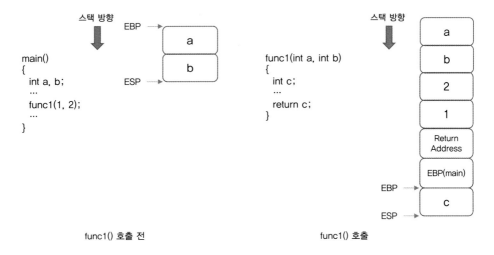

func1() 호출 전   func1() 호출

그림 4-8 func1(1,2) 호출

func1()이 반환이 되는 시점에서는 스택의 특징대로 쌓인 데이터를 하나씩 역방향으로 꺼내기 시작한다. 먼저 지역 변수 c를 제거하고 EBP(main)에 있던 내용을 CPU EBP 레지스터로

다시 로드한다. 그다음에 있는 반환 주소(Return Address)로 복귀하여 다음 수행을 진행하는 방식으로 함수 호출[1]이 이루어진다. 함수 호출에서의 스택 프레임의 변화를 살펴보기 전에 sum_elements() 함수 호출을 다시 한번 살펴보자.

sum_elements() 함수에서 지역 변수는 없으니 추가적인 스택 공간 할당은 없다. [그림 4-9]에서 마지막 sum_elements([3])을 호출하고 나면 return nums[0]을 호출하게 되는데, 해당 반환값은 CPU의 특정 레지스터에 저장되어 이전 호출로 돌아간다.

이전 호출은 스택 프레임의 순서상 sum_elements([2,3])의 호출 내에 있는 return nums[0] + sum_elements([3])로 복귀하게 된다. 복귀되었을 때 반환값 3과 nums[0]가 가리키는 2의 값과 더하게 되고, 5의 값을 반환한다. 5를 다시 CPU의 특정 레지스터에 저장하고 이전 호출로 돌아가 같은 방법으로 덧셈 연산을 하면 sum_elements()를 최초 호출한 함수로 돌아가면서 6의 값을 전달하게 된다. sum_elements()의 호출과 반환되어 이전 호출로 돌아가는 시점의 데이터 추적을 잘 기억하자.

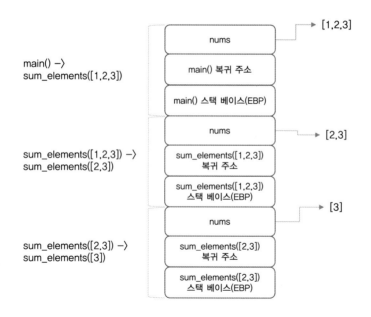

그림 4-9 sum_elements() 재귀 호출의 스택 프레임

---

1 *https://en.wikibooks.org/wiki/X86_Disassembly/Functions_and_Stack_Frames* 인텔 X86 아키텍처 기준으로 함수의 호출 과정을 어셈블리로 설명해 놓았다. 추가적으로 검색하면 함수 호출에서 CPU가 수행하는 방식을 간단히 알아볼 수 있다.

조금 더 복잡한 예제를 살펴보자. 재귀로 해결하는 문제들 대부분은 모든 경우의 수를 조사하고 조건에 맞는 데이터를 추려내는 것이다. 이런 문제의 패턴을 알아두면 비슷한 문제를 해결하는데 도움이 될 것이다. 배열에 있는 숫자의 조합으로 특정 숫자를 합으로 만들 수 있는지 없는지 확인하는 코드를 재귀를 이용해 해결해보자. 예를 들어 [2, 4, 8]의 요소를 가지는 배열이 있을 때 요소의 조합으로 10이라는 숫자를 만들 수 있는지 판단해 보는 것이다. 문제를 이해했다면 배열의 모든 부분집합을 만드는 과정을 간략히 알아보자. [1, 2] 배열이 있다면 해당 배열이 가질 수 있는 모든 숫자의 조합은 {}, {1}, {2}, {1, 2}가 된다.

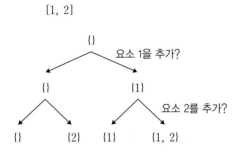

그림 4-10 배열의 모든 부분집합을 찾는 과정

즉, 모든 부분집합(subset)을 찾는 방법은 요소를 선택하여 집합에 넣거나 요소를 선택하지 않고 집합을 만들거나 하여 모든 조합을 찾아가는 과정이다. 다음 그림을 살펴보자.

비어 있는 부분집합의 1번째 요소를 부분집합에 추가하지 않는 경우와 추가하는 경우를 나누고, 그다음 요소인 2의 추가 여부를 결정하여 원하는 결과를 얻을 수 있다. n 개의 요소를 가지는 배열의 모든 부분집합의 개수는 2^n개가 된다. 먼저 이 문제를 해결하는 코드를 살펴보자. 코드는 더 간소화할 수 있지만 이해를 돕기 위한 코드 라인이 추가되었다.

```python
def group_sum(nums: List[int], subset: List[bool], target: int, i: int) -> bool:
    if i == len(nums):
        subset_sum = 0
        for i, v in enumerate(nums):
            if subset[i]:
                subset_sum += v
        return (subset_sum == target)
```

```
    subset[i] = False
    not_select = group_sum(nums, subset, target, i + 1)
    subset[i] = True
    select = group_sum(nums, subset, target, i + 1)

    return (not_select ¦ select)
```

우선 베이스 케이스(Base Case)를 살펴보자. [그림 4-7]에서 보듯 부분집합의 완성은 트리 모양의 마지막 레벨까지 내려가야 한다. 즉, group_sum() 함수의 마지막 인자인 i 값이 nums 배열의 길이와 같다면 선택된 요소의 합을 구해 target 값과 비교하여 결과를 반환하면 된다. 여기에 추가적으로 subset이라는 True / False 값 만을 가지는 배열을 이용했다. 해당 함수를 처음 호출하게 되면

```
nums = [1,2]
subset = [False] * len(nums)
print(group_sum(nums, subset, 3, 0))
```

입력의 배열은 [1,2]이고 subset은 입력 배열 크기와 동일하게 False로 초기화한다. target 은 3을 가지고, 시작 인덱스는 0으로 처음 호출된다. 한 줄 한 줄 어떤 일이 일어나는지 확인해 보자.

Code	Call Stack	Return
group_sum(nums, subset, 3, 0)	0: group_sum([1,2], [False, False], 3, 0)	
if i == len(nums):	0 != 2	
subset[i] = False	i = 0, subset[0] = False	
not_select = group_sum(nums, subset, target, i + 1)	1: group_sum([1,2], [False, False], 3, 1)	
	0: group_sum([1,2], [False, False], 3, 0)	
if i == len(nums):	1 != 2	
subset[i] = False	i = 1, subset[1] = False	
not_select = group_sum(nums, subset, target, i + 1)	2: group_sum([1,2], [False, False], 3, 2)	
	1: group_sum([1,2], [False, False], 3, 1)	
	0: group_sum([1,2], [False, False], 3, 0)	
if i == len(nums):	2 == 2	

Code	Call Stack	Return

subset_sum = 0
for i, v in enumerate(nums):
  if subset[i]:
    subset_sum += v
	subset = [False, False]
	
	subset_sum = 0
	target = 3	

return (subset_sum == target)	2: ~~group_sum([1,2], [False, False], 3, 2)~~	Return False
	1: group_sum([1,2], [False, False], 3, 1)	
	0: group_sum([1,2], [False, False], 3, 0)	
subset[i] = True	i = 1, subset[1] = True	
select = group_sum(nums, subset, target, i + 1)	2: group_sum([1,2], [False, True], 3, 2)	
	1: group_sum([1,2], [False, False], 3, 1)	
	0: group_sum([1,2], [False, False], 3, 0)	

subset_sum = 0
for i, v in enumerate(nums):
  if subset[i]:
    subset_sum += v
	subset = [False, True]
	
	subset_sum = 2
	target = 3	

return (subset_sum == target)	2: ~~group_sum([1,2], [False, True], 3, 2)~~	Return False
	1: group_sum([1,2], [False, False], 3, 1)	
	0: group_sum([1,2], [False, False], 3, 0)	
return (not_select ¦ select)	1: ~~group_sum([1,2], [False, False], 3, 1)~~	Return False
	0: group_sum([1,2], [False, False], 3, 0)	
subset[i] = True	i = 0, subset[0] = True	
select = group_sum(nums, subset, target, i + 1)	1: group_sum([1,2], [True, False], 3, 1)	
	0: group_sum([1,2], [False, False], 3, 0)	
if i == len(nums):	1 != 3	
subset[i] = False	i = 1, subset[1] = False	
not_select = group_sum(nums, subset, target, i + 1)	2: group_sum([1,2], [True, False], 3, 2)	
	1: group_sum([1,2], [True, False], 3, 1)	
	0: group_sum([1,2], [False, False], 3, 0)	
if i == len(nums):	2 == 2	

Code	Call Stack	Return

`subset_sum = 0`
`for i, v in enumerate(nums):`
`  if subset[i]:`
`    subset_sum += v`
	subset = [True, False]
	
	subset_sum = 1
	target = 3	

`return (subset_sum == target)`	2: group_sum([1,2], [True, False], 3, 2)	Return False
	1: group_sum([1,2], [True, False], 3, 1)	
	0: group_sum([1,2], [False, False], 3, 0)	
`subset[i] = True`	i = 1, subset[1] = True	
`select = group_sum(nums,` `subset, target, i + 1)`	2: group_sum([1,2], [True, True], 3, 2)	
	1: group_sum([1,2], [True, False], 3, 1)	
	0: group_sum([1,2], [False, False], 3, 0)	

`subset_sum = 0`
`for i, v in enumerate(nums):`
`  if subset[i]:`
`    subset_sum += v`
	subset = [True, True]
	
	subset_sum = 3
	target = 3	

`return (subset_sum == target)`	2: group_sum([1,2], [True, True], 3, 2)	Return True
	1: group_sum([1,2], [True, False], 3, 1)	
	0: group_sum([1,2], [False, False], 3, 0)	
생략	생략	생략

원본 배열의 길이와 인자로 넘어가는 i 값이 같아지는 경우 target을 확인하고 반환했을 때, 호출한 시점의 subset과 i 값으로 되돌아가 나머지 진행 과정을 반복한다. 피보나치 수열, 팩토리얼 수 등을 재귀로 구현했을 때는 [그림 4-5]와 동일한 형태로 호출 및 반환하는 과정을 이해할 수 있지만 group_sum()은 좀 더 복잡한 형태로 호출이 일어나는 것을 알 수 있다. 재귀 함수로 구현된 코드는 복잡한 로직을 간단한 형태로 구현 가능하지만, 이미 구현된 내용에 입력값을 넣고 추적하는 과정은 조금 어렵게 느껴질 수 있을 것이다.

다른 알고리즘도 마찬가지지만 재귀는 다양한 알고리즘(깊이 우선 탐색, 동적 프로그래밍 등)을 이해하는 기반이 되는 기술이므로 꼭 이해하고 넘어가자.

4.3 유효한 괄호 검증

기본적인 스택 관련 문제에서 가장 많이 접하는 문제다. 이 문제는 스택을 사용해야 한다는 것만 인지하면 쉽게 해결할 수 있다. 그렇지 못하면 고민을 많이 해야 하는 문제다.

4.3.1 문제 기술 및 설명

입력으로 주어지는 문자열은 3가지 괄호의 열고 닫고 만을 포함한다. 해당 괄호는 '('와 쌍인 ')', '{'와 쌍인 '}' 마지막으로 '['와 쌍인 ']' 이렇게 3가지의 괄호로 구성되는 문자열이 있다. 열고 닫음의 쌍이 정상적인지 확인해보자.

예를 들어 '()'는 괄호의 쌍이 잘 맞고, '(}'나 '(('와 같이 열고 닫음의 쌍이 맞지 않거나 종류가 다르면 유효하지 않다고 판단해야 한다.

4.3.2 노트 레이아웃을 이용한 문제 접근 및 풀이

제한사항(Constraints)

제한사항 1. 문자열 입력 2. '(', ')', '{', '}', '[', ']' 만으로 구성 3. 비어 있는 문자열은 유효하다고 판단		코드
아이디어	시간 복잡도:	
	공간 복잡도:	
테스트		

다양한 조합으로 만들어진 괄호를 문자열로 입력 전달한다. 전달받은 문자열의 형태의 예를 들면 '((()))', '[(){}]'와 같을 것이고 true 혹은 false를 반환하도록 구현돼야 한다.

아이디어(Ideas)

이 문제는 다양한 방법으로 접근 하지말고 스택으로 문제 풀이를 진행해보자.

제한사항		코드
아이디어(Brute-force) 1. 스택 생성 2. 문자열을 순회한다. 　– 열림 괄호('(', '{', '[')는 스택에 넣는다. 　– 닫힘 괄호(')', '}', ']')는 스택에 최근 문자를 꺼내 쌍이 맞는지 　　확인한다. 　– 맞지 않으면 바로 False 반환 3. 모든 순회가 끝났다면 True 반환	시간 복잡도: O(n)	
	공간 복잡도: O(n): 스택에 열림 괄호 문자 추가 공간	
테스트		

'(([ ]))'의 문자열로 해당 아이디어를 설명하겠다. 우선 순회를 하면서 열림 기호라면 스택에 넣고 닫힘 기호라면 스택에서 문자를 꺼낸다.

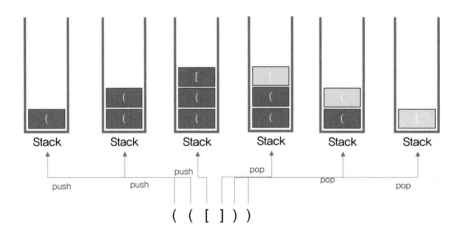

그림 4-11 스택에 괄호 넣고, 빼기

[그림 4-11]에서 보듯 문자열을 순회하면서 열린 괄호는 스택에 넣고, 닫힘 괄호를 만나면 현재 맨 꼭대기에 있는 문자와 현재 닫힘 문자가 쌍(pair)인지 확인하면 된다.

코드(Code)

리스트로 스택을 사용하고 열린 괄호와 닫힌 괄호에 대한 쌍(pair)은 해시 테이블(파이썬의 사전형 데이터)을 이용해서 확인하면 된다.

제한사항		코드
아이디어	시간 :	```def isValid(s: str) -> bool:```
	공간:	
테스트		

```python
def isValid(s: str) -> bool:
    stack = []

    paren_map = {
        ')': '(',
        '}': '{',
        ']': '['
    }

    for ch in s:
        if ch not in paren_map.keys():
            stack.append(ch)
        else:
            pair = stack.pop() if stack else ''

            if paren_map[ch] != pair:
                return False

    return len(stack) == 0
```

다만, 입력이 단일 문자로 열림 괄호 혹은 닫힘 괄호만 주어진다면 추가적인 처리가 필요하다. 구현을 설명하면 paren_map을 통해 닫힘 괄호에 대응하는 열림 기호를 얻을 수 있도록 하고 문자열에서 닫힘 괄호에 접근한다면 스택에 있는 문자를 꺼내 해당 괄호가 대응되는 열림 괄호 인지 확인하는 간단한 문제이다.

테스트(Test Cases)

코드에서 설명한 대로 단일 문자로 열림 괄호('(', '{', '[')만 입력으로 주어지거나 닫힘 괄호(')', '}', ']')만 입력으로 주어졌을 때에는 추가적인 처리가 필요하다. 만약 열림 괄호만 입력으로 주어진다면 스택에 넣기만 하고 닫힘 괄호를 확인하지 않기 때문에 마지막 반환하는 시점에 정상적으로 스택에 모든 괄호가 꺼내져 있는지 확인해야 한다. 닫힘 괄호만 입력으로 주어진다면 스택에 넣지 않았는데 열림 괄호 확인을 위해 pop() 연산을 해야 한다. 이를 위한 에러 처리가 필요한 것이다. 이 두 부분만 잘 확인한다면 다른 경우는 크게 문제가 되지 않는다.

```
Test Case 1: s = "("
```

열림 괄호만 입력으로 들어올 때 문제가 없는지 정상적으로 false(거짓) 값이 반환되는지 확인해보자.

```
Test Case 2: s = "]"
```

닫힘 괄호만 있다면 스택에 데이터가 없기 때문에 pop() 연산은 에러를 발생시킬 것이다. 이를 위한 처리가 잘 되었는지 확인하자.

```
Test Case 3: s = "((){})"
```

일반적으로 열고 닫기를 정상적으로 한 경우 중 하나를 테스트해보면 된다.

4.3.3 관련 문제 사이트

- LeetCode

  https://leetcode.com/problems/valid-parentheses/

4.4 재귀 연습문제

재귀를 충분히 이해하기 위해 간단한 문제를 모아보았다. 재귀를 처음 접하거나 이해가 잘 안 될 때는 다양한 문제를 접해보는 것이 좋다. 재귀 이해를 위해 따로 연습이 필요하지 않다고 생각하는 독자는 다음 장으로 넘어가도 좋다.

문제를 먼저 파악하고 빠르게 접근하기 어렵다면 해설을 보고 코딩을 직접 따라 해보면서 풀이를 검증해보는 연습을 하길 바란다. 문제를 꼭 한 번에 해결할 필요는 없다. 알고리즘 문제의 종류는 너무 많다. 지금 해답을 본다고 학습이 안 되는 것이 아니다. 많이 풀어보고 정리만 잘하면 비슷한 유형의 문제를 쉽게 접근하고 해결할 수 있을 것이다.

4.4.1 계단 오르기

입력으로 주어지는 n 개의 계단을 1번에 1개 혹은 2개 올라 도달할 수 있는 방법의 가짓수를 찾아내는 문제다. 예를 들어 n이 3으로 주어지면

1. 1 개 + 1 개 + 1개 = 3

2. 1 개 + 2 개 = 3

3. 2 개 + 1개 = 3

위의 결과와 같이 1번에 1개 혹은 2개의 계단을 올랐을 때, n 개까지 도달할 수 있는 방법을 조사하는 것이다.

그림 4-12 n이 3일 때, 계단 오르는 방법

[그림 4-12]와 같이 모든 경우의 수를 찾아낼 수 있어야 한다. 가장 먼저 종료 조건(Base case)을 찾아보자. 이 문제에서는 1개 혹은 2개의 계단을 올라 꼭대기(n)까지 도달하거나 꼭대기를 넘어서는 경우가 된다. 계단을 오르는 방법은 바닥(0)에서 1개 혹은 2칸을 이동해야 한다. [그림 4-12]에서 꼭대기(n)를 목표로 1 혹은 2단계 오르게 하는 재귀 호출의 그래프를 [그림 4-13]으로 표현할 수 있다. i 값이 n까지 도달하기 위해 1칸 혹은 2칸을 이동하는 모습이다. 우측은 +1이 되고 아래 방향은 +2가 된다. n과 i가 같은 값이면 반환값으로 1을, n보다크다면 0의 반환값을 가진다. 이것은 해당 단계의 조합이 n까지 도달했는지를 표현한 것이며, 이를 재귀 호출에서 이전 단계를 1 혹은 0으로 더하면 i가 n까지 도달한 방법의 수가 된다. [그

림 4-13]에서 n과 i 값이 같아지는 박스가 3개 있다는 것을 확인할 수 있다. 이것이 이 문제의 답이 된다.

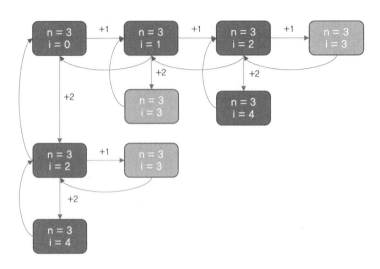

그림 4-13 계단 오르기 호출 그래프

이 문제를 구현해보자.

```python
def climbStairs(n: int) -> int:
    def climb(n, i):
        if n == i:
            return 1
        if n < i:
            return 0

        return climb(n, i + 1) + climb(n, i + 2)

    return climb(n, 0)

print(climbStairs(3))
```

입력으로 n이 주어지면 내부(inner) 함수를 만들어 i가 0에서 시작할 수 있도록 했다. 경험상 재귀 문제는 추가적인 함수를 만들어야 하는 경우가 더러 있기 때문이다. 이 코드를 가지고 **들어가며**에서 언급한 온라인 코드 비주얼라이저를 이용해 값이 어떻게 변화되고 반환되는지 확인해 보는 것도 좋은 연습이 될 것이다.

- LeetCode

https://leetcode.com/problems/climbing-stairs/

4.4.2 모든 문자열 치환(permutation)

입력으로 주어진 문자열의 가능한 치환을 모두 출력해보자. 예를 들어 입력된 문자열이 'abc' 라면 결과는 ["abc", "acb", "bac", "bca", "cab", "cba"]가 되어야 한다. 이를 위해서 어떻게 접근하는지 파악해보자. 문제가 원하는 것은 각 문자가 놓이는 모든 위치의 조합을 만들어야 한다는 점이다.

위치의 조합을 만들기 위한 아이디어를 살펴보자. 문제를 작은 단위로 쪼개어 보자.

즉, 문자열을 하나하나 분해하고 마지막 한 자가 남았을 때 이전 문자와 결합할 수 있는 모든 방법을 만들게 한다. 만들어진 조합의 리스트를 이전 스택에 쌓아 둔 문자를 꺼내 모든 조합을 만들어가는 과정을 반복하면 만들 수 있다. 그림으로 알아보자.

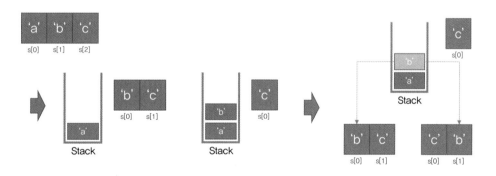

그림 4-14 스택을 이용한 문자 분리 및 재조합

문자열을 하나씩 분리하여 지역 변수로 저장한다. 지역 변수로 저장한다는 의미는 해당 함수 호출 스택에 남아 있다는 것이다. 처음에 'abc'에서 'a'를 스택에 넣고 그다음 'b'를 넣으면 마지막으로 문자 'c'만 남게 된다. 문자 'c'를 기준으로 이전 'b' 문자를 가능한 위치에 놓으면 'bc' 와 'cb'가 된다. 이를 반환하여 'a'를 'bc', 'cb' 기준으로 가능한 위치에 놓으면 'bc'에서 'abc', 'bac', 'bca'가 나오고 'cb' 기준으로는 'acb', 'cab', 'cba'가 나오게 된다. 재귀로 해결한다면 문자열을 하나만 남을 때까지 잘라내 마지막 문자와 이전 스택에 남겨진 조합을 만드는 분할 정복(Divide and Conquer)이 종료 조건이 된다.

```python
def find_permutation(s):
    if len(s) == 1:
        return list(s)

    ans = []
    curr = s[0]
    s = s[1:]

    words = s_perm(s)

    for sub in words:
        for i in range(len(sub) + 1):
            ans.append("".join([sub[:i], curr, sub[i:]]))

    return ans

s = "abc"
res = find_permutation(s)
print(*res)
```

위의 코드를 수행해보면 'abc'에 대한 모든 치환이 공백 구분으로 출력된다. 재귀 호출이 되는 시점에서는 맨 앞 문자를 curr에 저장하고 'abc'일 때는 'a'를 저장하고 'bc'만 재귀 호출을 한다. 'bc'를 인자로 재귀 호출하면 curr은 'b'가 되고, b를 잘라낸 'c'만을 인자로 다시 재귀 호출한다. 그러면 if len(s) == 1의 조건에 맞고 'c'를 리스트로 변환하여 반환한다. ["c"]를 반환하면 이전 호출 curr가 'b'이고 words가 ["c"]로 ans 리스트를 구성하게 된다. **ans.ap-pend("".join([sub[:i], curr, sub[i:]]))** 부분에서 curr('b')를 sub('c') 기준으로 가능한 위치에 놓아주면 'bc', 'cb'가 ans로 추가된다. ans를 반환하면 curr이 'a'였던 호출 시점으로 복귀하고 같은 방식으로 구성하면 원하는 모든 재귀 호출이 마무리된다.

다른 방법을 알아보자. 앞서 살펴 본 방법은 문자열 하나가 남는 기준으로 모든 조합을 만들어가는 방식이지만, 이번에는 특정 범위 내에 문자열을 자리 교환으로 모든 조합을 만들어보자. 예를 들어 'abc'에서 0의 인덱스 'a'를 기준으로 자기 자신인 'a'와 교환하는 'abc', 'b'와 바꾼 문자열 'bac', 'c'와 교환하여 만든 'cba'를 만든다. 그다음 앞서 만든 'abc', 'bac', 'cab'의 1의 인덱스 기준으로 교환을 시도한다. 'abc'에서는 1의 인덱스 'b'를 자기 자신과 교환한 'abc', 'c'와
교환한 'acb'를 만들 수 있다. 'bac', 'cab'도 마찬가지로 진행하면 된다.

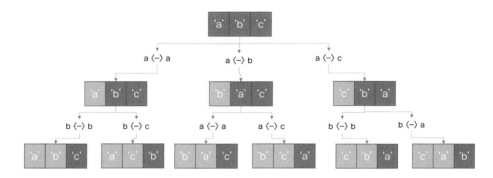

그림 4-15 문자 범위 교환

각 교환 과정은 모두 재귀로 호출된 것이다. 또한 마지막 반환 이후는 이전 레벨로 복귀하는
데, 교환했던 사항을 다시 교환하여 이전 상태로 만들어주는 백트래킹(backtracking)을 해
야 한다.

참고로 파이썬의 문자열은 변경이 불가능한(immutable) 자료구조다. 위의 로직대로 문자열
인덱스를 접근하여 교환하는 과정은 문자열에서 불가능하다. 단순히 s = "abc"로 하고 s[0],
s[1]로 접근 및 읽기는 가능하지만 s[1] = 'c'를 하게 되면 에러가 발생한다. 그래서 대개 인덱스
를 접근하여 문자열을 제어하는 경우, 리스트로 변환하여 문자열을 제어하고 다시 문자열로 변
환하는 과정을 추가해야 한다.

```python
res = []

def find_permutation(chs, s, e):
    if s == e - 1:
        res.append("".join(chs))
    else:
        for i in range(s, e):
            chs[s], chs[i] = chs[i], chs[s]
            find_permutation(chs, s + 1, e)
            chs[s], chs[i] = chs[i], chs[s] # backtrack

s = "abc"
```

```
find_permutation(list(s), 0, len(s))
print(*res)
```

- LeetCode

  https://leetcode.com/problems/permutations/

- GeeksForGeeks

  https://practice.geeksforgeeks.org/problems/permutations-of-a-given-string/0

4.4.3 동전 교환

가게에 가서 물건을 사고 물건값을 지불하고 남은 잔돈을 거슬러 주는 과정을 코딩하는데 가장 적은 개수의 동전으로 반환해야 하는 문제다. 잔돈으로 거슬러 주는 동전의 값을 배열로 입력받는데 예를 들면 [1, 2, 5]이고 거슬러줘야 하는 돈이 11이라면 [5, 5, 1]로 3개를 거슬러 주는 것이 가장 적은 동전의 개수로 반환한 것이다.

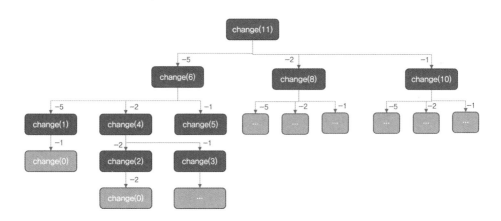

그림 4-16 동전 교환

이를 재귀로 해결해보자. 재귀로 접근하는 방식은 대부분 모든 경우의 수를 찾아 가장 최적의 답을 찾는 과정을 거친다. 동전이 [1, 2, 5]와 같이 3가지 종류가 있을 때, 11의 값을 찾는 방법을 알아보자. [그림 4-16]을 확인해보자. change() 함수를 호출하면서 최초 거스름돈의 값을 넣으면 [1, 2, 5] 중 하나의 값을 뺀 값을 다음 호출로 넘겨준다. 예를 들어 11 − 5의 값인 6을 재귀 호출로 change(6)을 호출하게 된다. 그렇다면 재귀 호출의 가장 중요한 종료 조건인 인자로 넘어오는 값이 0이 되는 경우에 반환하면 된다.

4.4.1 계단 오르기 문제나 피보나치 수열과 같은 문제를 해결할 때는 입력값을 줄여가거나 늘려가는 방식으로 종료 조건에 다가가도록 한다. **4.4.2** 모든 문자열 치환의 경우에는 리스트 값을 순회하면서 모든 경우의 조합을 만들어낼 수 있도록 하는데, 이 문제도 비슷하게 해결할 수 있다. 코드를 바로 확인해보자.

```python
def coinChange(coins: List[int], value: int) -> int:
    def change(v:int):
        if v == 0:
            return 0

        min_coin_cnt = sys.maxsize
        for c in coins:
            if (v - c) >= 0:
                change_cnt = change(v - c)
                if change_cnt < min_coin_cnt:
                    min_coin_cnt = change_cnt

        return min_coin_cnt + 1

    ans = change(value)

    return ans if ans != sys.maxsize + 1 else -1

coinChange([1,2,5], 11)
```

1번의 호출에 모든 코인을 순회하며 전달된 value에서 코인만큼 빼고 다시 재귀 호출을 한다. 무작정 코인을 빼주는 것이 아니라 먼저 코인을 빼보고 0보다 크면 다음 호출을 진행한다. 처음 11 − 1한 값 10을 change(10)으로 호출한다. 그러면 10에 대해 다시 [1, 2, 5] 코인을 빼줘야 한다. 처음에는 [1, 1, 1, 1, 1, 1, 1, 1, 1, 1, 1, 1, 1, 1]로 순회가 v == 0 조건에서 0을 반환하게 된다. sys.maxsize는 시스템이 가지는 가장 큰 정수를 가진다. 여기서 min_coin_cnt가 0이 되고 min_coin_cnt + 1로 1 증가된 값이 반환된다. 반환이 되면 재귀 호출되었던 이전 호출로 돌아가게 된다. 이전 호출은 v 값이 1이었던 상태가 되고 다음 코인은 2와 뺄셈을 하게 되는데 0보다 작아지니 다음 재귀는 호출을 하진 않는다. min_coin_cnt 값도 로컬 변수이기 때문에 호출 스택에서 해당 값이 반환되는 과정을 잘 추적해볼 필요가 있다. 해당 스택의 추적은 앞에서 소개한 온라인 코드 비주얼라이저를 통해 확인해보자.

- LeetCode

  https://leetcode.com/problems/coin-change/

- GeeksforGeeks

  https://practice.geeksforgeeks.org/problems/coin-change/0

4.4.4 배열의 두 부분집합의 최소 차이만들기

배열을 두 부분집합으로 만들고 각 부분집합의 합 차이가 최소가 되는 값을 반환하는 문제이다. 예를 들어 [3, 2, 7, 4, 1]이 주어지면 부분집합의 합 차이가 최소가 되게 하려면 하나는 [1, 7]이 되고, 다른 하나는 [2, 3, 4]가 되었을 때, 각 부분집합의 합은 8과 9가 되어 차이가 1이 된다. 이때 1을 반환하도록 구현하는 것이다.

이 문제의 접근은 모든 부분집합의 구성을 만들고 부분집한 간 차이를 구하는 방법을 취해야 한다. 두 부분집합을 굳이 구성할 필요 없이 먼저 입력값에 대한 총합을 구하고 하나의 부분집합을 구성하면, 남은 하나는 총합에서 빼면 자연스레 구해진다. [3, 2, 7, 4, 1]의 경우 총합이 17이다. 가장 먼저 [3]의 부분집합이라면, 다른 하나는 17 − 3인 14의 합을 가지는 부분집합으로 구성되었을 것이다. 이런 접근으로 모든 부분집합을 구성해 보면 해당 차이를 최소로 가지는 값을 가질 수 있다.

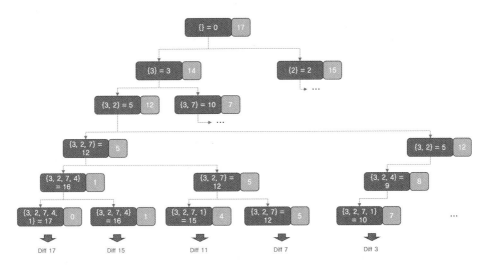

그림 4-17 모든 부분집합 생성 및 차이

[그림 4-17]의 호출은 [3, 2, 7, 4, 1]의 합(17)과 배열의 모든 부분집합의 구성으로 두 부분집합의 차이를 구할 수 있도록 하는 방법이다. 재귀 호출로 배열의 요소를 부분집합에 추가하여 구성할지 아니면 포함하지 않고 구성할지에 대한 결정을 해야 한다. 처음에 {3, 2, 7, 4, 1}로 구성되면 마지막 1을 뺀 {3, 2, 7, 4}와 {1}을 비교하여 차이를 구한다. 각 요소를 포함하여 재귀 호출하는 것과 포함하지 않고 호출하는 것을 구성하여 진행하는 패턴의 재귀 문제다.

```python
import sys

min_diff = sys.maxsize
total = 0

def subset_diff(index: int, nums: List[int], subsum: int):
    global total, min_diff
    if index == len(nums):
        min_diff = min(min_diff, abs(((total - subsum) - subsum)))
        return

    subset_diff(index + 1, nums, subsum + nums[index])
    subset_diff(index + 1, nums, subsum)

nums = [3, 2, 4, 7, 1]
total = sum(nums)
```

```
subset_diff(0, nums, 0)
print(min_diff)
```

재귀는 스택을 이용하여 문제 해결하는 방법이다. subset_diff() 함수를 재귀 호출하는 부분의 인자를 잘 보면 하나는 subsum에 nums 배열의 값을 더하는 것이고, 다른 하나는 없이 호출하는 것이다. nums 배열의 요소를 더해 호출하다 반환이 되는 시점에 subsum을 요소 덧셈 없이 다시 호출하는 것은 해당 숫자를 빼고 부분집합을 만들겠다는 의미이다.

- LeetCode

  https://leetcode.com/problems/partition-equal-subset-sum/

- GeeksForGeeks

  https://practice.geeksforgeeks.org/problems/minimum-sum-partition/0

4.5 재귀 연습

시간 복잡도가 높아 어떤 문제를 처리하기 힘들 수도 있지만 모든 경우의 수를 따져 보면 해결 안 되는 것은 없다. 모든 경우의 수를 추적하는데 꼭 재귀를 사용할 필요는 없지만 문제의 모든 경우의 수(Brute force)를 찾아 파악하는데 많은 도움이 된다. 모든 경우의 수를 찾다가 이전에 이미 계산한 것이 있으면 저장하고 다시 연산을 하지 않게 하는 방법으로의 확장도 가능하다. 이런 식으로 시간 복잡도를 줄여나가는 연습도 가능하다. 처음 재귀를 접할 때 보게 되는 피보나치 수열의 예제는 프로그래밍의 Hello World인 셈이다. 내용을 보면 쉽게 이해되는 것 같지만 실제 코딩 문제를 보면 재귀로 풀어야 한다고 가이드가 주어져도 쉽게 해결할 수는 없을 것이다. 그래서 처음 기초를 쌓을 때 많은 연습이 필요하다.

우선 피보나치 수열을 이해하기 위해 Python Tutor(**들어가며** 소개)를 통해 호출되는 과정을 스스로 정리하도록 하자. 그다음 다양한 문제 연습을 해야 한다. LeetCode, Geeks-ForGeeks, Hackerrank 등 다양한 온라인 사이트에는 학습을 도와주는 카테고리가 따로 존재한다. 여러 문제를 연습할 수 있도록 가이드 하는데 처음엔 어렵게 느껴질 수 있지만 너무 고민하지 말고 어떻게 해결했는지 인터넷에서 찾아보고 정리해보자. 문제를 어느 정도 인지하고 해결할 수 있을 때까지 Python Tutor 사이트와 풀이가 정리된 글을 자신이 이해한 대로 기록

하자. 처음부터 애써 문제를 해결하려고 노력하다 풀리지 않으면 흥미도만 떨어질 수 있다. 모르는 것을 계속 붙잡고 있다가 포기하고 한동안 그 문제를 다시 열어보지 않았던 기억이 있다. 계속 언급하는 내용이지만, 온라인 사이트에서 제공하는 코딩 문제는 너무나도 많다. 1시간 정도 고민하고 이런저런 방법을 사용해봐도 안되면 풀이가 정리된 글을 찾아보자. 다만 그 글을 보고 이해했다고 그냥 넘어가지 말고 정성 들여 메모해야 한다. 메모를 통해 해당 내용을 좀 더 이해를 할 수 있고 다음 단계를 나아갈 수 있는 기반을 다질 수 있다.

- GeeksForGeeks : Recursion 연습 세트 1
  https://www.geeksforgeeks.org/practice-questions-for-recursion/?ref=rp
  해당 글 아래에 세트 2 ～ 7까지 있고, 관련 연습 문제들이 연결되어 있다.

- Hackerrank : Recursion 문제
  https://www.hackerrank.com/domains/fp?filters%5Bsubdomains%5D%5B%5D=fp-recursion

- 검색: '재귀 연습'으로 검색해도 블로그 등의 다양한 글이 검색된다.

큐(Queue)

5.1 큐의 이해

스택과 비슷한 구조지만 데이터의 입력과 출력의 방향이 다른 자료구조다. 스택은 먼저 들어간 데이터가 나중에 나오는(FILO) 구조지만, 큐는 먼저 들어간 데이터가 먼저 나오는(FIFO – First In First Out) 구조다. 큐를 활용하는 기초적인 문제는 트리(Tree) 자료구조를 설명하면서 다뤄보겠다. 큐라는 자료구조는 어떤 형태로 데이터를 관리하는지와 파이썬에서 큐를 구현하는 방법을 알아보자.

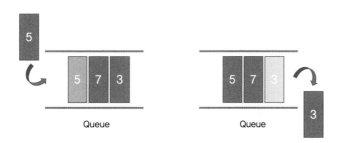

그림 5-1 큐의 데이터 입력 및 출력

놀이공원에 입장하여 놀이기구를 선택하고 줄을 서게 되면 앞에 있는 사람부터 놀이기구를 타게 된다. 큐는 줄을 세우는 작업과 놀이기구를 탄 사람은 빠지는 형태로 구성된다. 큐에 데이터를 추가하는 연산은 Enqueue라 하고 데이터를 꺼내는 연산은 Dequeue라고 한다. 각 연산의 동작성과 파이썬에서 어떻게 사용하는지 알아보자.

5.1.1 큐의 기본 연산들

큐도 스택과 비슷하게 데이터를 넣고(Enqueue) 꺼내는(Dequeue) 연산이 기본이다. 꺼내는 방식에 따라 Enqueue / Dequeue라고 불리는 것뿐이다. 파이썬에는 큐 자료구조를 어떻게 사용할 수 있는지 알아보자.

- Enqueue : 큐에 새로운 아이템 추가, 시간 복잡도는 O(1)
- Dequeue : 가장 먼저 들어갔던 아이템을 큐에서 꺼낸다. 시간 복잡도는 O(1)
- Front : 큐의 처음 데이터를 확인한다.
- Rear : 큐의 마지막 데이터를 확인한다.

파이썬에는 위 연산을 가능하게 하는 4가지 방법이 있다.

- 빌트인 리스트(list)를 활용
- collections.deque 클래스
- queue.Queue 클래스
- multiprocessing.Queue 클래스

우선 리스트를 활용하는 방법을 알아보자. 리스트 연산[1]에서 append()와 pop()을 사용하면 큐 자료구조를 표현할 수 있다.

Python Shell (3.7)

```
>>> queue = []
>>> queue.append('a')
>>> queue.append('b')
>>> queue.append('c')
>>> queue
['a', 'b', 'c']
>>> queue.pop(0)
```

---

[1] https://docs.python.org/ko/3.7/tutorial/datastructures.html

```
'a'
>>> queue
['b', 'c']
>>> queue.pop(0)
'b'
>>> queue
['c']
>>> queue.pop(0)
'c'
```

리스트는 내부적으로 배열을 사용하기 때문에 pop(0)을 통해 맨 앞 아이템을 계속 꺼내 배열을 정리하는 작업은 큐 자료구조로 이용 가능하다. 그러나 속도 면에서 효율적이지 못한 부분이 있어 추천하지는 않는다.

다음은 collections.deque 클래스를 이용하는 것이다. 리스트와는 다르게 내부적으로 이중 연결 리스트(Doubly Linked List)를 사용하기 때문에, 큐 자료구조의 Enqueue / Dequeue 연산에 적합하다. 다만 collections.deque[2] 클래스는 빌트인이 아니기 때문에 코드에 import 를 해줘야 한다.

Python Shell (3.7)

```
>>> from collections import deque
>>>
>>> queue = deque()
>>>
>>> queue.append('a')
>>> queue.append('b')
>>> queue.append('c')
>>> queue
deque(['a', 'b', 'c'])
>>> queue.popleft()
'a'
>>> queue
deque(['b', 'c'])
>>> queue.popleft()
'b'
>>> queue
deque(['c'])
```

....

2 *https://docs.python.org/ko/3.7/library/collections.html#collections.deque*

```
>>> queue.popleft()
'c'
```

데이터를 큐에 추가(enqueue)하는 것은 append(), 꺼내는(dequeue) 것은 popleft()로 할 수 있다. 큐 자료구조를 이용해 문제를 해결하는 경우 deque 클래스를 사용하면 좋다.

3번째는 queue.Queue() 클래스를 이용하는 것이다. 이 클래스는 스레드 세이프(thread safe)한 운영에 적합하다. 알고리즘 문제 해결 방법에서는 크게 다루어질 일이 없다. 그와 비슷한 multiprocessing.Queue가 있다. 알고리즘 문제를 해결하는 과정에서 이 2가지 방법은 많이 사용되지 않기 때문에 자세한 설명은 생략하겠다.

5.2 큐 연습

큐 단독으로 문제를 해결하는 문제도 있지만 대개는 트리나 그래프의 너비 우선 탐색(Breadth First Search) 등에서 기본적으로 사용되는 자료구조다. 따라서 큐 자료구조 활용은 트리 혹은 그래프 챕터에서 활용해보겠다. 우선 큐 자료구조의 이해와 사용법만 숙지하자.

트리(Tree)

6.1 트리 자료구조의 이해

트리(Tree)는 계층적 데이터를 저장하고 활용하기 위한 자료구조다. 계층적 자료를 활용하는 예는 실생활에서 자주 사용되고 있다. 이 중 회사의 구성원 계층 구조가 가장 쉬운 예제이다. 일반적으로 회사는 사장(CEO) 혹은 회장이 있고 그 아래 CTO, CFO, COO 등 많은 임원이 있다. 임원은 관련 산하 조직을 가지고 각 조직은 관리자 혹은 구성원으로 이뤄진 계층구조를 가진다.

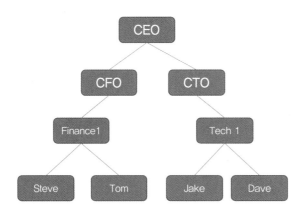

그림 6-1 트리 구조를 가진 회사의 구성

이처럼 트리는 비선형적(non-linear) 구조의 자료구조다. 트리 자료구조의 구성 요소를 살펴보자. 트리는 연결 리스트와 동일하게 노드(Node)를 가지고 있다. 각 노드는 에지(Edge)로 연결되어 있다. [그림 6-1]의 CEO, CFO 등 각각은 노드(Node)이며 하위 연결은 에지라 한다. CEO 노드는 CFO와 CTO 노드의 부모(Parent) 노드가 되고, 반대로 CFO와 CTO는 CEO의 자식(Child) 노드가 된다.

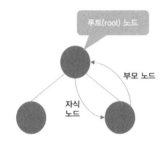

그림 6-2 트리 구성

[그림 6-2]에서 원으로 표현한 것은 노드고 가장 꼭대기에 있는 노드를 루트(Root) 노드라고 한다. 각 노드는 에지로 연결되어 있으며 부모(Parent) / 자식(Child) 관계를 가진다. 각 노드로 구성되고 만들어진 트리에 사용되는 용어가 있다. 용어를 하나씩 정리해보자.

- 잎새(leaf) 노드: 트리의 마지막 노드, 즉 자식 노드가 없는 노드
- 높이(height): 높이는 잎새(leaf) 노드로부터의 경로 길이
- 깊이(depth): 깊이는 루트에서 노드로의 경로 길이

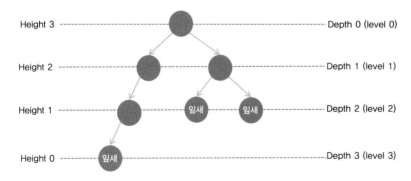

그림 6-3 트리 용어 표현

6.2 이진 트리(Binary Tree)

다양한 목적과 목표의 트리 구성이 있는데, 이 책에서는 이진 트리 관련 문제를 주로 다루겠다. 기본적으로 이진 트리는 자식 노드가 최대 2개인 트리 구성을 말한다. 이진 트리의 종류로 정 이진 트리(full binary tree), 완전 이진 트리(complete binary tree), 균형 이진 트리(balanced binary tree)가 있다. 정 이진 트리는 모든 노드가 자식 노드를 2개 가지고 있고, 완전 이진 트리는 마지막 레벨을 제외한 모든 레벨에 노드가 차있다. 마지막으로 균형 이진 트리는 루트 노드 기준으로 왼쪽 하위 트리와 오른쪽 하위 트리의 깊이 차가 1을 넘지 않는 트리를 말한다.

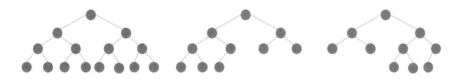

그림 6-4 정 이진 트리, 완전 이진 트리, 균형 이진 트리

6.2.1 이진 트리 표현

이진 트리 자료구조를 파이썬 언어로 표현하고 트리를 구성해보자. 이진 트리는 다음(next) 노드가 아닌 왼쪽과 오른쪽 2개의 자식(child) 노드를 가리킨다는 점만 빼면 연결 리스트의 구성과 비슷하다. 기본적인 노드(Node) 클래스에 왼쪽과 오른쪽을 기억할 수 있도록 구성하자.

```python
class Node:

    def __init__(self, data):
        self.left = None
        self.right = None
        self.data = data

    def __repr__(self):
        return str(self.data)

root = Node(11)
print(root)
```

각 노드가 자식 노드 2개씩만 가지고 있는 이진 트리는 단순히 데이터를 저장하는 용도로 사용되는 것이 아니라, 자료를 더 빠르게 정리하고 원하는 데이터를 찾을 수 있도록 하는 구성의 기반이다. 다양한 트리 구성이 있는데 그중 가장 많이 사용되는 이진 탐색 트리(Binary Search Tree)를 구성해보자. 이진 탐색 트리의 기본 연산은 추가(insert), 탐색(find), 삭제(delete)이다. 이 연산을 중심으로 살펴보자. 알고리즘 문제를 풀이하면서 이진 탐색 트리를 구현하여 사용하는 일은 거의 없지만 이진 탐색 트리의 구성을 이해하면 트리 관련 문제 해결 방법에 쉽게 접근할 수 있다.

이진 탐색 트리의 기본 개념은 노드 값을 기준으로 작은 값은 왼쪽 자식으로 할당하고 노드 값보다 크면 오른쪽 자식으로 할당된다. 일련의 값을 트리에 추가하면서 큰 값 / 작은 값 기준으로 왼쪽 / 오른쪽으로 할당되면 향후 구성된 트리에서 특정 값을 찾을 때 리스트에서 찾는 것($O(n)$)보다 빠르게($O(\log n)$) 찾을 수 있다. 이진 탐색 트리의 연산을 통해 이 부분을 살펴보자.

추가(insert)

이진 트리에 노드를 추가하는 과정을 통해 이진 탐색 트리가 구성되는 방법을 알아보자. 20, 25, 14, 30, 23, 18, 11, 21, 15가 순서대로 데이터에 입력된다고 가정해보자.

그림 6-5 이진 탐색 트리의 노드 추가

첫 노드를 기준으로 값을 하나씩 넣게 되는데 처음 노드는 20으로 만들어지고 이 노드가 루트 노드가 된다. 그다음 25는 루트 노드(20)와 비교하여 큰 수기 때문에 오른쪽 노드가 된다. 14는 반대로 20보다 작은 수라서 왼쪽 노드가 된다. 트리에 30이 추가되면 20을 비교해 우측으로 이동하고 25와 비교하여 오른쪽 노드로 만들어진다. 데이터가 계속 추가된다면 큰 수와 작은 수의 비교에 따라 오른쪽 혹은 왼쪽 노드로 할당된다. 만들어진 최종 트리는 아래 그림과 같다.

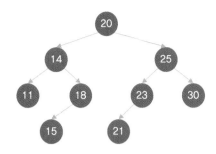

그림 6-6 최종 이진 탐색 트리 구성

이제 해당 추가(insert) 기능을 알아보자. 추가는 반복적 방법 또는 재귀적 반복을 사용하여 구현해보자. 기본 로직은 루트에서부터 노드가 없을 때까지 각 노드 값을 비교하여 오른쪽과 왼쪽으로 이동하는 방식이다.

이진 탐색 트리에 노드를 넣는 구현을 하기 전에 데이터가 제대로 들어갔는지 확인하기 위해 노드를 순회하여 각 레벨의 값을 출력해봐야 한다. 기본적으로 트리를 순회하는 방식은 중위 순회(Inorder traversal), 전위 순회(Preorder traversal) 그리고 후위 순회(Postorder traversal)가 있다. 이것은 방문 순서에 따라 구분되는 것인데 중위 순회는 왼쪽 하위 트리(sub-tree), 루트 노드 그리고 오른쪽 하위 트리 순서로 진행된다. 즉 노드를 기점으로 먼저 노드를 방문하면 전위, 노드를 가장 마지막(왼쪽, 오른쪽 하위 트리 이후)에 방문하면 후위 순회가 된다. [그림 6-6]이 중위 순회하면 어떤 식으로 데이터를 방문하는지 확인해보자.

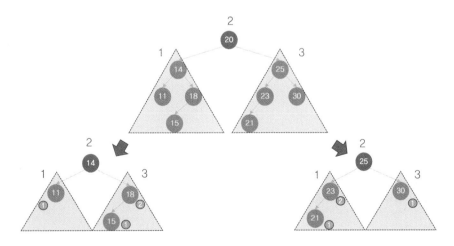

그림 6-7 이진 트리의 중위 순회(inorder traversal)

가장 먼저 왼쪽 하위 트리를 방문한다. 하위 트리가 없을 때까지 계속 진행하면 11 노드를 방문하게 된다. 그다음 방문이 하위 트리의 루트 노드인 14가 된다. 다음은 우측 하위 트리에서 같은 방식으로 노드를 방문한다. 왼쪽 하위 트리의 이동은 작게 나누어진 트리에서 루트 노드를 기준으로 왼쪽 → 루트 → 오른쪽 순서로 방문한다. 최종적으로 방문하는 순서는 11 → 14 → 15 → 18 → 20 → 21 → 23 → 25 → 30이다. 전위 순회(preorder traversal)는 [그림 6-7]의 빨간색으로 표기된 루트 노드 → 왼쪽 하위 트리 → 오른쪽 하위 트리의 순서로 방문하게 된다.

6.2.1에서 소개한 Node 클래스와 함께 BinarySearchTree 클래스를 소개한다. 해당 클래스에 노드를 추가하고 출력하는 코드를 구현해보자.

```python
class BinarySearchTree:

    def __init__(self):
        self.__root = None

    def insert(self, data, method='iterative'):
        if method in 'recursion':
            self.__root = self._insert_rec(self.__root, data)
        else:
            self._insert_iter(data)

    def _insert_rec(self, node, data):
        if not node:
            node = Node(data)
        else:
            if node.data > data:
                node.left = self._insert_rec(node.left, data)
            else:
                node.right = self._insert_rec(node.right, data)

        return node

    def _insert_iter(self, data):
        # root is None
        if not self.__root:
            self.__root = Node(data)
            return

        # create new node
```

```
        new_node = Node(data)

        curr = self.__root
        parent = None

        while (curr != None):
            parent = curr
            if curr.data > data:
                curr = curr.left
            else:
                curr = curr.right

        if parent.data > data:
            parent.left = new_node
        else:
            parent.right = new_node
```

이진 트리 클래스(BinarySearchTree)에 값을 넣어 트리를 구성하기 위해 insert()를 호출한다. 앞의 예제에서 사용한 값을 순차적으로 넣어보자. insert() 함수는 2가지 내부 함수가 있는데, 하나는 재귀(_insert_rec() 함수)를 이용하여 데이터를 넣는 것이고 다른 하나는 반복법(_insert_iter() 함수)을 사용한 것이다. 이진 탐색 트리에 노드를 추가하는 과정은 반복법을 통해 이해하면 조금 더 쉬울 것이다. 트리를 노드에 입력되는 데이터와 함께 하나씩 그려봐도 좋다.

```
bst = BinarySearchTree()
bst.insert(20)
bst.insert(25)
bst.insert(14)
bst.insert(30)
bst.insert(23)
bst.insert(18)
bst.insert(11)
bst.insert(21)
bst.insert(15)
```

insert() – 추가 작업이 제대로 동작했는지 확인하기 위해 트리를 순회하여 값을 추적 및 출력해봐야 알 수 있다. 중위 순회를 통해 트리를 순회하여 얻은 결과가 입력 순서에 따른 트리 구성의 예상 결과와 다를 경우 코드를 재검토해야 한다. 위의 방법대로 값을 넣었다면 중위 순회의 결과는 $11 \rightarrow 14 \rightarrow 15 \rightarrow 18 \rightarrow 20 \rightarrow 21 \rightarrow 23 \rightarrow 25 \rightarrow 30$으로 출력되어야 한다. 순회하는 방법도 재귀적 방법과 반복법 둘 다 구현 가능하다. 보통 재귀적 방법이 코드가 간단하여 많이 사용되지만, 이해를 위해 반복법도 구현해보자. 모두 BinarySearchTree 클래스 내에 구현된 내부 함수다.

```python
class BinarySearchTree:
    ....
    def inorder_traverse(self):
        result = []

        self._inorder_rec(self.__root, result)

        return result

    def _inorder_rec(self, node, result):
        if not node:
            return

        self._inorder_rec(node.left, result)
        result.append(node.data)
        self._inorder_rec(node.right, result)

    def inorder_iter(self):
        result = []
        stack = []

        node = self.__root

        while node or stack:
            while node:
                stack.append(node)
                node = node.left
            if stack:
                node = stack.pop()
                result.append(node)
                node = node.right
        return result
```

반복법을 이용한 중위 순회(inorder_iter())함수는 참고로 확인하자. 앞서 생성한 Binary-SearchTree()에 inorder_traverse()를 호출하면 리스트의 형태로 결과를 받아 볼 수 있다.

```
print(bst.inorder_traverse())
// [11, 14, 15, 18, 20, 21, 23, 25, 30]
```

탐색(find)

구성이 데이터 추가(insert)부터 첫 루트를 기준으로 작은 수와 큰 수로 나누어진다. 입력이 계속 작아지거나 계속 커지면 트리가 한쪽으로 치우지는 구성이 될 수 있는데, 이런 경우 데이터를 탐색(find)할 때 시간 복잡도가 O(n)이 된다. **6.2**에서 소개한 트리 구성이라면 대개 특정 값을 찾는데 O(logn)이 된다. 즉 트리 높이만큼만 이동하면 원하는 값을 찾거나 없다는 것을 알 수 있다. 이진 탐색 트리에서 값을 찾는 방법을 알아보자. 이진 탐색(Binary Search)은 꼭 트리 구성이 아니라 정렬된 배열에서도 중간값을 기점으로 O(logn) 만큼의 시간으로 원하는 값을 찾을 수 있다. 앞서(**6.2.1 추가 부분**) 구성한 트리에서 23 값을 찾아보자.

- 루트(20)과 비교한다.
- 루트(20)보다 찾으려는 값(23)이 크니 오른쪽 노드로 이동한다.
- 이동한 오른쪽 노드(25)보다 찾으려는 값(23)이 작으므로 왼쪽 노드로 이동한다.
- 이동한 왼쪽 노드의 값은 찾으려는 값이 된다.

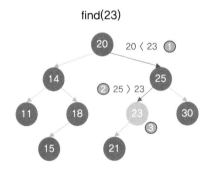

그림 6-8 이진 탐색 트리에서 값 찾기

[그림 6-8]의 방법으로 이진 트리 탐색에서 값을 찾는 코드를 확인해보자.

```python
class BinarySearchTree:
    ....
    def find(self, data):
        return self._find_data(self.__root, data)

    def _find_data(self, node, data):
        if node is None:
            return False
        elif node.data == data:
            return True
        elif node.data > data:
            return self._find_data(node.left, data)
        else:
            return self._find_data(node.right, data)

bst = BinarySearchTree()
bst.insert(20)
bst.insert(25)
bst.insert(14)
bst.insert(30)
bst.insert(23)
bst.insert(18)
bst.insert(11)
bst.insert(21)
bst.insert(15)

print(f'find 25: {bst.find(25)}')
print(f'find 0: {bst.find(0)}')
```

위의 결과로 25는 True를 반환하고 0은 False를 반환한다. 찾는 코드도 추가(insert)하는 것과 유사하다. 현재 노드 값을 비교하여 오른쪽, 왼쪽을 결정해 이동하면서 원하는 값을 찾아간다.

삭제(delete)

이진 탐색 트리에서 노드 삭제는 추가 및 찾기보다 상대적으로 복잡하다. 이진 탐색 트리의 노드 위치에 따른 3가지 경우를 다르게 처리해야 한다. 각 경우에 따라 어떻게 이진 탐색 트리에서 노드를 삭제하는지 알아보자.

가장 먼저 잎새(leaf) 노드를 지우는 경우다. 가장 간단한 경우로 트리 마지막에 달려있는 노드여서 특별히 다른 처리 없이 부모의 왼쪽 노드인지 오른쪽 노드인지만 확인하여 부모 노드의 오른쪽 혹은 왼쪽 연결 고리를 끊으면 된다. 끊는다는 것은 부모 노드의 left 혹은 right 변숫값을 None 처리하는 것이다.

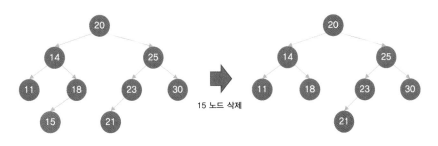

그림 6-9 잎새(leaf) 노드 삭제

[그림 6-9]는 15 값을 가진 노드를 지우는 과정인데 이 노드는 자식 노드가 없다. 따라서 단순히 부모 노드인 18 노드의 왼쪽 연결을 삭제하면 간단히 해결된다.

2번째 경우는 지우려는 노드가 왼쪽 혹은 오른쪽에 하나의 자식만 갖고 있는 경우다. 이 경우 지워지는 노드의 단일 자식을 지워지는 노드의 부모와 연결하고 삭제하면 된다.

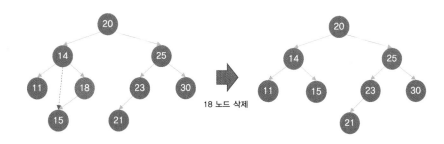

그림 6-10 자식이 하나인 노드 삭제

[그림 6-10]에서 노드 18을 삭제해보자. 18은 왼쪽에 자식 노드가 하나 있기 때문에 18을 삭제하기 전 18의 부모 노드인 14 오른쪽에 연결해 주고 18 노드를 제거하면 된다. 이렇게 해도 기존 이진 탐색 트리의 오른쪽은 큰 값, 왼쪽은 작은 값이라는 속성을 그래도 유지할 수 있다.

마지막으로 지우려는 노드의 자식이 왼쪽, 오른쪽에 다 있는 경우의 노드 삭제 방법을 알아보자. 이진 탐색 트리 속성상 가장 왼쪽에 있는 데이터가 가장 작은 값이 된다. 즉 하위 트리(Subtree)에서도 같은 속성이 적용된다. 지우려는 노드의 오른쪽 하위 트리의 가장 작은 값으로 자신을 대체하면 전체 트리의 속성을 유지하면서 노드를 삭제할 수 있다는 의미다. 예를 들어 [그림 6-11]처럼 14 값을 가진 노드를 지운다고 가정하면 오른쪽 하위 트리에서 가장 작은 값을 찾는다. 15 값을 가진 노드가 지우려는 노드(14)의 오른쪽 하위 트리에서 가장 작은 값이 되고 해당 값이 14의 위치에 들어가도 이진 탐색 트리의 속성을 유지할 수 있다.

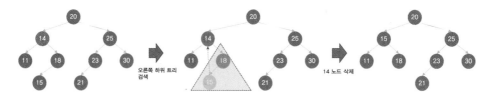

그림 6-11 자식이 2개인 노드 삭제

위에 설명한 3가지 경우를 구현해보자.

```python
class BinarySearchTree:
    ...
    def find_min_node(self, node):
        while node.left:
            node = node.left
        return node

    def delete(self, data):
        self._delete_data(self.__root, data)

    def _delete_data(self, node, data):
        parent = None

        curr = node

        # data에 해당하는 노드 찾기, parent 추적
        while curr and curr.data != data:
            parent = curr

            if curr.data > data:
                curr = curr.left
            else:
                curr = curr.right
```

```python
        # data를 못찾는 경우
        if curr is None:
            return node

        # 자식 노드가 없는 노드의 삭제
        if curr.left is None and curr.right is None:
            if curr != node:
                if parent.left == curr:
                    parent.left = None
                else:
                    parent.right = None
            else:
                node = None

        # 오른쪽 왼쪽에 모든 자식이 있는 경우
        elif curr.left and curr.right:
            # 지우려는 노드의 오른쪽 하위 트리에서 가장 작은 노드 찾기
            min_node = self.find_min_node(curr.right)

            min_data = min_node.data

            # 오른쪽 하위 트리에서 가장 작은 노드는
            # 항상 잎새(leaf) 노드이므로 그냥 삭제 진행한다.
            self._delete_data(node, min_data)
            curr.data = min_data

        # 오른쪽 혹은 왼쪽 노드가 하나만 있는 경우
        else:
            if curr.left:
                child = curr.left
            else:
                child = curr.right

            if curr != node:
                if curr == parent.left:
                    parent.left = child
                else:
                    parent.right = child
            else:
                node = child
        return node
```

각 경우에 따라 삭제하는 로직은 실제로 길지 않다. 설명에 따라 코드를 하나씩 검증해보자.

6.2.2 이진 트리 구성

트리 관련 문제에서 자신이 구현한 알고리즘을 검증하기 위해 트리를 구성한다. BinarySearchTree 클래스 사용을 위해 데이터를 직관적으로 입력(insert 메서드를 통한 과정)하는 것은 어렵다. 온라인 알고리즘 코딩 플랫폼을 이용하는 것도 좋지만 디버깅에 제약 사항들이 있다. 예를 들어 온라인 알고리즘 코딩 플랫폼에서 깊이 우선 탐색의 진행 과정을 한 단계, 한 단계를 보고 싶은 경우 숨겨진 부분이라 확인하기 어렵다. 따로 트리를 구성하고 탐색을 학습하면 이해하는데 많은 도움이 될 것이다. 먼저 BinarySearchTree 클래스를 이용해 이진 트리를 구성한다면 단순히 공백으로 구분된 입력을 통해 insert를 반복적으로 호출하면 된다.

```python
bst = BinarySearchTree()

datas = list(map(int, input().split(' ')))

for num in datas:
    bst.insert(num)

print(bst.inorder_traverse())
```

input().split(' ')을 통해 입력하는 데 공백을 넣어 처리하면 된다. 예를 들어 실행하고 20, 25, 14, 30, 23, 18, 11, 21, 15를 공백과 함께 넣고 엔터를 치면 숫자 하나씩 bst.insert()를 호출한다. 다만 이런 방식은 트리 구성을 넣고 어떤 식으로 구성 되었는지 그려봐야 한다. 조금 더 직관적인 방법으로 구성할 수 있도록 추가적인 메서드를 BinarySearchTree 클래스에 구현해보자.

아래 구성과 같은 트리가 있다고 가정하자.

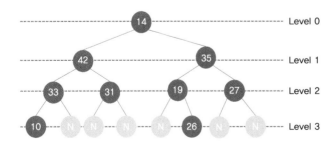

그림 6-12 트리 구성

쉽게 입력할 수 있는 방법은 각 레벨 별 순서대로 입력해 주는 것이다. 루트 노드에서부터 각 레벨의 노드를 순서대로 입력하게 한다. 제일 먼저 14를 적고 2번째 레벨 노드에 42, 35를 순서대로 입력한다. 다음 레벨은 33, 31, 19, 27이 된다. 마지막 레벨은 비어 있는 노드가 함께 존재한다. 값이 있는 노드의 위치를 명확하게 해주기 위해 None을 추가하자. 최종 입력은 14, 42, 35, 33, 31, 19, 27, 10, N, N, N, N, 26, N, N으로 입력할 수 있도록 만들어보자. 입력 순서대로 리스트에 차곡차곡 쌓게 되면 [그림 6-13]처럼 된다.

14	42	35	33	31	19	27	10	N	N	N	N	26	N	N
0	1	2	3	4	5	6	7	8	9	10	11	12	13	14

그림 6-13 입력 순서에 따른 리스트 구성

맨 앞 0번째 위치한 14의 값은 루트(root) 노드가 된다. 이후에 1, 2번째에 위치한 데이터는 0번이 부모가 되고 3, 4번째 데이터는 1번이 부모가 된다. 이런 규칙으로 트리를 구성하면 부모 노드는 루트를 제외하고 (**자신의 인덱스/2**)가 된다. 또한 **인덱스가 짝수이면 찾은 부모의 왼쪽 노드가 되고, 홀수 인덱스면 오른쪽 노드**가 된다. 규칙을 구현하는 실행 방법을 알아보자.

```python
class BinarySearchTree:

    def __init__(self):
        self.__root = None

    def create_bst(self, nodes_list):
        nodes = [None if item is None else Node(item)
                for item in nodes_list]

        # root node
        self.__root = nodes[0]

        for index in range(1, len(nodes)):
            node = nodes[index]

            if node is not None:
                parent_index = (index - 1) // 2
                parent = nodes[parent_index]
                if parent is None:
```

```
                    raise ValueError(
                        f'Missing parent node at index {parent_index},'
                        f' Node({node.data})')
                if index % 2 == True:
                    parent.left = node
                else:
                    parent.right = node
    ...
```

BinarySearchTree 클래스에 create_bst() 함수를 작성했다. 이것은 사용자가 입력한 리스트 데이터를 순회하면서 각 데이터의 부모 노드를 찾고 왼쪽 혹은 오른쪽 자식으로 편입시키는 코드이다. 실행은 아래와 같이 진행하면 된다.

```
bst = BinarySearchTree()

input_datas = []
for item in input().split(' '):
    if item == 'N':
        input_datas.append(None)
    else:
        input_datas.append(int(item))

bst.create_bst(input_datas)
print(bst.inorder_traverse())
```

이 코드를 실행하고 앞의 예제에서 사용한 14, 42, 35, 33, 31, 19, 27, 10, N, N, N, N, 26, N, N을 입력하면 input() 함수에서 1줄의 문자열로 입력을 받는다. 받은 입력을 공백(' ')으로 구분하여 하나씩 리스트에 넣는데 'N'은 약속한 대로 None을 넣어주자. 그리고 inorder_traverse()를 호출하여 [10, 33, 42, 31, 14, 19, 26, 35, 27]이 출력된다면 성공적으로 [그림 6-12]처럼 구성된 것을 알 수 있다. 원하는 트리 구성을 생각하고 레벨 0 그리고 왼쪽 노드부터 하나씩 순서대로 입력을 만들면 된다. 이렇게 하면 직관적으로 조금 더 쉽게 트리를 구성하고 테스트할 수 있는 환경을 만들 수 있다. 초반에 활용도가 높으니 관련 내용을 클래스로 잘 구성해두고 자주 사용할 수 있도록 하자.

6.3 깊이 우선 탐색(Depth-First Search)

트리와 관련된 다양한 문제는 깊이 우선 탐색(Depth-First Search)이나 너비 우선 탐색 (Breadth-First Search)으로 해결 가능하다. 먼저 깊이 우선 탐색으로 트리 노드를 방문하는 방법을 알아보고 구현을 살펴보자. 이후에 관련 문제를 하나씩 풀어보면 쉽거나 중간 정도 난이도의 문제는 이 방법만 잘 적용하면 해결할 수 있을 것이다. 실제로 노드 탐색 순서만 다르고 지향하고자 하는 것은 비슷하다.

깊이 우선 탐색(Depth-First Search)을 알아보자. 깊이 우선 탐색의 키워드는 '스택(Stack)' 이다. 앞 예제에서 사용한 트리에 깊이 우선 탐색으로 노드를 방문해보자.

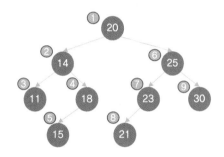

그림 6-14 깊이 우선 탐색의 노드 방문 순서

기본 논리는 왼쪽부터 가장 깊은 노드까지 방문을 우선적으로 하는 것이다. [그림 6-14]에 보여진 순서로 노드를 방문하여 값을 출력하면 20 → 14 → 11 → 18 → 15 → 25 → 23 → 21 → 30이 된다. 해당 방문을 스택을 이용해 어떻게 접근하는지 알아보자.

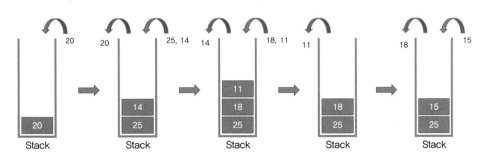

그림 6-15 스택을 이용한 깊이 우선 탐색 진행

처음 루트 노드(20)를 스택에 넣고(Push) 다시 꺼내 방문(출력)한다. 그리고 오른쪽 / 왼쪽 자식을 스택에 넣는다. 오른쪽 노드를 먼저 넣고 왼쪽을 넣게 한다. 그러면 다음 방문에서는 왼쪽 노드부터 꺼내진다. 20 노드의 오른쪽은 25, 왼쪽은 14가 된다. 이 두 노드가 스택에 들어가고 다음 방문을 스택에서 꺼내면 14가 된다. 14의 자식 노드를 다시 오른쪽, 왼쪽 순서대로 스택에 넣게 되면 14를 방문하던 시점에 11, 18, 25의 노드가 들어있게 된다. 같은 방법으로 스택의 노드를 꺼내면서(방문) 자식 노드를 스택에 넣도록 하는 작업을 반복하고 스택에 어떠한 노드도 없다면 깊이 우선 탐색은 끝난다.

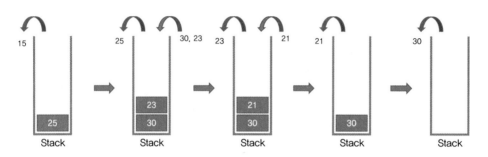

그림 6-16 깊이 우선 탐색의 계속

이 내용을 구현해보자. 앞서 만든 BinarySearchTree에 깊이 우선 탐색에 대한 구현을 추가해보자. 스택을 사용하여 접근하기 때문에 재귀적 방법과 반복적 방법을 둘 다 사용해서 구현해볼 수 있다. 우선 [그림 6-15], [그림 6-16]의 접근을 확인하기 위해 반복적(iterative) 방법으로 구현을 진행해보자.

```
class BinarySearchTree:
...
    def depth_first_search(self):
        res_iter = []
        res_iter = self.dfs_iter()

        print(f'dfs iter : {res_iter}')

    def dfs_iter(self):
        if not self.__root:
            return []
```

```
        stack = []
        result = []

        stack.append(self.__root)

        while len(stack) != 0:
            node = stack.pop()

            result.append(node.data)

            if node.right:
                stack.append(node.right)
            if node.left:
                stack.append(node.left)
        return result
```

반복적 접근과 재귀적 접근을 구분하여 호출하기 위해 depth_first_search()를 만들었고, 해당 함수에서 dfs_iter() 함수를 호출하도록 했다. [그림 6-14]에서 사용한 트리 데이터를 구성한 다음 depth_first_search() 함수를 호출해보자. 원하는 데이터의 방문 순서가 출력된다. 위에 소개한 이론대로 구현되었는지, 어떻게 수행되는지 확인해보자. 마지막으로 위의 dfs_iter() 함수를 재귀로 구현하면 아래와 같다.

```
class BinarySearchTree:
...
    def depth_first_search(self):
        res_rec = []

        self.dfs_rec(self.__root, res_rec)
        print(f'dfs rec : {res_rec}')

    def dfs_rec(self, node, result):
        if not node:
            return

        result.append(node.data)
        if node.left:
            self.dfs_rec(node.left, result)
        if node.right:
            self.dfs_rec(node.right, result)
```

이론 학습을 하고 구현 과정에서 다양한 방법을 이용한다면 이해하는데 많은 도움이 될 것이다.

6.4 너비 우선 탐색(Breadth-First Search)

너비 우선 탐색(Breadth-First Search)에서의 키워드는 '큐(Queue)'다. 깊이 우선 탐색과는 다른 자료구조를 이용함으로써 트리의 노드를 방문하거나 노드의 데이터를 처리할 것이다. [그림 6-14]에서 깊이 우선 탐색을 통한 트리 노드의 방문 순서를 알아본 바와 같이 너비 우선 탐색으로 노드 방문 순서를 알아보자. [그림 6-17]은 너비 우선 탐색을 통한 노드 방문 순서를 표기한 것이다. 너비를 우선하는 것이니 트리의 같은 레벨에 있는 모든 노드를 1번에 접근한다고 보면 된다. **5장**에서 소개한 큐 자료구조를 사용하여 노드를 관리하면 먼저 입력으로 들어간 노드가 먼저 꺼내어지는 특징을 가지게 된다. 이런 특징을 통해 노드를 방문하는 것이 너비 우선 탐색이다.

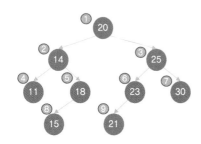

그림 6-17 너비 우선 탐색의 노드 방문 순서

[그림 6-18]을 통해 노드 접근은 큐(Queue)에 어떤 식으로 들어가고 나오는지 확인해보자.

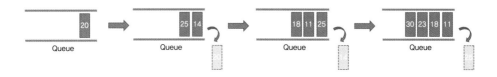

그림 6-18 큐를 이용한 너비 우선 탐색 진행

큐 자료구조를 이용한 너비 우선 탐색 진행 과정을 보자. 먼저 루트 노드(20)를 큐에 넣고 큐에서 노드를 꺼내면서 해당 노드의 왼쪽, 오른쪽 자식을 모두 큐에 넣는다. 그러면 25, 14 노드가 큐에 들어가게 된다. 이전 레벨의 노드의 자식은 동일한 레벨에 위치하는데 해당 레벨의 모든 노드를 방문하는 것이 너비 우선 탐색의 특징이다. 즉, 루트 노드의 자식인 25, 14는 다음

순회 때 한꺼번에 방문한다. 또한 방문을 하면서 다시 큐에 각 자식을 큐에 추가하게 된다. [그림 6-18] 마지막 큐는 트리 레벨 2에 있는 모든 노드가 들어간다.

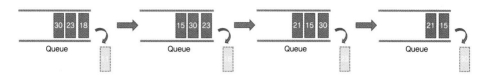

그림 6-19 너비 우선 탐색의 계속

[그림 6-19]의 마지막 큐에 15, 21이 다 꺼내어지면 너비 우선 탐색이 끝난다. 이렇게 방문된 노드 순서는 20 → 14 → 25 → 11 → 18 → 23 → 30 → 15 → 21이 된다.

```python
from collections import deque
class BinarySearchTree:
...
    def breadth_first_search(self):
        queue = deque()
        res = []

        queue.append(self.__root)

        while len(queue) != 0:
            qsize = len(queue)

            for _ in range(qsize):
                node = queue.popleft()

                if node.left:
                    queue.append(node.left)
                if node.right:
                    queue.append(node.right)
                res.append(node.data)

        print(f'breadth first search: {res}')
```

파이썬의 deque 모듈을 사용해 큐를 만들었으며, [그림 6-18]과 [그림 6-19]의 큐 데이터 흐름을 구현했다. 트리나 그래프에서 가장 기본적인 노드 탐색 방법이므로 알아두고 손에 익힐 수 있도록 하자.

6.5 이진 힙(Binary heap)

이진 힙(binary heap)은 완전 이진 트리의 속성을 가진다. 즉, 가장 왼쪽 노드부터 새롭게 추가되고 그로 인해 마지막 레벨을 제외하고 노드가 가득 차 있는 모양을 만들게 된다. 이런 특징 때문에 이진 힙은 배열을 통해 데이터를 관리하기 용이하다. 이진 힙은 2가지 종류가 있는데 하나는 최대 힙(Max Heap), 다른 하나는 최소 힙(Min Heap)이다. 이진 힙으로 일련의 데이터가 들어올 때 최대 힙과 최소 힙이 구성되면 [그림 6-20]처럼 된다.

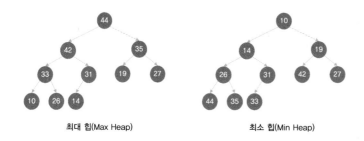

그림 6-20 최대 힙, 최소 힙 구성

데이터가 입력되면 최대 힙은 루트 노드 값이 입력된 데이터 중 가장 큰 값이 되고, 최소 힙은 반대로 가장 작은 값이 된다. 이로 인해 힙에서 루트 노드 값을 꺼내면 항상 가장 큰 값 혹은 가장 작은 값이 된다. 이런 이진 힙이 구성되는 과정을 살펴보자. 이진 힙은 완전 이진 트리의 속성을 따르므로 입력되는 데이터 순서에 따라 왼쪽 노드부터 채워지는데 입력되는 과정에서 상위 노드와 값 비교를 통해 위치가 바뀌게 된다. [그림 6-21]을 통해 최대 힙에 데이터가 입력되는 과정이 어떻게 진행되는지 알아보자.

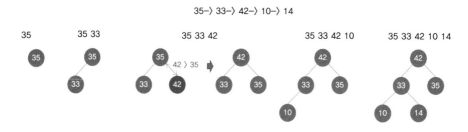

그림 6-21 최대 힙의 데이터 추가 과정

[그림 6-21]에서 각 데이터가 입력되는 과정을 볼 수 있다. 언급한 대로 노드는 왼쪽에서부터 하나씩 추가되며, 만약 부모 노드가 자신의 값 보다 작다면 해당 값과 교환되는 식이다. [그림 6-21]의 35, 33, 42의 추가 과정에서 42는 상위 노드인 35의 값보다 크므로 상위 노드와 교환된다. 계속해서 왼쪽부터 노드가 하나씩 추가되는 것을 볼 수 있다. 그리고 부모 노드와 값이 교환되고 그 위에 상위 노드가 있다면 계속 검사해 루트 노드까지 올라간다.

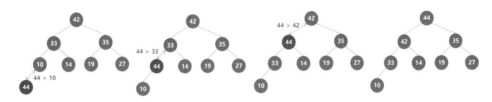

그림 6-22 최대힙을 유지

[그림 6-22]처럼 왼쪽에서 노드를 채워가다 큰 수가 입력으로 들어오면 상위 노드로 계속 이동한다. 그래서 이진 힙의 시간 복잡도는 트리의 높이(h)인 O(logN)이 된다. 입력 시 재구성을 통해 가장 큰 값을 루트 노드에 유지한다. 그로 인해 최대 힙에서 가장 큰 값을 꺼내는 시간 복잡도는 루트 노드를 가져오기 때문에 O(1)이다. 가장 큰 값을 가져오는 것은 O(1)이지만, 꺼내는(delete) 작업은 다르다. 최대 힙에서 가장 큰 값인 루트 노드를 꺼내는 작업을 했다면 어떻게 다시 최대 힙을 만드는지 알아보자.

루트 노드 삭제에 대한 이진 힙(최대 힙)의 재구성은 다음과 같은 순서로 이루어진다.

- 루트 노드 삭제
- 가장 낮은 레벨에서 가장 오른쪽의 노드를 루트로 올린다.
- 루트에서 각 자식 노드와 값을 비교하여 더 큰 값과 교환한다.
- 더 이상 교환이 없을 때까지 진행한다.

먼저 구성된 최대 힙이 있을 때 루트 노드의 값을 꺼내보자.

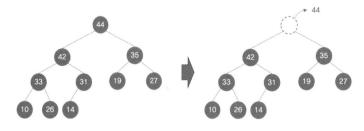

그림 6-23 루트 노드에서 노드 삭제

다음 순서는 마지막 레벨의 가장 오른쪽 노드를 루트로 옮기는 작업이 진행되어야 한다.

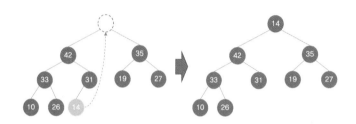

그림 6-24 마지막 노드 이동

[그림 6-24]에서 14가 루트로 이동하면서, 최대 힙의 구성이 이루어지지 않게 된다. 이제 하위 노드 값을 비교해가며 제 자리를 찾아갈 수 있도록 한다.

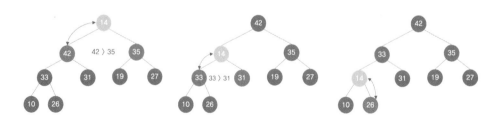

그림 6-25 최대 힙 재구성

[그림 6-25]에서 루트 노드는 자식과 비교되는데 그중 큰 값과 교체된다. 루트에서는 42, 35 와 비교하여 42와 교체되고 그다음 33, 31과 비교하여 33과 교체된다. 마지막으로 26과 교체 되어 14는 마지막 레벨로 이동한다. 이를 통해 다시 한번 최대 힙이 구성된다. 최소 힙과 최대

힙은 작은 값이 중심이 된다는 것 말고는 동일하다. 최소 힙에 대한 내용은 따로 추가하지 않겠다. 또한 최대 / 최소 힙의 구현을 설명하기 보다 파이썬에서 이 내용을 어떻게 사용할 수 있는지 설명하겠다.

파이썬에는 heapq[1]라는 모듈을 제공하여 이진 힙의 기능을 제공한다. 이를 통해 최대 / 최소 힙을 구성하고 사용하는 방법을 알아보자. heapq는 리스트의 데이터 관리를 이진 힙처럼 해 주는 것이다. 그래서 데이터를 추가 / 삭제한 결과를 리스트에 저장한다.

Python Shell (3.7)

```
>>> import heapq
>>>
# 리스트 heap 생성
>>> heap = []
# heapq를 이용해 데이터 추가
>>> heapq.heappush(heap, 35)
>>> heapq.heappush(heap, 33)
>>> heapq.heappush(heap, 42)
>>> heapq.heappush(heap, 10)
>>> heapq.heappush(heap, 14)
# 최솟값이 맨 앞
>>> heap
[10, 14, 42, 35, 33]
# 최솟값 꺼내기
>>> heapq.heappop(heap)
10
>>> heap
[14, 33, 42, 35]
# 최솟값 확인(삭제 X)
>>> heap[0]
14
# 기존 리스트를 heap으로 만들기
>>> heap = [35, 44, 42, 10, 14]
>>> heapq.heapify(heap)
>>> heap
[10, 14, 42, 44, 35]
```

heapq를 이용하여 이진 힙을 구성하는데 다른 언어도 마찬가지지만 이진 힙 라이브러리를 사

---

1 https://python.flowdas.com/library/heapq.html

용하면 기본값이 최소 힙(Min Heap)이다. 즉, 값을 넣고 꺼내오는 작업은 작은 값을 기준으로 이루어진다는 것을 알 수 있다. 우선 heapq에서 heappush()를 이용해 데이터를 넣고, heappop()을 통해 가장 작은 값을 얻어올 수 있다는 것을 알았다. 마지막으로 heapq를 이용해 최대 힙을 사용해보자. 사실 특별한 기능을 이용하는 것이 아니라, 입력되는 값을 음수로 변환해 입력하고, 꺼내오는 시점에 다시 양수로 변환해 사용하면 최소 힙을 최대 힙처럼 사용할 수 있다.

Python Shell (3.7)

```
>>> heap = [35, 44, 42, 10, 14]
>>> heap_max = [item * -1 for item in heap]
>>> heap_max
[-35, -44, -42, -10, -14]
>>>
>>> heapq.heapify(heap_max)
>>> heap_max
[-44, -35, -42, -10, -14]
>>>
```

heap 리스트에 양수 값이 있는데, 최대 힙을 이용해 관리하고 싶다면 리스트 값에 −1을 곱해 heapify()를 호출하면 원하는 최대 힙으로 값을 가져온다. 물론 꺼내는 시점에 다시 −1을 곱해줘야 하는 것을 잊지 않도록 하자.

6.6 트리 경로의 합

이 문제는 깊이 우선 탐색, 너비 우선 탐색 모두 적용이 가능하다. 이를 통해 깊이 우선 탐색과 너비 우선 탐색이 진행되는 과정을 이해할 수 있다.

6.6.1 문제 기술 및 설명

노드에 정수형 데이터가 있는 이진 트리가 입력으로 주어진다. 각 경로에 있는 노드의 데이터 합이 특정 값이 되는 경우가 몇 개인지 확인하자. 꼭 루트 노드부터 시작할 필요는 없으며, 시작은 부모 노드에서 자식 노드 쪽으로 이동하여 합을 만들어 나가야 한다. 자식 노드에서 위로 올라가는 경우는 없다.

입력으로 10, 5, −3, 3, 2, N, 11, 3, −2, N, 1의 트리를 구성하고 sum 값은 8을 찾도록 하자. 구성된 트리의 모양은 [그림 6-26]과 같다

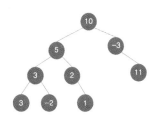

그림 6-26 트리 구성

이 트리의 아래로 이동하는 경로 중 합을 8로 만들 수 있는 경로를 찾아보자. 어떤 노드에서든 시작은 가능하지만 아래쪽 방향으로만 이동하여 합을 만들어야 한다는 것을 잊지 말자.

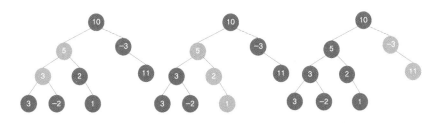

그림 6-27 합의 경로 찾기

8을 만들 수 있는 경로는 [그림 6-27]과 같이 3가지가 존재한다. 3의 값을 반환해 주도록 하면 완료다.

6.6.2 노트 레이아웃을 이용한 문제 접근 및 풀이

트리 탐색에서 가장 기본적으로 확인해야 하는 문제이다. 트리를 탐색해 얻고자 하는 값이 어떤 것이고, 어떤 식으로 순회해야 효과적으로 답을 찾을 수 있는지 고민해야 한다. 이 문제는 다양한 조건이 주어질 수 있다. 예를 들어, 루트 노드에서만 진행하며 잎새(leaf) 노드까지 꼭

진행하여 합을 만들어 내야 한다는 조건을 줄 수 있다. 다른 예제의 경우 조건은 동일하지만 개수가 아닌 경로 방식의 출력으로 결과를 요구할 수 있다. 중요한 것은 트리 탐색 방법을 학습하는 것이므로 이 문제를 해결한다면 다른 확장 문제도 쉽게 풀 수 있다.

제한사항(Constraints)

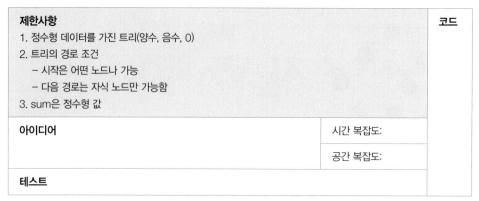

제한사항	코드

1. 정수형 데이터를 가진 트리(양수, 음수, 0)
 2. 트리의 경로 조건
    – 시작은 어떤 노드나 가능
    – 다음 경로는 자식 노드만 가능함
 3. sum은 정수형 값	

아이디어	시간 복잡도:
	공간 복잡도:
테스트	

정수형 데이터는 양수, 음수, 0의 값을 가질 수 있고 시작은 어떤 경로든 가능한 조건이며, 트리에 있는 모든 노드가 시작 노드로 1번쯤은 확인돼야 한다는 의미이기도 하다. 각 노드가 시작점이 될 수 있고 자식 노드로의 경로를 만들어 각 노드의 데이터 값을 합한 것이 입력으로 주어진 sum과 같은지 확인하면 된다.

아이디어(Ideas)

이 문제는 트리 탐색을 공식처럼 사용할 수 있는 문제다. 트리 순회가 필요한 사항이라면 깊이 우선 탐색(Depth First Search) 혹은 너비 우선 탐색(Breadth First Search)이 가능하다. 이를 선택적으로 활용하거나 조합하는 식으로 진행이 가능하다. 중요한 사항은 트리 + 탐색이라는 것은 공식처럼 비슷하니 학습을 잘 해두자. 탐색 과정에서 데이터를 활용하는 조건만 다를 뿐 탐색 자체는 비슷하게 구현이 가능하다는 것을 문제를 풀어보면서 알 수 있을 것이다.

제한사항		코드
아이디어(Brute-force) 1. 너비 우선 탐색으로 모든 노드 방문 　– 각 방문한 노드를 루트 노드로 하는 트리를 깊이 우선 탐색으로 방문하면서 경로의 합을 계산 　– 경로의 합이 입력으로 주어진 값과 일치하는지 확인 2. 모든 순회가 끝나면 합이 일치 했던 횟수를 반환	시간 복잡도: O(nlogn)	
	공간 복잡도: O(logn)	
아이디어(Brute-force) 1. 깊이 우선 탐색으로 모든 노드 방문 　– 각 방문한 노드를 루트 노드로 하는 트리를 깊이 우선 탐색으로 방문하면서 경로의 합을 계산 　– 경로의 합이 입력으로 주어진 값과 일치하는지 확인 2. 모든 순회가 끝나면 합이 일치 했던 횟수를 반환	시간 복잡도: O(nlogn)	
	공간 복잡도: O(logn)	
아이디어(Hash Table) 1. 해시 테이블을 생성하고 { 0 : 1 }로 초기화 2. 깊이 우선 탐색으로 모든 노드 방문 　– **(현재 루트에서 이동한 누적값 + 현재 노드 값 – sum)**이 해시 테이블에 있는지 확인, 있으면 count 값 1 증가 　– (현재 루트에서 누적된 값 + 현재 노드 값)을 키로 하고 값을 1로 하는 데이터로 해시 테이블에 추가 　– 왼쪽 노드 or 오른쪽 노드로 이동	시간 복잡도: O(n)	
	공간 복잡도: O(n)	
테스트		

아이디어에서 탐색을 2번 이용해 이 문제를 해결하는 이유는 모든 노드가 합의 경로를 위한 시작 노드가 되어야 하기 때문이다. 예를 들어, 루트 노드에서 모든 경로의 합을 구하고 나면 루트의 왼쪽 노드에서 시작하는 다른 경로를 탐색해야 한다. 즉, 루트의 왼쪽 노드를 하위 트리의 루트로 고려한 모든 경로를 탐색해야 한다. 깊이 우선 탐색 혹은 너비 운선 탐색으로 방문한 노드를 루트로 고려할 수 있다. 다만, 루트가 된 노드에서 하위 노드로의 모든 경로를 탐색하기 위해 너비 우선 탐색은 적합하지 않다. 너비 우선 탐색은 특정 노드의 같은 레벨 노드를 먼저 방문하기 때문에 경로가 만들어지지 않는다. 우선 너비 우선 탐색으로 각 노드를 방문하고 방문한 노드를 루트로 고려하는 하위 경로를 만들어 보자.

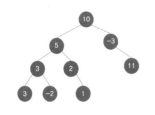 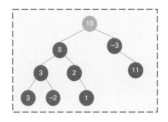 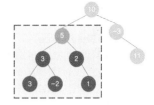

그림 6-28 너비 우선 탐색의 하위 트리 경로 탐색 과정

[그림 6-28]의 가장 왼쪽은 입력된 트리, 가운데는 10을 루트로 하는 트리 구성, 오른쪽은 10
의 왼쪽 노드인 5를 루트로 하는 트리로 생각하고 모든 경로를 만들게 된다. 10을 루트로 진행
하면 아래와 같은 경로가 나온다.

$10 \rightarrow 5 \rightarrow 3 \rightarrow 3$, $10 \rightarrow 5 \rightarrow 3 \rightarrow -2$, $10 \rightarrow 5 \rightarrow 2 \rightarrow 1$, $10 \rightarrow -3 \rightarrow 11$

10의 왼쪽 노드인 5를 기준으로 하위 트리의 경로를 파악해보자.

$5 \rightarrow 3 \rightarrow 3$, $5 \rightarrow 3 \rightarrow -2$, $5 \rightarrow 2 \rightarrow 1$

이런 경로가 만들어진다. 전체 트리에서 너비 우선 탐색으로 모든 노드를 방문하여 하위 트리
를 구성하면 [그림 6-29]처럼 된다.

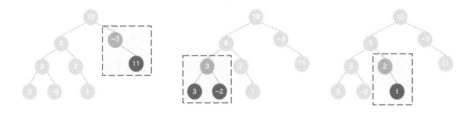

그림 6-29 너비 우선 탐색 순서 및 하위 트리

[그림 6-29]는 왼쪽부터 너비 탐색으로 하위 트리를 구성하는 과정이다. 마지막 잎새 노드도
선택 대상이 되는데, 이 그림에서는 제외했다. [그림 6-28], [그림 6-29]에서 하위 트리 시작
을 선택했을 때 모든 경로를 찾아보자. 하위 노드로의 경로는 깊이 우선 탐색을 사용하자.

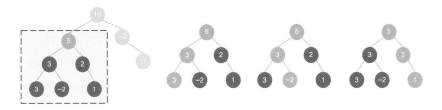

그림 6-30 하위 트리의 모든 경로 탐색

[그림 6-30]을 통해 5를 루트로 하는 하위 트리에서 깊이 우선 탐색으로 경로를 만들어가는 과정을 볼 수 있다. 여기까지 너비 우선 탐색 + 깊이 우선 탐색으로 모든 노드를 방문하고 하위 트리 경로를 모두 알아낼 수 있다. 너비 우선 탐색으로 모든 경로를 탐색하는 경우, 모든 노드를 1번씩 방문하게 되므로 n 개의 노드가 있다고 하면 시간 복잡도는 $O(n)$이 된다. 또한 각 노드를 루트로 하여 하위 트리를 구성하는데, 이 트리가 완전 이진 트리가 되면 n + (n/2) * 2 + (n/4) * 4 + ⋯ + 1 * n처럼 하위로 내려갈수록 노드 개수가 줄어든다. 이런 경우 시간 복잡도는 $O(n\log n)$이 되고, 한쪽(왼쪽 혹은 오른쪽)으로 치우쳐진 트리라면, n * ((n−1) + (n−2) + (n−3)... + 1)으로 $O(n^2)$이 된다. 정리하면, 트리가 치우쳐지지 않는다면 $O(n\log n)$의 시간 복잡도를 가지고 최악의 경우(치우쳐진 트리) $O(n^2)$가 된다. 2번째 아이디어는 1번째 아이디어와 크게 다르지 않다. 다만 1번째 탐색에서 깊이 우선 탐색을 사용한다. 노드 방문 순서는 달라질 수 있지만 결과적으로 동일하다.

3번째 아이디어는 해시 테이블을 이용해서 기존 경로 값을 저장하고 계산식을 통한 하위 경로합을 파악하는 방법이다. 1번의 탐색으로 트리에서 생성 가능한 모든 경로의 입력으로 요구한 합의 경로를 찾을 수 있다. 어떤 방식인지 알아보자.

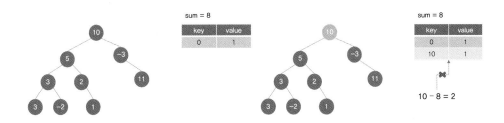

그림 6-31 초기 해시 테이블 구성

[그림 6-31]을 보면 입력으로 주어진 트리와 sum 값 8이 있다. 최초 해시 테이블에는 { 0: 1}로 초기화되어 있다. 예를 들면, 1번째 노드(루트)와 주어진 합이 같아지는 경우 해당 차를 해시 테이블에서 바로 찾을 수 있도록 하기 위함이다. 1번째 노드인 10을 방문하면 10 − 8(sum) = 2가 된다. 2 값이 해시 테이블에 있는지 확인하면 없으니 노드의 누적값 10을 해시 테이블에 추가한다. 다음 노드를 방문해보자. 왼쪽 노드부터 진행하니 5를 방문했다. 현재까지 누적 합은 10 + 5 = 15가 되므로 15 − 8(sum) = 7이 된다. 7을 다시 해시 테이블에서 찾아본다. 하지만 7 값은 해시 테이블에 존재하지 않는다. 이것은 현재까지 경로에서는 원하는 경로의 합 8이 없다는 것이다. 깊이 우선 탐색으로 다음 노드를 방문해보자. 다음 노드는 3이다. 현재까지 누적값은 10 + 5 + 3 = 18이 된다. 이제 18에 요구한 sum 값 8을 빼면 10이 되고 이 값은 해시 테이블에 존재한다. 그렇다면 10 → 5 → 3 경로에는 원하는 8의 값을 가지는 경로가 존재한다는 의미다. 그림 〈6-32〉를 확인해보자.

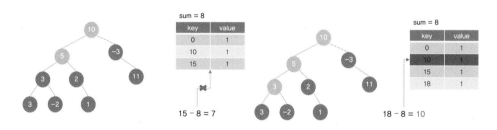

그림 6-32 해시 테이블을 이용한 경로의 합 찾기

계속 누적값을 계산하면서 해시 테이블을 업데이트해야 한다. 다른 경로에 대한 해시 테이블의 계산을 알아보자. 예를 들어, 10 → −3 → 11의 과정을 보자. 먼저 해시 테이블에는 깊이 우선 탐색으로 왼쪽 하위 트리를 모두 순회하였을 것이며, 깊이 우선 탐색으로 다시 스택에서 꺼내어지며 노드 방문을 완료하면 해시 테이블에는 {0: 1, 10: 1, 15: 0, 18: 0, 21: 0, 16: 0, 17: 0} 처럼 들어가 있어야 한다. 각 키에 대해 값이 0이 된 부분은 해당 경로의 합은 신경 쓰지 않아도 된다는 의미다. {0: 1, 10: 1}만 있다고 생각해도 좋다. 그다음 −3을 방문하면 {0: 1, 10: 1, 7: 1}로 업데이트될 것이다. 마지막 11 노드를 방문하면 누적 7 + 11 − 8 = 10이 되므로 해시 테이블에 있는 10의 키값을 참조할 수 있고, 해당 경로에는 8의 합을 가지는 경로가 1개 있다고 판단할 수 있다. [그림 6-31], [그림 6-32]의 노드를 하나씩 방문하면서 해시 테이블을 업데이트해보자. 그러면 충분히 이해할 수 있다.

코드(Code)

이 문제를 해결하기 위한 코드 구현은 **6.3**, **6.4**를 참고하자. 각 노드를 1번씩 순회하고 각 방문한 노드를 기준으로 하위 트리에서의 모든 경로를 확인해보자. 1번째 아이디어인 너비 우선 탐색으로 하위 트리를 만들기 위해 모든 노드를 순회한다. 순회를 하고 하위 트리는 앞서 언급했듯이 깊이 우선 탐색으로만 부모에서 자식 노드로의 경로를 확인할 수 있다. 너비 우선 탐색은 경로를 확인하는데 적합하지 않다. 구현을 해보자.

제한사항		코드
아이디어	시간 :	
	공간:	
테스트		

```python
def pathSum(root: Node, sum: int) -> int:
    cnt = 0

    if root == None:
        return cnt

    def pathSumSub(node: Node, target: int) -> int:
        if node == None:
            return 0

        return (1 if (target - node.data) == 0 else 0)+\
            pathSumSub(node.left, target - node.data)+\
            pathSumSub(node.right, target - node.data)

    queue = deque()
    queue.append(root)

    while len(queue) != 0:
        q_size = len(queue)

        for _ in range(q_size):
            node = queue.popleft()

            cnt += pathSumSub(node, sum)

            if node.left:
                queue.append(node.left)
            if node.right:
                queue.append(node.right)

    return cnt
```

코드는 깊이 / 너비 우선 탐색을 모두 사용한 방식의 구현이다. pathSum() 함수가 너비 우선 탐색으로 주어진 트리의 모든 노드를 방문하고, pathSumSub()는 깊이 우선 탐색으로 앞서 방문했던 노드를 루트로 하는 하위 트리의 모든 경로를 찾고 입력으로 주어진 sum 값을 확인한다. 경로를 확인하는 과정에서 경로 내의 노드 값을 target 변수로부터 뺄셈하고 0이 되는지 확인한다. 0이면 1을 더해주고 아니라면 0을 더해 추가 재귀 호출을 한다. 재귀 복귀하여 첫 호출에 대한 반환을 하면 선택한 하위 트리의 모든 경로에서 입력된 합과 같은 경로의 수가 된다. 트리 관련 첫 문제이니 **6.2.2** 이진 트리 구성을 이용한 문제를 확인하고 디버깅하는 방법을 설명하겠다.

요약하면 트리 구성을 하고 구성된 트리의 루트를 pathSum() 함수의 인자로 넣어 결과를 출력하면 되는 구조다. **6.2**에서 소개한 클래스인 BinarySearchTree 클래스를 약간 변경하거나 그대로 사용할 수 있다. 다만 트리 문제는 공통적으로 다루어야 하니 정리를 할 필요가 있다. 클래스 BinaryTree를 새로 구성해보자. 보통 쉬움(easy)과 보통(medium) 난도의 문제에서 노드를 하나씩 추가하는 경우는 거의 경험하지 못했다. 트리가 입력으로 주어지거나 문제 자체가 특정 트리를 구성하는 문제이므로 **6.2**에서 구현한 BinarySearchTree에서 삽입 / 삭제 / 찾기 같은 것은 제거하고 **6.2.2**에서 구현한 create_bst 정도만 남겨두자. 그리고 앞으로 구성된 트리의 루트를 입력받아 검색 / 수정 혹은 찾기를 수행할 pathSum() 같은 함수는 클래스 외부에 구현하고, BinaryTree 클래스에서 루트 노드를 꺼낼 수 있도록 만들면 된다. pathSum()의 구현 및 테스트를 위한 최종 코드는 다음과 같다.

binarytree.py
```
class Node:
    def __init__(self, data):
        self.left = None
        self.right = None
        self.data = data

    def __repr__(self):
        return str(self.data)

class BinaryTree:
    def __init__(self):
        self.__root = None
```

```
        @property
        def root(self):
            return self.__root

        def create_bst(self, nodes_list):
            nodes = [None if item is None else Node(item)
                     for item in nodes_list]

            # root node
            self.__root = nodes[0]

            for index in range(1, len(nodes)):
                node = nodes[index]

                if node is not None:
                    parent_index = (index - 1) // 2
                    parent = nodes[parent_index]
                    if parent is None:
                        raise ValueError(
                            f'Missing parent node at index {parent_index},'
                            f' Node({node.data})')
                    if index % 2 == True:
                        parent.left = node
                    else:
                        parent.right = node
```

inorder_traverse()는 넣지 않아도 되지만 원한다면 BinaryTree 클래스에 추가하면 된다. 이 클래스를 binarytree.py로 저장을 하자. 그리고 이제 pathSum()을 solution.py 파일 만들어서 구현해보자.

solution.py

```
from collections import deque
from binarytree import BinaryTree, Node

def pathSum(root: Node, sum: int) -> int:
    <pathSum 구현 내용 추가>

if __name__ == '__main__':
    bst = BinaryTree()
```

```
input_datas = []
for item in input().split(' '):
    if item == 'N':
        input_datas.append(None)
    else:
        input_datas.append(int(item))

bst.create_bst(input_datas)
target_sum = int(input())

print(f'result: {pathSum(bst.root, target_sum)}')
```

solution.py와 binarytree.py를 같은 디렉터리에 두면 from binarytree import Binary-Tree, Node를 통해 binarytree.py 파일을 solution.py로 가져오는데, 이 파일에 있는 Bin-aryTree, Node 클래스를 사용할 수 있게 한다는 의미다. 그다음 pathSum() 함수를 구현해 main 함수로 보이는 함수에서 외부 입력을 받아 pathSum을 호출 및 결과를 확인할 수 있도록 했다.

명령 라인에 python solution.py를 입력하면 입력을 대기하게 된다. **6.2.2**에서 살펴본 대로 숫자와 'N'을 이용해 트리를 입력하고 다음 라인에 기대되는 sum 값을 입력한다. 예를 들어, [그림 6-28]과 동일한 트리를 구성하고 sum 값을 8로 하려면 아래와 같이 진행할 수 있다.

Bash Shell

```
$ python solution.py
10 5 -3 3 2 N 11 3 -2 N 1
8
result: 3
```

이제 원하는 트리를 구성할 수 있고 테스트도 할 수 있게 되었다. 파이썬 파일에 대한 디버깅 방법은 **8장**과 **부록**에서 살펴보자. 대부분은 print 문을 통해 값과 노드를 출력하여 확인이 가능하다.

다음 아이디어인 깊이 우선 탐색만을 이용해 문제를 해결해보자. 깊이 우선 탐색은 너비 우선 탐색과 순서는 다르지만 모든 노드를 방문한다는 점에서 동일하다. 앞선 해결책에서 경로를 확인하는 부분은 깊이 우선 탐색만 가능하므로 너비 우선 탐색 부분을 깊이 우선 탐색으로 변경하게 된다.

제한사항		코드

아이디어	시간:	```
		def pathSum(root: Node, sum: int) -> int:
		    if root == None:
		        return 0
		``

	공간:	

테스트		```
		    def pathSumSub(node: TreeNode, target: int):
		        if node == None:
		            return 0
		
		        return (1 if (target - node.data) == 0 else 0) +\
		            pathSumSub(node.left, target - node.data) +\
		            pathSumSub(node.right, target - node.data)
		
		    return pathSum(root.left, sum) + \
		        pathSum(root.right, sum) + \
		        pathSumSub(root, sum)
		``

깊이 우선 탐색의 포맷으로 노드를 방문하는 것과 각 방문한 노드를 루트로 하는 하위 트리의 경로 탐색을 진행하는 것이다. 우선 pathSumSub() 함수는 1번째 아이디어의 구현과 동일하다. 처음 pathSum() 함수를 호출했다면 전체 트리를 기준으로 pathSumSub()가 호출되고 루트의 각 왼쪽, 오른쪽으로 깊이 우선 탐색을 위한 진입을 한다. 순서로 따지면 왼쪽 맨 마지막 잎새 노드가 가장 먼저 하위 서브 트리가 된다. **6.3**에 깊이 우선 탐색이 그대로 진행되니 이해하는 데 도움이 될 것이다.

3번째 아이디어인 해시 테이블을 이용하여 문제를 해결해보자. 아이디어에서 설명을 이해했다면 구현도 쉽게 이해가 될 것이다. 깊이 우선 탐색 1번만으로 루트에서 모든 잎새 노드로 가는 경로를 확인할 수 있다. 다만 문제에서 루트에서 시작하지 않더라도 하위 경로를 포함하는 것도 요구되었기 때문에 너비 + 깊이 우선 탐색 혹은 깊이 + 깊이 우선 탐색을 통해 요구사항을 만족시켰을 것이다. 하지만 추가적인 하위 트리에 대한 탐색이 없더라도 저장(해시 테이블을 이용한 경로의 누적값)을 이용해 경로 내의 요청한 값이 있는지 확인이 가능하다. [그림 6-32]에서 설명한 내용을 다른 경로로 예를 들어 설명해보겠다. 만약, 5 → −4 → 6 → 1의 경로가 있고 찾고자 하는 합(sum)이 2라면 경로를 따라가면서 해시 테이블은 { 5: 1, 1: 1, 7: 1, 8: 1 }로 쌓인다. 경로를 탐색하는 과정 중 5 → − 4 → 6이 되는 시점에 5 + (−4) + 6 = 7에서 요청한 합(sum)인 2를 빼면 5가 된다. 이 5는 해시 테이블에 존재한다.

이것은 5를 제외하고 $(-4) \rightarrow 6$의 경로가 합 2를 만족하는 것을 의미한다. 구현을 보자.

제한사항		코드
아이디어	시간 :	```def pathSum(root: Node, sum: int) -> int:```
	공간:	
테스트		

```python
def pathSum(root: Node, sum: int) -> int:
    result = 0
    acc = {0:1}

    def pathSumSub(node: Node, curr_acc):
        nonlocal result
        if node == None:
            return
        key_value = curr_acc + node.data - sum
        if key_value in acc:
            result += acc[key_value]

        curr_acc += node.data
        acc.setdefault(curr_acc, 0)
        acc[curr_acc] += 1
        pathSumSub(node.left, curr_acc)
        pathSumSub(node.right, curr_acc)
        acc[curr_acc] -= 1

        return

    pathSumSub(root, 0)
    return result
```

아이디어 대로 해시 테이블(acc)을 초기화하고 pathSumSub() 내부 함수를 구현했다. 내부 함수는 재귀 호출로 트리를 하위 레벨로 내려가며 값을 확인한다. 확인하는 과정에서 현재 누적값(curr_acc) + 현재 노드 값(node.data) − 요청 합(sum)의 계산으로 나온 결과를 해시 테이블(acc)로부터 찾는다. 찾았다면 반환될 결과 변수(result)에 찾은 해시 테이블 값을 더해준다. 그리고 다음 노드(왼쪽 / 오른쪽)를 방문하여 모든 노드의 경로에서 해당 로직을 수행한다. 트리의 모든 노드를 1회만 방문하고 원하는 결괏값을 얻을 수 있다.

테스트(Test Cases)

트리 경로의 합 테스트는 트리가 없이 입력으로 들어오는 경우 말고는 특별히 다른 경우를 확인할 필요는 없다. 즉, 앞에서 제공된 예제 트리(그림 6-31)에서 합(sum) 값만 변경하여 되는지 확인해보자.

```
Test Case 1: tree = None, sum = 3
```

트리가 없는 경우 처리는 항상 잊지 않고 해주도록 하자. 보통 인자로 들어오는 root가 None인지 아닌지 정도만 확인하고 문제에서 원하는 값(0 혹은 음수 값)을 반환해 주면 된다.

```
Test Case 2: tree = [그림 6-31], sum = 8 or 7 등 경로에 존재하거나 없는 값을
입력으로 활용
```

이 두 경우만 확인해도 문제에 대한 검증은 충분히 될 것이다. 앞서 제공한 BinaryTree 클래스와 출력문(print)을 통해 값을 추적해보고 원하는 노드를 방문하는지 확인해보자. 트리 문제에서 깊이 / 너비 우선 탐색에 대한 기본적인 포맷을 사용할 수 있는 문제다. 다양한 문제를 이 포맷으로 해결할 수 있을 것이다. 첫 문제이니 잘 확인하고 기억해 활용해보자.

6.6.3 관련 문제 사이트

- LeetCode
  - *https://leetcode.com/problems/path-sum*
  - *https://leetcode.com/problems/path-sum-ii*
  - *https://leetcode.com/problems/path-sum-iii*
- GeeksForGeeks
  https://practice.geeksforgeeks.org/problems/root-to-leaf-path-sum/1

6.7 3번째 큰 수

트리 문제와는 크게 관련이 없는 문제일 수도 있지만 이 문제를 넣은 이유는 **6.5**에서 설명한 이 진 힙(heap)을 사용해 해결할 수 있는 문제이기 때문이다. 다양한 자료구조를 문제에 맞게 사용할 수 있는 연습이 될 수 있다.

6.7.1 문제 기술 및 설명

배열에서 3번째로 큰 수를 찾아 반환하도록 하자. 만약 3번째로 큰 수가 없다면 가장 큰 수를 반환하면 된다. 예를 들어 배열에 [1, 2, 3] 이 있다면 3번째로 큰 수인 1을 반환하고 3번째가 없는 배열 [2, 3]이라면 3을 반환하면 된다.

6.7.2 노트 레이아웃을 이용한 문제 접근 및 풀이

문제는 특별히 설명이 필요 없을 정도로 간단하다. 간단하지만 충분히 생각하고 접근법을 고려해야 한다. 이 문제는 시간 복잡도에 관한 제약 사항이 있을 수도 있으니 확인해보자.

제한사항(Constraints)

제한사항	코드
1. 정수형 배열 2. 배열은 비어 있지 않다. 3. 요소가 3개 이상이라면 3번째 큰 수를 반환 4. 요소가 3개 미만이라면 가장 큰 수를 반환 5. 같은 숫자는 카운팅하지 않는다.	
아이디어	시간 복잡도:
	공간 복잡도:
테스트	

배열에 3개 이상의 요소가 있다면, 3번째 큰 수를 찾으면 되지만 그 미만이라면 가장 큰 수를 반환해야 하는 제약을 고려하자.

아이디어(Ideas)

아이디어 자체는 간단하다. 배열의 정렬을 사용해 3번째 큰 수를 접근하거나, 우선순위 큐를 사용해 입력으로 주어진 배열의 값을 큐로 넣고 꺼내면서 큐 내에 있는 큰 수를 꺼내도록 하는 방법이 있다.

제한사항	코드

아이디어(정렬)
1. 배열을 역순으로 정렬한다.
2. 가장 큰 수를 변수에 저장
3. 배열을 순회한다.
  – 해시 테이블(set)을 이용해 중복된 숫자는 다음으로 넘어간다.
  – 중복된 숫자를 제외하고 3번째 숫자라면 순회 종료
4. 순회 과정에서 중복된 숫자를 제외하고 3번째 숫자를 찾지 못했다면, 2번에서 저장한 가장 큰 수가 반환
	시간 복잡도:
	O(nlogn)
	
	공간 복잡도:
	O(n)

아이디어(우선순위 큐) 1. 우선순위 큐(최대 힙 사용)를 생성 2. 각 요소를 순회하면서 중복을 제외하고 최대 힙을 구성 3. 최대 힙 내에 요소가 2개 이하라면 맨 앞에 있는 숫자를 반환 4. 최대 힙 내에 요소가 3개 이상이라면, 힙에서 3번 요소를 꺼내 3번째 요소 반환.	시간 복잡도: O(nlogn) 공간 복잡도: O(n)
테스트	

역순으로 정렬하면 가장 큰 수가 맨 앞에 있고, 앞에서부터 3번째 요소를 반환하거나 3개 미만의 요소만 있다면 맨 앞의 요소를 반환하면 조건을 만족한다. 우선순위 큐는 파이썬에서 heapq 모듈을 이용해 진행하는데 heapq는 기본적으로 작은 값에 대해(최소 힙) 우선순위 큐로 동작한다. 이를 위해 **6.5**에서 최대 힙으로 구성하는 방법을 참조하여 진행하면 된다. 이 문제의 자료구조를 어떻게 활용하는지에 대한 추가적 설명은 **1장**의 배열과 **6.5**의 이진 힙을 참조하길 바란다.

코드(Code)

배열을 역 정렬하여 맨 앞에서부터 3번째 숫자를 반환하자. 주의해야 할 점은 배열의 요소가 3개보다 작으면 가장 큰 수를 반환하도록 해야 한다는 것이다.

제한사항		코드
아이디어	시간 :	```def thirdMax(nums: List[int]) -> int:```
	공간 :	
테스트		

```python
def thirdMax(nums: List[int]) -> int:
    cnt = 0
    third_max = 0

    check_dup = set()

    nums.sort(reverse=True)
    third_max = nums[0]

    for num in nums:
        if num in check_dup:
            continue

        check_dup.add(num)

        if cnt == 2:
            third_max = num
            break

        cnt += 1

    return third_max
```

third_max 변수를 추적하면 3번째 큰 수를 어떻게 찾았는지 확인할 수 있다. 배열(리스트)의 sort() 함수를 이용할 때 인자로 reverse=True를 넣어 준다면 내림차순으로 정렬할 것이다. 또한 챙겨야 하는 내용은 중복된 숫자이다. 예를 들어 배열이 [3, 2, 3, 3, 4, 5, 4] 라면 3의 값을 반환해야 하고 [2, 2, 2, 2, 4] 라면 4를 반환해야 한다. 중복된 숫자를 제외하기 위해 set() 을 사용했다. set에 이미 추가가 되었다면 다음 값으로 넘어가도록 구현하면 된다.

우선순위 큐를 사용해 문제를 해결해보자. 사실 정렬도 시간 복잡도가 $O(n\log n)$이고 우선순위 큐에 n 개 요소를 넣게 되면, 넣을 때마다 $O(\log n)$의 시간 복잡도를 가지므로 결국 $O(n\log n)$이 되어 배열의 정렬을 사용하든 우선순위 큐를 사용하든 시간 / 공간 복잡도에서는 큰 차이가 없다.

제한사항		코드
아이디어	시간 :	```def thirdMax(nums: List[int]) -> int:```
	공간 :	
테스트		

```
def thirdMax(nums: List[int]) -> int:
    prio_queue = [item * -1 for item in
                        list(dict.fromkeys(nums))]
    heapq.heapify(prio_queue)

    if len(prio_queue) > 2:
        cnt = 2

        while cnt > 0:
            heapq.heappop(prio_queue)
            cnt -= 1

    return prio_queue[0] * -1
```

배열(리스트)에서 중복된 요소를 제외하고 모든 값에 음수를 곱하는 것은 리스트 축약(list comprehension)을 이용했다. list(dict.fromkeys(nums))의 nums를 순회하며 배열의 요소를 사전형(dict)의 키로 만드는 과정에서 해시 테이블의 특성상 중복된 키를 허용하지 않으니 자연스레 중복된 값을 제거한 리스트를 얻을 수 있다. 또한 우선순위 큐를 큰 수 기준으로 꺼내지게 하기 위해 각 요소를 음수로 만들어 역순으로 만들 필요가 있다. 그리고 heapify를 통해 우선순위 큐에 맞는 요소를 배치하고 큐 내에 요소가 3개 이상이라면 앞 2개를 꺼내 3번째 큰 수를 꺼낼 수 있게 만들어 두는 과정을 거친다.

테스트(Test Cases)

이 문제는 약간의 조건(중복된 숫자, 3개 미만의 요소에서의 처리)이 있으니 하나씩 검증을 해보자. 배열이 비어 있지 않다는 조건이 있으니 비어 있는 경우는 고려하지 않아도 된다.

```
Test Case 1: nums = [1, 2]
```

3개 미만의 경우 가장 큰 수를 꺼낼 수 있는지 확인해보자. 다음은 중복된 숫자를 포함한 배열의 요소에서 3번째 큰 수를 반환하는지 알아보자.

```
Test Case 2: nums = [2, 3, 2, 3, 4, 5, 1, 1, 1]
```

중복된 숫자를 제외하면 1, 2, 3, 4, 5가 남으니 3을 반환하는지 확인하자. 마지막은 중복된 숫자를 제외하면 3개 미만의 요소만 남는 경우에 처리가 되는지 확인이 필요하다.

```
Test Case 3: nums = [1, 1, 1, 1, 1, 4, 4, 4]
```

이런 경우에는 가장 큰 수인 4를 반환해야 한다. 테스트를 통해 값을 확인할 수 있도록 하자. 구현 사항을 컴퓨터에서 실행해보는 것이 아니라 노트에 해당 값을 적어가며 확인하는 것이 연습이란 것을 잊지 말자.

6.7.3 관련 문제 사이트

- LeetCode
  https://leetcode.com/problems/third-maximum-number/

- GeeksForGeeks
  https://practice.geeksforgeeks.org/problems/third-largest-element/1

6.8 이진 트리 반전

아주 유명한 문제이다. 트리의 루트를 기준으로 각 좌우 노드의 위치를 바꾸는 것인데, 조금 막막하게 느껴질 수 있다. 하지만 문제 풀이를 통해 이해하면 잊어버리기 힘들 정도로 간단한 문제다. 이 문제는 스택을 이용한 방법과 큐를 이용한 방법 모두 가능하다. 쉽거나 보통 난도 트리 문제는 접근법이 비슷하니 다양한 문제를 풀어보자.

6.8.1 문제 기술 및 설명

이진 트리의 반전이라고 하면 어느 노드가 어느 쪽으로 이동되어야 반전되는지 확인해 볼 필요가 있다. 간단하게 그림으로 알아보자.

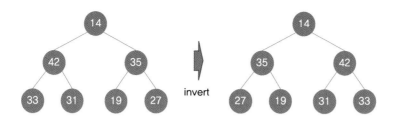

그림 6-33 이진 트리 반전

부모 노드를 기점으로 왼쪽 노드와 오른쪽 노드의 위치가 바뀐 것을 알 수 있다. 루트 노드 (14)에서 왼쪽과 오른쪽의 위치가 변경되고, 각 하위 노드도 위치가 바뀐 것을 알 수 있다. 이 문제 풀이를 보기 전 앞선 문제에서 사용한 방법으로 해결해 보길 바란다.

6.8.2 노트 레이아웃을 이용한 문제 접근 및 풀이

문제 기술 설명에서도 언급했듯이 부모 모드를 기점으로 왼쪽과 오른쪽의 위치 변경이 있다. 특정 노드를 방문했을 시점에 왼쪽과 오른쪽 자식 노드는 접근이 가능하다는 점을 이용한 방법 이다. 처음에 문제를 접하면 어떻게 해결해야 할지 막막할 수 있는데 풀이를 보면 실소가 나올 수 있다. 이 문제 하나로 트리에 대한 이해를 충분히 했는지에 대해 확인할 수 있다. 또한 특별 한 제한사항은 없으니 따로 언급하지 않겠다.

아이디어(Ideas)

결국 이 문제는 모든 노드를 방문하여 왼쪽 / 오른쪽 노드를 확인하고 교환을 해줘야 하는 일이 반복된다. 그렇다면 깊이 우선 탐색 / 너비 우선 탐색 모두 가능하다. 아이디어 차이는 별로 없 지만 3가지 구현 방법을 알아보자.

제한사항		코드
아이디어(반복–스택) 1. 스택 생성 2. 루트 노드를 스택에 추가 3. 스택이 비어 있을 때까지 　– 노드를 방문 　– 왼쪽 / 오른쪽 노드 교환(swap) 　– 스택에 왼쪽, 오른쪽 노드 추가	시간 복잡도: O(n)	
	공간 복잡도: O(n)	
아이디어(재귀–스택) 1. 노드가 None이라면 반환 2. 노드의 왼쪽 / 오른쪽 노드 교환(swap) 3. 왼쪽 노드로 재귀 호출 4. 오른쪽 노드로 재귀 호출	시간 복잡도: O(n)	
	공간 복잡도: O(n)	
아이디어(큐) 1. 큐를 생성 2. 루트를 큐에 추가 3. 큐가 비어 있을 때까지 　– 현재 큐가 가지고 있는 모든 노드를 꺼냄(pop) 　– 꺼낸 노드의 왼쪽과 오른쪽 노드의 교환(swap) 　– 왼쪽과 오른쪽 노드를 큐에 추가	시간 복잡도: O(n)	
	공간 복잡도: O(n)	
테스트		

3가지 아이디어가 있지만 결국 '각 노드를 방문하여 왼쪽과 오른쪽 노드 교환(swap)'이 동일하게 들어간다. 동일하게 들어간 내용만 잘 구현하면 노드를 방문하는 방법은 다양하게 구현할 수 있다. 각 아이디어는 노드를 어떤 순서로 방문하는지의 차이는 크게 없기 때문에 아이디어를 각각 살펴볼 필요는 없다. 단지 구현에서 달라지는 부분이기 때문이다. 그렇다면 너비 우선 탐색을 통해 각 노드를 방문하여 왼쪽과 오른쪽의 노드가 교환되는 과정만 그림으로 살펴보자.

6.8.1에서 사용한 입력 트리를 그대로 이용하겠다. 각 접근 단계에서 교환되는 노드를 중심으로 확인하면 된다.

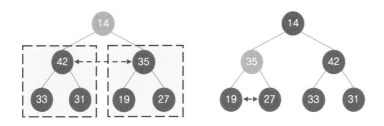

그림 6-34 루트의 왼쪽과 오른쪽 노드 교환(swap)

[그림 6-34]에서 보듯 루트(14)를 방문하여 왼쪽 노드와 오른쪽 노드의 교환으로 각 자식 노드의 위치도 바뀌게 된다. 즉, 노드를 방문하여 왼쪽과 우측을 교환(swap)하면 하위 자식들은 자연스레 반대로 이동한다. 그다음 35 노드를 접근하면 하위 왼쪽, 오른쪽 노드는 교환해야한다. [그림 6-34]는 교환되기 전이며 [그림 6-35]는 하위 노드 교환과 42 노드 교환(swap)도 보여준다. 너비 우선 탐색으로 했기 때문에 각 노드의 방문 순서에 맞게 진행된다.

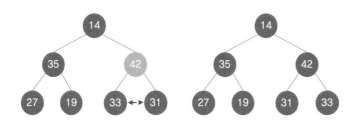

그림 6-35 노드의 자식 노드 교환 과정

잎새 노드의 방문은 설명하지 않아도 충분히 이해가 되었을 것이다. 너비 우선 탐색으로 각 노드를 방문하면서 교환하고 다시 등록을 하기 때문에 계속 교환된 상태로 노드를 방문한다. 구현을 통해 자세히 살펴보자.

코드(Code)

가장 먼저 스택 자료구조를 사용하고 반복문으로 이 문제를 풀이해보자. 스택에는 다음에 방문할 노드를 넣을 것이며 교환 처리가 되고 나면 스택에는 방문할 노드가 쌓인다.

제한사항		코드
아이디어	시간 :	```def invertTree(root: Node) -> Node:```
	공간:	
테스트		

```
def invertTree(root: Node) -> Node:
    if root == None:
        return

    stack = []

    stack.append(root)
    while (len(stack) > 0):
        node = stack.pop()

        left = node.left
        node.left = node.right
        node.right = left

        if node.left != None:
            stack.append(node.left)
        if node.right != None:
            stack.append(node.right)

    return root
```

다음은 동일한 코드지만 재귀를 이용한 트리 탐색 및 자식 노드의 교환을 진행해보자. 반복법에 사용된 스택은 재귀 호출로 대체된다는 것만 인지하면 된다.

제한사항		코드
아이디어	시간 :	
	공간:	
테스트		

```
def invertTree(root: TreeNode) -> TreeNode:
    if root == None:
        return None

    left = root.left
    root.left = root.right
    root.right = left

    invertTree(root.left)
    invertTree(root.right)

    return root
```

앞서 풀이해 본 스택 자료구조(stack 변수)를 이용한 방법에서 stack.append( ) 및 stack.pop( )이 재귀 호출로 대체되는 것을 알 수 있었다. 함수가 호출되면서 호출 이전의 지역 변수의 값은 스택에 저장되어 있기 때문에 가능한 것이다.

마지막으로 큐를 이용한 너비 우선 탐색과 노드 교환(swap)을 진행해보자. 코드를 보면 알겠지만 반복과 스택을 이용한 방법과 크게 다르지 않다. 다만 노드의 방문 순서가 조금 다르다.

제한사항		코드
아이디어	시간 :	`def invertTree(root: Node) -> Node:`
	공간:	
테스트		

```
def invertTree(root: Node) -> Node:
    if root == None:
        return None

    queue = deque()
    queue.append(root)

    while len(queue) > 0:
        cnt = len(queue)

        for _ in range(cnt):
            node = queue.popleft()

            left = node.left
            node.left = node.right
            node.right = left

            if node.left != None:
                queue.append(node.left)
            if node.right != None:
                queue.append(node.right)
    return root
```

큐(Queue)를 이용한 방법도 결국 노드를 방문하는 시점에 왼쪽 / 오른쪽 노드의 교환만 된다면, 앞서 풀이했던 두 방식과 노드를 방문하는 방법만 다르다는 것을 알 수 있다. 트리 문제를 비슷한 방향으로 접근해 보면 해결할 수 있는 문제가 많이 있을 것이다.

테스트(Test Cases)

크게 문제가 되는 부분은 인자로 들어오는 트리의 구성이 없는 경우(None) 처리만 제대로 하거나 한 쪽으로 치우친 트리를 확인하는 정도를 에지 케이스로 두고 확인해보면 된다. 앞서 예제로 사용된 트리를 가장 먼저 해결하고 나서 해보자. 검증은 **6.2.2** 이진 트리 구성에서 사용한 BinaryTree 클래스를 이용해 트리를 구성하고 테스트 검증을 해보자. 노트에 직접 트리를 그려가며 검증해보는 것도 좋다.

```
Test Case 1: 14 42 35 33 31 19 27
```

테스트 케이스 1번은 완전 이진 트리의 구성으로 [그림 6–33]의 구성이다. 예측한 결과대로 동작하는지 확인하자. 다음은 트리가 None으로 들어오는 경우 처리가 되어있는지 확인하자.

```
Test Case 2: N
```

트리가 없는 경우에 None으로 반환되도록 되어있는지 확인하자. 마지막으로 노드의 왼쪽 혹은 오른쪽 노드가 없는 경우 None 처리가 잘 되는지 확인이 필요하다.

```
Test Case 3: 14 42 N 33 N N N 11
```

테스트 케이스 3은 왼쪽으로만 노드가 있는 경우 해당 노드가 반전되면 우측으로 기울어진 트리가 되어야 한다. 확인해보자.

6.8.3 관련 문제 사이트

- LeetCode

  https://leetcode.com/problems/invert-binary-tree/

- GeeksForGeeks

  https://practice.geeksforgeeks.org/problems/mirror-tree/1

6.9 이진 검색 트리 검증

이진 검색 트리(Binary Search Tree)의 특성을 이해하고 입력으로 주어진 트리가 이진 검색 트리인지 아닌지 확인하는 방법을 알아보자.

6.9.1 문제 기술 및 설명

주어진 이진 검색 트리가 이진 트리의 조건을 만족하는지 아닌지 확인해보자. 이진 트리는 부모 노드를 기준으로 왼쪽 노드는 부모 노드보다 작은 값이 보장되고 오른쪽 노드는 해당 부모 노드보다 항상 큰 값이라는 보장이 된다. [그림 6-36]에서 이진 검색 트리와 그렇지 못한 트리를 비교해보자.

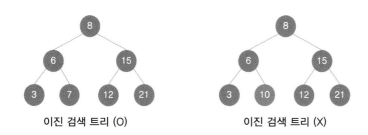

이진 검색 트리 (O)   이진 검색 트리 (X)

그림 6-36 이진 검색 트리 검증

이진 검색 트리는 [그림 6-36]과 같이 자신의 왼쪽 노드는 값이 작고 오른쪽 노드는 큰 값이어야 한다. 바로 전 단계의 부모 노드뿐만 아니라 그 상위의 부모 노드의 조건도 맞아야 한다. [그림 6-36]의 오른쪽 트리는 6의 노드 입장에서는 왼쪽은 작은 값(3)이고 오른쪽 노드는 큰 값(10)이라 조건을 만족하지만, 10은 루트 노드 값이 8보다 큰 값이라 8 노드 입장에서는 오른쪽 하위 트리에 있어야 하기 때문에 이진 검색 트리의 조건을 만족하지 못한다.

6.9.2 노트 레이아웃을 이용한 문제 접근 및 풀이

단순히 자신의 자식 노드인 왼쪽(작은 값)과 오른쪽(큰 값)만 확인하면 되는 것이 아니라 루트에서부터 자신의 노드까지 모두 고려해 이진 검색 트리 검증을 해야 한다는 것을 유념하자.

이 문제도 특별히 제약 사항을 기록해둘 만한 내용이 없기 때문에 아이디어 파트로 바로 넘어
가자.

아이디어(Ideas)

제한사항		코드

아이디어(재귀)
1. 트리의 최솟값 / 최댓값을 추적하기 위한 변수 설정
  – low = float('-inf'), high = float('inf')
2. 트리를 방문한다.
  – 노드 값이 low 보다 크고, high 보다 작은지 확인
  – 왼쪽 노드로 재귀 호출
  – 오른쪽 노드로 재귀 호출
	시간 복잡도:
	$O(n)$
	
	공간 복잡도:
	$O(n)$	

아이디어(반복–스택)
1. 트리의 최솟값 / 최댓값을 추적하기 위한 변수 설정
  – low = float('-inf'), high = float('inf')
2. 루트를 스택에 넣는다.
3. 스택이 빌 때까지,
  – 노드의 값이 low 보다 크고, high 보다 작은지 확인
  – 왼쪽 / 오른쪽 노드를 스택에 푸시
	시간 복잡도:
	$O(n)$
	
	공간 복잡도:
	$O(n)$	

아이디어(중위 순회)
1. 트리를 중위 순회한다.
2. 다음 노드는 이전 노드 보다 값이 항상 커야 한다.
  – 작다면 False(이진 검색 트리가 아님)를 반환
  – 크다면 계속 탐색
	시간 복잡도:
	$O(n)$
	
	공간 복잡도:
	$O(n)$	

테스트		

재귀 문제는 스택 자료구조를 사용해 반복법으로 꼭 구현해보자. 재귀 호출에 대한 이해를 조
금 더 잘할 수 있을 것이다. low / high 값을 이용해 이진 트리인지 아닌지를 확인하는 방법에
대해 알아보자. 이진 검색 트리의 조건을 그대로 이용한다. 왼쪽 노드로 이동할 경우에는 해당
노드보다 작은 값을 가져야 하고, 오른쪽 노드로 이동해야 하는 경우 해당 노드보다 큰 값을 가
져야 한다. 그렇다면 왼쪽으로 이동할 경우에는 high 값을 설정해 주고, 오른쪽으로 이동하는
경우는 low 값을 지정해 주면 해당 노드의 값이 이진 검색 트리를 제대로 구성하기 위한 범위
가 된다.

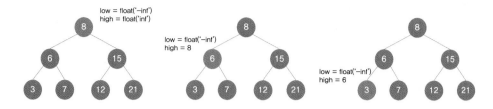

그림 6-37 노드의 이동 및 low / high 설정

노드를 이동하면서 low와 high 값의 변화를 살펴보자. 방문한 노드가 low와 high 값 범위 내에 있다면 다음 노드로 이동하고, 그렇지 않다면 이진 검색 트리 조건이 만족하지 못한 것을 알 수 있다. [그림 6-37]에서 추가적으로 이동해보자.

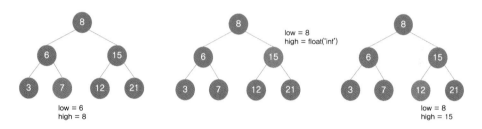

그림 6-38 노드의 이동 및 low / high 설정 확인

[그림 6-38]은 7 노드 방문에서 low = 6, high = 8로 설정한 것은 6의 부모 노드에서 low = float('-inf'), high = 8의 오른쪽 노드를 방문하면 최소 6 보다는 커야 하는데 루트 노드인 8 보다 작아야 한다는 것을 설정한 과정이다. 다른 노드의 방문도 같은 방식으로 진행하니 금방 이해할 수 있을 것이다.

앞선 방법은 각 노드가 이진 검색 트리를 구성하는 조건에 맞는 값인지 확인하는 방식으로 검증했다. 손으로 특정 리스트의 값을 하나씩 넣어보면서 트리를 구성하는 방식과 동일하게 진행된다고 볼 수 있다. 다음 방법은 이진 검색 트리 순회 방식으로 검증하는 방식이다. 이진 검색 특성상 중위 순회(Inorder Traversal)를 하면 항상 이전 값보다 다음 값은 큰 값이 나와야 한다. **6.2**에서 트리의 중위 순회가 어떻게 이루어지는지 설명했다. 이제 중위 순회를 통해 순회하고 있는 트리가 이진 검색 트리의 속성을 가지는지 확인하기 위해 어떤 추가 작업이 있는지 살펴보자.

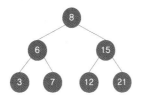
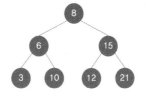

3 –> 6 –> 7 –> 8 –> 12 –> 15 –> 21   8 –> 3 –> 6 –> 10 –> 8 –> 12 –> 15 –> 21

그림 6-39 이진 검색 트리 검증을 위한 중위 순회

[그림 6-39]에서 2개의 트리를 중위 순회하게 되면 각 트리 아래에 표시한 순서대로 노드를 방문하게 된다. [그림 6-39]의 왼쪽 트리는 방문한 노드의 숫자가 계속 증가하지만 오른쪽 트리는 10을 방문하고 8을 방문하는 시점에 숫자가 작아지는 구간이 생긴다. 이것은 정상적으로 이진 검색 트리를 구성하지 못했다고 볼 수 있다. 각 아이디어는 계속 설명해 온 트리 탐색 혹은 순회 방식의 확장으로 해결할 수 있다. 구현을 보면 알겠지만, 다른 문제의 해결책과 많이 다르지 않다.

코드(Code)

재귀 방식으로 low / high 값과 함께 노드를 방문하여 노드의 값이 해당 범위 내에 있는지 확인해보자. 이 문제에 대한 구현을 먼저 진입하기 전 기본 틀(포맷)에 대해 설명하겠다. 각 노드를 중위 순회하며 해당 노드에서 자식 노드의 값이 왼쪽 노드라면 작고, 오른쪽 노드라면 큰지 확인해보자. 이 방법은 단지 방문하는 노드 시점에서의 확인이니 [그림 6-39]의 오른쪽 트리도 이진 검색 트리라고 판단된다는 점을 알아두자. 다만 해당 구현을 확장하는 과정에서 문제가 해결된다.

```python
def isValidBST(root: TreeNode) -> bool:
    if root == None:
        return True

    if root.left and root.left.val > root.val:
        return False

    if root.right and root.right.val < root.val:
        return False

    return self.isValidBST(root.left) and \
```

```
self.isValidBST(root.right)
```

위 코드는 단순히 현재 방문한 노드의 왼쪽 / 오른쪽 노드 유무 확인 및 이진 검색 트리의 조건을 비교한 것이다. 이진 검색 트리라면 해당 구현은 무조건 참(True)을 반환한다. [그림 6-39]의 오른쪽 트리조차도 이진 검색 트리라고 판단하는 것이다. 이를 해결하기 위해 어떤 방법을 사용해 확장하는지 알아보자.

제한사항		코드
아이디어	시간 :	`def isValidBST(root: Node) -> bool:`
	공간 :	
테스트		

```
def isValidBST(root: Node) -> bool:
    low = float('-inf')
    high = float('inf')

    def isValidBSTRec(node: Node, low: int,
                            high: int) -> bool:
        if node == None:
            return True

        if node.data <= low or node.data >= high:
            return False

        return isValidBSTRec(node.left, low, node.data)\
            and isValidBSTRec(node.right, node.data, high)

    return isValidBSTRec(root, low, high)
```

참고로 파이썬에서 무한대 표현은 float('-inf')와 float('inf')를 사용할 수 있다. '-inf'는 음의 무한대이고 'inf'는 양의 무한대 값이다. 처음 low는 float('-inf')이고 high는 float('inf')로 설정했다. 각 노드를 지나가면서 왼쪽 혹은 오른쪽 노드의 어떤 값보다는 커야 한다거나 어떤 값보다는 작아야 한다고 설정해나가는 방식이다. 추가 인자가 들어가면서 내부 함수를 추가적으로 구현했지만 앞에서 살펴 본 코드와 유사한 것을 알 수 있다. 잘 비교해가며 활용 방식을 확인하자.

스택을 이용한 방법을 소개한다. 재귀 호출은 함수를 호출하면서 인자로 들어오는 값을 스택에 쌓아둔다. 재귀로 풀이한 코드에서 node, low, high를 인자로 가지는 함수를 호출하는데 이 3개의 값은 함수 호출 시에 미리 쌓이는 값이다. 그리고 return이 호출될 때 사라지는 값이다. 재귀 호출 특성상 자신의 호출 복귀 이전에 node, low, high 값이 복구되는 이유는 스택에 남아 있기 때문이다. 스택 자료구조를 이용하기 위해서 이 3가지 값을 스택에 유지해야 한다. 보통 파이썬에서 서로 다른 타입의 묶음을 만드는 경우 튜플(Tuple) 자료구조를 활용한다. 아이디어 자체는 재귀 호출과 동일하다고 생각하면 된다.

제한사항		코드
아이디어	시간 :	`def isValidBST(root: Node) -> bool:`
	공간 :	
테스트		

```python
def isValidBST(root: Node) -> bool:
    if root == None:
        return True

    stack = []

    stack.append((root, float('-inf'), float('inf')))
    while stack:
        node, low, high = stack.pop()

        data = node.data
        if data <= low or data >= high:
            return False
        if node.left:
            stack.append((node.left, low, data))
        if node.right:
            stack.append((node.right, data, high))

    return True
```

튜플을 이용해 하나의 묶음을 만들고 node, low, high를 스택에 넣어 재귀 호출과 동일한 역할을 수행하도록 구현했다.

마지막으로 중위 순회(Inorder traversal)를 이용한 이진 검색 트리 검증을 진행해보자. **6.2**에서 이미 구현한 중위 순회에서 노드 방문 이전에 방문한 노드 값을 추적할 수 있도록 하자. 이것은 이진 검색 트리 중위 순회의 값은 오름차순으로 방문되어야 한다는 것을 이용한 것이다.

제한사항	코드
| 아이디어    시간 : <br><br>         공간: <br><br> 테스트 | ```python
def isValidBST(root: TreeNode) -> bool:
    prev = float('-inf')
    def inorderTree(node: TreeNode) -> bool:
        nonlocal prev
        if node == None:
            return True

        if not inorderTree(node.left):
            return False

        if node.data <= prev:
            return False
        prev = node.data

        return inorderTree(node.right)

    return inorderTree(root)
``` |

중위 순회를 진행하는 과정에서 이전 값(prev)을 유지하고 현재 값보다 이전 값이 크거나 같다면 이진 검색 트리가 아니라고 판단할 수 있다. 트리 중위 순회를 위한 구현의 틀에서 많이 달라지는 것이 없다. 공식처럼 사용하고 확장하여 문제를 해결해 나갈 수 있도록 연습을 많이 하자.

테스트(Test Cases)

이진 검색 트리 구성에서 확인해야 하는 트리 종류를 다양하게 테스트하여 검증하자. 우선 가장 기본적인 이진 검색 트리인 경우를 테스트해보자.

```
Test Case 1: bst = 8 6 15 3 7 12 21
```

[그림 6-39]의 왼쪽 트리다. 2번 검증해 볼 트리는 루트와 왼쪽 노드 하나만 있고, 왼쪽 자식 노드가 루트와 같은 값일 때이다. 기본적인 이진 검색 트리에서는 중복된 노드 값을 허용하지 않는 게 일반적이다. 물론 중복된 값을 처리하기 위해 Node 구조체에 해당 노드 값(data)이 몇 개 있는지 항목을 추가해 처리할 수 있다. 지금은 중복된 값은 허용하지 않도록 하자.
```

```
Test Case 2: bst  = 1 1
```

루트와 왼쪽 노드만 있는 경우인데 해당 노드 값이 같은 경우 이진 검색 트리가 아니라고 판단
할 수 있는지 검토해보자.

```
Test Case 3: bst  = 8 5 15 6 7 12 21
```

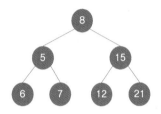

테스트 케이스 3은 왼쪽 자식 노드가 작아야 하지만 큰 값의 노드가 있는 경우다. 부모에 바로
붙어 있는 왼쪽 / 오른쪽 자식 노드에 대한 규칙을 확인하는 케이스다.

마지막으로 [그림 6-39] 오른쪽 트리의 경우를 테스트해보자. 부모 노드 기준에서 왼쪽에 있
는 하위 트리의 값은 모두 작은 값이어야 하고, 오른쪽 하위 트리는 모두 큰 값이어야 한다.

```
Test Case 4: bst = 8 6 15 3 10 12 21
```

6.9.3 관련 문제 사이트

- LeetCode

  https://leetcode.com/problems/validate-binary-search-tree/

- GeeksForGeeks

  https://practice.geeksforgeeks.org/problems/check-for-bst/1

- Hackerrank

  https://www.hackerrank.com/challenges/valid-bst/problem

## CHAPTER 7

동적 프로그래밍
(Dynamic Programming)

7.1 동적 프로그래밍의 이해

필자는 처음 동적 프로그래밍이라는 단어를 보고 도대체 어떤 프로그래밍을 말하는지 몰랐었다. 검색을 통해 본 관련 예제 중 하나는 피보나치수열(fibonacci)을 재귀로 푼 뒤, 재귀로 호출된 모든 값을 나열하고 중복 호출된 것은 저장되어 있던 값을 꺼내 계산하는 것이었다. 그러고 나서 뜬금없이 점화식을 이용해 해당 내용을 구현하며 재귀가 아닌 반복법(for 문)으로 해결한다. 이런 접근이 어떤 식으로 진행되는 것인지 앞선 재귀 풀이에서 진행된 내용과 점화식 간의 자연스러운 진행은 어떤 것인지 확인해야 했다.

동적 프로그래밍(Dynamic Programming)은 어디서 유래되었을까? 위키 페이지[1]에 나온 내용을 보면 '동적'(Dynamic)이란 말은 수학자인 리처드 벨만이 알고리즘의 시가변적(time-varing)이며 다단계적인 특성을 나타내기 위해서 채택한 용어라고 한다. 자세한 사항은 위키 페이지를 확인해보길 바란다. 동적 프로그래밍 알고리즘을 적용한다는 것은 하나의 문제를 작은 단위로 쪼개어 해결하고 결과를 수집 및 병합하여 최종 결론을 만들어내는 일련의 과정을 말한다. 여기서 중요한 포인트가 하나 더 있는데 동적 프로그래밍은 쪼개어진 문제를 해결해가는 과정에서 연산의 결괏값을 저장하고 그 이후엔 중복된 연산의 저장된 값을 꺼내어 쓸 수 있다는 것이다. 이런 동적 프로그래밍을 만들어가는 과정에서 필수적으로 알아야 하는 내용을 보자.

---

1 *https://ko.wikipedia.org/wiki/동적_계획법*

동적 프로그래밍에서 작은 단위로 쪼개어진 문제를 하위 문제(Sub problem)라고 정의한다. 단순히 생각해서 **1** + **2** + **3** + **4** + **5**라는 연산을 한다면 **1** + **2**와 **3** + **4** + **5**는 하위 문제다. 또한 **1** + **2** + **3** + **5** + **7** + **1** + **2** 연산을 진행할 때 처음 **1** + **2**를 하위 문제로 쪼개어 연산을 했다면 마지막 **1** + **2**는 다시 한번 앞서 행한 하위 문제를 다시 연산하는 것이 아니라 이미 낸 결괏값 3이라는 것을 바로 꺼내어 사용할 수 있도록 한다.

문제를 하위 문제로 쪼개고 이미 나왔던 연산은 저장한 값을 이용하는 일련의 과정을 피보나치 수열을 통해 이해해보자. 피보나치 수열[2]은 0과 1을 제외한 이전 두 수의 합이 현재의 수가 되는 수열이다.

$$1 + 0 = 1$$
$$1 + 1 = 2$$
$$2 + 1 = 3$$
$$3 + 2 = 5$$

재귀 호출로 피보나치 수열을 처리하는 구현을 보자.

```
def fib(n):
    if n == 0 or n == 1:
        return n
    else:
        return fib(n - 1) + fib(n - 2)
```

이제 fib(4)를 계산하는 과정을 살펴보자. **4장**에서 연습한대로 이 문제 호출 과정을 표현해보자.

---

2 _https://ko.wikipedia.org/wiki/피보나치_수_

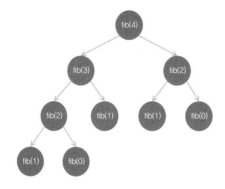

그림 7-1 fib(4) 호출

fib(4)의 호출로 fib(3) + fib(2)가 호출되는 과정을 모두 [그림 7-1]에 표시했다. 앞서 중복된 더하기 처리처럼 fib(2)는 2번 호출되는 것을 우선 확인할 수 있다. fib(2)의 연산을 1번 했다면 저장해두었다가 fib(2)의 호출에서 사용할 수 있다. 그렇다면 fib(2)의 연산이 이미 있었고 해당 연산의 결과를 어떻게 저장할 것인지 생각해야 한다. fib() 함수의 각 호출 결과를 1차원 배열에 저장하도록 하자. 이런 저장 방법을 메모이제이션(memoization)이라 부르는데 말 그대로 결과에 대해 메모를 하는 것이다. 피보나치수열의 조건에서 입력이 0일 때와 1일 때는 결과를 알고 있기 때문에 결과 저장을 위한 1차원 배열인 memo[ ]에 각각 memo[0] = 0, memo[1] = 1로 미리 기록해두자. memo 배열은 대개 fib(n)에서 n 만큼의 크기를 가져야 한다. 초기화는 0과 1의 인덱스를 제외하고 −1 값으로 해두면된다. 동적 프로그래밍에서 사용하는 메모이제이션을 통해 피보나치수열을 구현하면 아래와 같다.

```
from typing import List
def fib(n: int, memo: List[int]) -> int:
    if memo[n] == -1:
        memo[n] = fib(n - 1, memo) + fib(n - 2, memo)
    return memo[n]

n = 4
memo = [-1] * (n + 1)
memo[0], memo[1] = 0, 1

print(fib(n, memo))
```

위 코드로 수행하면 [그림 7-1]의 호출했던 과정에서 저장된 값을 이용하게 되어 [그림 7-2]

처럼 호출될 수 있다. 주황색 노드가 memo에서 결과를 가져오는 경우라 할 수 있다.

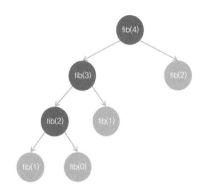

그림 7-2 memo 이용 fib( ) 호출

그렇다면 메모이제이션을 이용한 경우와 그렇지 않은 경우의 시간 복잡도는 어떻게 변하는지 확인해보자. fib(0)과 fib(1)의 경우는 1회 호출, fib(2)는 2회, fib(3)은 4회 이런 식으로 증가하는데 결국 fib(n)에 대해 호출은 $2^0 + 2^1 + 2^2 \cdots + 2^{n-1}$만큼 불린다. 즉 $O(2^n)$의 시간 복잡도를 얻게 된다. 메모이제이션을 통한 호출은 시간 복잡도가 어떻게 되는지 알아보자. 재귀 호출로 인한 추가적인 공간 사용은 제외하더라도 메모이제이션을 위한 저장 공간을 $O(n)$만큼 가져야 하고 시간 복잡도는 중복된 호출을 제외하면 $O(n)$이 된다. 재귀 호출로 인해 동적 프로그래밍을 한 시간 복잡도를 파악하기 힘들다면 기존 재귀 구현을 아래와 같이 반복법으로 구현해보자.

```python
def fib(n: int) -> int:
    memo = [-1] * (n + 1)
    memo[0], memo[1] = 0, 1

    for i in range(2, n + 1):
        memo[i] = memo[i - 1] + memo[i - 2]
    return memo[n]

print(fib_iter(4))
```

앞서 재귀 방식(memo 이용)으로 해결했던 피보나치수열과 동일한 연산량을 가지는 반복문으로 구현했다. 해당 시간 복잡도는 $O(n)$으로 파악하기 더 용이하다.

7.1.1 동적 프로그래밍 문제 파악

어떤 문제를 동적 프로그래밍으로 해결해야 하는지 의문이 생길 것이다. 온라인 코딩 사이트에서 제공되는 쉬운(easy), 보통(medium) 난도 문제는 대개 특징이 있다. 그런 특징을 잘 파악하고 동적 프로그래밍으로 해결해야 한다고 판단할 수 있다면 문제에 대한 접근이 훨씬 쉬워질 것이다.

동적 프로그래밍으로 해결하는 문제는 모든 경우의 수를 파악(brute-force)하여 진행하면 지수승의 시간 복잡도를 가지는 경우가 많다. 피보나치수열도 메모이제이션을 사용하지 않는다면 $O(2^n)$의 시간 복잡도를 가진다. 모든 경우의 수를 조합하면서 확인하는 과정을 가지는 문제는 동적 프로그래밍 접근법이 가능하다고 보면 된다. 상대적으로 시간 복잡도가 낮은 정렬(sort), 이진 탐색이 활용 가능한 문제는 동적 프로그래밍에 적합하지 않고 굳이 이용할 필요가 없다. 대부분의 동적 프로그래밍 문제에서 많이 등장하는 키워드가 있으니 해당 키워드가 보인다면 한번 고려해보는 것이 좋다. 한글로 된 문제도 많지만 온라인 코딩 사이트는 보통 영문으로 된 문제가 많으니 키워드는 영어로 기억해두자.

"shortest" / "longest", "minimized" / "maximized", "least" / "most", "fewest" / "greatest", "biggest" / "smallest"

위 키워드가 보이면 동적 프로그래밍으로 해결하는 문제라고 생각하면 편하다. 피보나치수열에 이어 조금 더 난도가 있는 동적 프로그래밍 문제로 제시되는 'Maximum Subarray(최대 구간의 합)'를 보면 알 수 있다. 이 문제는 배열의 연속적인 요소로 만들 수 있는 모든 조합 중 가장 큰 값을 찾는 것이다. 이 때 문제에서 사용된 Maximum이라는 단어로 동적 프로그래밍 방법으로 해결해야 한다는 것을 유추할 수 있다. 이렇게 파악하고 나면 어떤 수학 문제를 푸는데 있어 적절한 공식을 찾은 것처럼 반 정도는 온 것이라 보면 된다. 동적 프로그래밍도 다양한 문제를 학습 및 연습한다면 난도가 높은 코딩 문제 해결에 대한 자신감이 생길 것이다.

동적 프로그래밍을 통해 문제를 해결하기 위해서는 단계적 풀이에 대한 연습이 필요하다. 전체 탐색(Brute-force) 방법으로 문제를 우선 해결해 본다. 그다음 해당 풀이를 분석하여 반복되는 작업을 정리한다. 즉, 전체 탐색에서 하위 문제(sub problem)로 쪼개어보고 반복되는 단계가 있는지 찾아낸다. 순조롭게 진행된다면 역으로 동적 프로그래밍 방식 적용이 용이하다고 판단할 수 있다. 동적 프로그래밍 적용을 제대로 숙지하려면 문제를 완전히 이해하는 것부터 시작되어야 한다. 간단하게는 피보나치수열처럼 각 입력에 대한 결과를 나열해서 어떤 식으로 하위 문제를 나누어야 할지 고민해보자. 하위 문제로 나누어진다면 동적 프로그래밍을 사용해 문제를 해결할 수 있을 것이다. 모든 알고리즘이 그렇듯 모든 문제에 대해 완벽한 해결책을 줄 수는 없다. 동적 프로그래밍도 많은 문제를 아주 멋지게 해결 해 주는 것 같아 보이지만 적절한 곳에 이용해야 하는 것을 명심하자.

7.1.2 단계별 동적 프로그래밍 적용

단계적 동적 프로그래밍 적용이라는 것은 특별한 루틴이 존재한다기 보다 관련 문제를 풀이하며 연습할 때 사용되면 좋은 과정 정도로 이해하면 좋다. 동적 프로그래밍 연습을 위한 문제 중에서 유명한 0 / 1 배낭(knapsack) 문제를 차근차근 접근하고 설명하면서 풀이해보겠다. 조금 억지스럽긴 하지만 조만간 핵폭탄이 떨어질 예정이라 자신이 가진 배낭에 필수품을 담아 방공호로 이동해야 한다고 상상해보자. 물, 통조림, 도끼, 보드게임, 라디오, 구급약 등 다양한 물건들이 있을 텐데 자신이 가진 배낭에 넣을 수 있는 용량은 제한적이다. 배낭에는 무게 5만큼을 넣을 수 있고 더 이상 넣을 수 없다고 한다. 방공호에서 얼마나 지내야 하는지 알 수 없는 상황에서 각 물건은 서로 다른 가치(1~10 사이로 설정)를 가지고 있을 것이다. 가져갈 수 있는 모든 물건에 대한 가치(value), 무게(weight)를 가상으로 설정해보자.

> items = { 물, 통조림, 라디오, 구급약 }
>
> values = { 7, 5, 3, 4 }
>
> weights = { 2, 1, 3, 4 }
>
> 배낭 용량 = 5

배낭 용량에 맞게 간단히 조합해보자.

> 물 + 라디오 (총 무게 5) ⇒ 가치 10
>
> 통조림 + 라디오 (총 무게 4) ⇒ 가치 8
>
> 물 + 통조림 (총 무게 3) ⇒ 가치 12
>
> 통조림 + 구급약 (총 무게 5) ⇒ 가치 9

이런 조합이 가능할 텐데 배낭 용량 내에 가장 가치가 높은 구성은 물과 통조림을 가지고 방공호로 이동하는 경우다. 이런 식으로 배낭 용량에 맞게 가치와 무게를 고려하여 다양한 조합을 만들 수 있다. 아이템의 조합 구성이 완료되어야 무게가 배낭에 적합한지 아닌지를 확인할 수 있기 때문에 적은 수의 아이템으로도 많은 수의 조합이 나올 수 있다. 적은 데이터를 가지고 0 / 1 배낭 문제에 대한 선택이 어떻게 이루어질 수 있는지 확인해보자. 아래와 같이 아이템 A, B, C, D에 각각 가치와 무게를 적용하고 담을 수 있는 배낭의 용량은 7로 가정해보자.

아이템	A	B	C	D
가치	1	6	10	16
무게	1	2	3	5

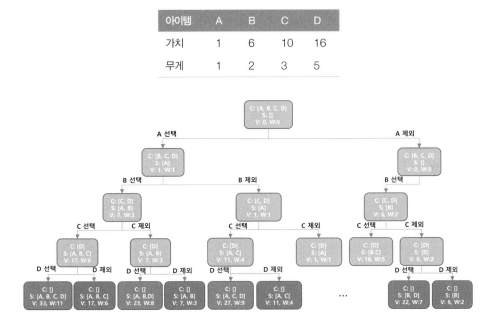

그림 7-3 배낭의 선택과 비선택 추적

각 아이템 별로 선택과 비선택이 있을 수 있다. 즉, A를 선택하는 경우와 그렇지 못한 경우를 나누고 각 선택과 비선택 이후 다음 아이템에 대해서도 같은 방식을 적용하면 [그림 7-3]과 같이 나타낼 수 있다. 모든 가능한 조합을 그림에 다 표현하지 못했지만 어떤 방식으로 선택이 진행되는지 알 수 있을 것이다. 우측 하단의 B, D를 선택했을 때 가치(V)는 22이고 무게(W)는 7이다. 배낭의 용량(7)을 만족하고 모든 경우의 수에서 가치(V)가 가장 크게 나온 값이므로 B, D 선택이 가장 효율적인 선택이라고 볼 수 있다.

앞서 알아본 전체 탐색에 대한 구현을 알아보자. 가장 중요한 점은 아이템을 선택하는 과정과 선택하지 않는 과정에 대한 가치 계산을 통해 가장 큰 값을 찾아내야 하는 것이다.

```
def knapsack_brute_force(values, weights, capa, curr_index):
    if capa <= 0 or curr_index >= len(values):
        return 0

    selected = 0
    if weights[curr_index] <= capa:
        selected = values[curr_index] + \
            knapsack_brute_force(values, weights,
                                 capa - weights[curr_index],
                                 curr_index + 1)
    not_selected = knapsack_brute_force(values, weights, capa,
                                        curr_index + 1)

    return max(selected, not_selected)

print(knapsack_brute_force([1, 6, 10, 16], [1, 2, 3, 5], 7, 0))
print(knapsack_brute_force([1, 6, 10, 16], [1, 2, 3, 5], 6, 0))
```

위 코드에서 selected, not_selected 변수를 중심으로 호출을 살펴보면 이해하기 쉬울 것이다. selected 변수로 반환되는 호출은 현재 가치를 더하고 배낭 용량(capa) 채운 것을 표시하기 위해 capa − weights[curr_index]를 해주고 넘겨준다. not_selected는 다음 인덱스로바로 넘긴다. 각각 22, 17을 출력하는데 [그림 7-3]에서 용량이 7이면 22일 때 최대가 되고 6이 되면 A, B, C를 선택한 경우에 가장 큰 가치인 17을 반환한다. 0 / 1 배낭 문제를 재귀법으로 해결하면 시간 복잡도는 아이템 개수 N에 대해 $O(2^n)$이 된다. 여기까지는 **1장** 배열 뒷부분에 나왔던 부분 집합의 합과 **4장**의 재귀 연습 문제와 많이 비슷하다는 것을 알 수 있다. 이제 동적 프로그래밍의 기법으로 해당 문제를 해결해보자.

먼저 메모이제이션을 이용해 중복된 연산을 저장해두고 꺼내는 방식으로 진행해보자. knapsack_brute_force() 함수에 재귀로 넘겨지는 인자 중 고정되어 있는 값은 values(가치), weights(무게)로 그대로 넘겨지지만 capa, curr_index는 호출하면서 계속 변경되는 값이다. 두 값을 기준으로 중복된 연산을 찾아보자. [그림 7-3]에서 capa와 curr_index(index로 표현) 값을 동일한 트리로 만들어 보자. [그림 7-4]를 확인하면 capa가 4고 curr_index가 3인 연산이 동일하게 발생했고, 그 부분을 빨간색 박스로 표현했다. 즉, 그 하위 연산에는 동일한 결과의 배낭에 담은 무게와 가치를 가진다. 먼저 연산을 했다면 capa, index를 기준으로 최대 가치를 기록해두자. 동일한 capa, index가 되면 미리 저장해둔 값을 꺼내 반환하면 추가 재귀 호출 없이 결과에 반영된다.

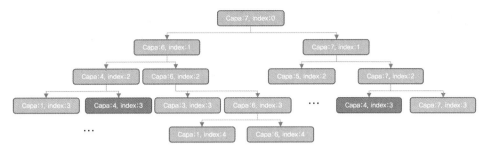

그림 7-4 capa, index 호출 값 변경

메모이제이션을 위한 저장 공간의 중복된 연산을 찾기 위해서 앞서 살펴본 고정되지 않는 현재 인덱스(curr_index)와 현재 남은 배낭 용량(capa)을 기준으로 최대 가치를 저장해두고 꺼낼 수 있도록 한다. 피보나치수열에서는 입력된 n 값부터 작은 값으로 진행하면서 하나의 변수만 고려해 저장(메모)하면 되지만, 배낭 문제는 2개의 변수로 저장된 값을 구분해야 한다는 차이를 인지하고 비교하며 학습하자.

```python
def knapsack_dp(dp, values, weights, capa, curr_index):
    if capa <= 0 or curr_index >= len(values):
        return 0

    if dp[curr_index][capa] != -1:
        return dp[curr_index][capa]

    selected = 0
    if weights[curr_index] <= capa:
        selected = values[curr_index] + \
            knapsack_dp(dp, values, weights,
                        capa - weights[curr_index], curr_index + 1)
    not_selected = knapsack_dp(dp, values, weights,
                               capa, curr_index + 1)

    dp[curr_index][capa] = max(selected, not_selected)
    return dp[curr_index][capa]

dp1 = [[-1 for _ in range(8)] for _ in range(4)]
print(knapsack_dp(dp1, [1, 6, 10, 16], [1, 2, 3, 5], 7, 0))
dp2 = [[-1 for _ in range(7)] for _ in range(4)]
print(knapsack_dp(dp2, [1, 6, 10, 16], [1, 2, 3, 5], 6, 0))
```

dp 변수로 만들어진 2차원 배열은 배낭 용량(capa) * 아이템 개수(values 배열 길이)로 만들어져 1번째 인덱스는 가방에 담을 수 있는 아이템의 범위를 지정하고, 지정된 범위의 아이템 무게 합이 2번째 인덱스로 사용되는 배낭 용량(capa)을 넘지 않도록 하여 최대 가치(value)를 저장한다. 이 풀이는 중복된 연산을 제외하기 위해 dp 2차원 배열의 크기를 배낭 용량 * 아이템 개수로 만들었는데 해당 배열을 모두 다 채운 경우 이상의 연산은 일어나지 않는다. 즉, 시간 복잡도는 $O(capa * len(values))$라고 할 수 있는 해결책이다. 물론 dp라는 이차원 배열의 공간을 추가했으니 공간 복잡도 $O(capa * len(values))$ 만큼 늘게 된다.

이와 같이 최종 값을 기준으로 하위 문제로 진행되며 [그림 7-3]과 같이 트리 모양 연산이 발생하는 접근 방식을 Top Down 방식이라고 부른다. 동적 프로그래밍은 하위 문제로부터 최종 입력값으로 향해가는 Bottom Up 방식으로도 구현 가능한데, 이는 중복된 연산을 제거하는 방식이라기 보다 하위 문제(sub problem)에서 상위로 진행하면서 어떤 가치(value)를 가질 수 있는지에 대한 한계를 파악하는 과정을 통해 최종 값에 도달 할 수 있도록 하는 방식이다.

Top Down 방식으로 구현하여 저장 공간으로 사용된 dp를 Bottom Up 방식으로 채워나가보자. 기본적으로 가능한 모든 용량 크기에 따른 모든 하위 배열(weight)의 최대 가치(values)를 구성할 수 있다. dp 배열 값을 채우기 위한 조건을 알아보자.

- 특정 index를 제외한다고 하면, 해당 index를 제외한 하위 배열의 가치(value)를 그대로 가져간다.
  → dp[index − 1][capa]
- 특정 index를 가져간다고 하면, 해당 index의 가치(values)와 이전 누적된 가치를 더해준다.
  → values[index] + dp[index − 1][capa − weights[index]]

capa가 7이고 values와 weights가 각각 [1, 6, 10, 16], [1, 2, 3, 5]라면 인덱스는 각 value, weight의 한 쌍을 가리킨다. 인덱스가 0이라면 (value, weights) 조합은 (1,1)이 된다. 1이라면 (6, 2)로 생각할 수 있다. dp는 배낭 용량 0에서 최대치(7)까지 저장할 수 있도록 구성된다. 위 조건 2가지 중 하나를 선택해 해당 인덱스의 용량에 대한 가치를 기록하게 된다. dp 변수 테이블을 하나씩 구성하면서 알아보자.

(value, weight)	index	capacity →							
---	---	0	1	2	3	4	5	6	7
(1, 1)	0	0	1	1	1	1	1	1	1
(6, 2)	1	0							
(10, 3)	2	0							
(16, 5)	3	0							

index가 0이라는 것은 (value, weight) 쌍이 (1,1)만 선택되는 경우를 말한다. 그래서 배낭 용량이 1 ~ 7로 가더라도 해당 가치(value)는 모두 1이 되고, index가 1이 되는 경우는 index − 1을 포함해 고려 가능하다는 의미가 된다. capacity가 2라면 dp[index − 1][capa]와 values[index] + dp[index − 1][capa − weights[index]]를 비교해 큰 값을 선택해 넣으면 되는데, dp[index − 1][capa] ⇒ dp[0][2]이고 values[index] + dp[index − 1][capa − weights[index]] ⇒ 6 + dp[0][0]로 가치가 더 크기 때문에 해당 칸에는 6을 기록한다. capa가 3이 되면 (1,1) + (6,2) 해도 배낭 용량이 가능하기 때문에 가치는 7로 된다. 남은 4 ~ 7까지의 용량은 index 1에서 더 이상 아이템을 선택하지 않기 때문에 모두 7로 채워진다.

(value, weight)	index	capacity →							
---	---	0	1	2	3	4	5	6	7
(1, 1)	0	0	1	1	1	1	1	1	1
(6, 2)	1	0	1	6	7	7	7	7	7
(10, 3)	2	0							
(16, 5)	3	0							

같은 방식으로 남은 테이블을 완성해보자.

(value, weight)	index	capacity →							
---	---	0	1	2	3	4	5	6	7
(1, 1)	0	0	1	1	1	1	1	1	1
(6, 2)	1	0	1	6	7	7	7	7	7
(10, 3)	2	0	1	6	10	11	16	17	17
(16, 5)	3	0	1	6	10	11	16	17	22

Bottom Up 방식으로 dp 테이블을 완성하는 과정을 알아보았다. 테이블의 왼쪽 인덱스와 상위 용량(capacity) 기준으로 아이템을 선택하고, 선택한 아이템의 가치를 더하거나 선택하지 않은 경우 이전 값을 사용하며 정리한다. Bottom Up 방식은 일반적으로 반복법을 이용하여 구현한다.

```python
def knapsack_dp_bu(n, values, weights, capa):
    if capa <= 0 or n == 0 or n != len(weights):
        return 0

    dp = [[0 for _ in range(capa + 1)] for _ in range(n)]

    for c in range(capa + 1):
        if weights[0] <= c:
            dp[0][c] = values[0]

    for i in range(1, n):
        for c in range(1, capa + 1):
            selected, not_selected = 0, 0
            if weights[i] <= c:
                selected = values[i] + dp[i - 1][c - weights[i]]

            not_selected = dp[i - 1][c]
            dp[i][c] = max(selected, not_selected)
    return dp[n - 1][capa]

print(knapsack_dp_bu(4, [1, 6, 10, 16], [1, 2, 3, 5], 7))
print(knapsack_dp_bu(4, [1, 6, 10, 16], [1, 2, 3, 5], 6))
```

dp 배열을 0으로 모두 초기화 하고, dp[0][c]는 1번째 아이템을 용량에 맞게 선택 가능한지 확인하고 가치(value)를 우선 입력해둔다. 이것은 인덱스 1부터 이전 인덱스 값으로 현재 아이템을 선택할지 안 할지 결정하기 때문에 인덱스 0번(1번째 아이템은)을 우선 계산하고 넣어두는 것이다.

이중 루프로 되어 있는 코드를 보면 앞의 테이블에 값을 넣는 과정이 가감 없이 구현된 것을 알 수 있다. 현재 인덱스 라인 용량에 이전 아이템을 취사선택하여 값을 구성할 수 있도록 하면 된다. 최종 특정 배낭 용량에 담을 수 있는 최대 가치(value)는 dp[n − 1][capa]가 된다.

0 / 1 knapsack 문제를 구현 및 검토해 볼 수 있는 사이트의 링크는 다음과 같다.

- Hackerrank

  https://www.hackerrank.com/contests/srin-aadc03/challenges/classic-01-knapsack/problem

- GeeksForGeeks

  https://practice.geeksforgeeks.org/problems/0-1-knapsack-problem/0

7.2 동일 합으로 배열 분할 문제

동적 프로그래밍을 이해하기 위한 0 / 1 배낭(knapsack) 문제와 비슷한 형태로 접근 가능하다. 모든 경우의 수(Brute force) 방법을 먼저 진행하고 중복된 부분을 제거할 수 있도록 고민하면 이 문제도 비슷한 해결책으로 풀이를 할 수 있다. **7.1.2**에서 0 / 1 배낭 문제를 해결하듯이 단계별로 풀이하고 연습해보자.

7.2.1 문제 기술 및 설명

양의 정수로 구성된 배열이 주어지면 해당 배열을 두 부분으로 분할하여 동일한 합의 값을 가지는지 확인해보자. 예를 들어, [1, 2, 3, 4]가 있고 [1, 4], [2, 3]으로 분할하면 각 분할된 배열 요소의 합이 5로 동일하다.

- 입력값: [1, 2, 3, 5]

- 출력값: False

- 총합이 11인, 배열의 요소는 두 부분으로 분할해도 동일한 값을 가질 수 없다.

- 입력값: [1, 2, 5]

- 출력값: False

- 어떤 조합으로도 분할 후의 하위 배열의 합이 같게 만들 수 없다.

- 입력값: [1, 5, 5, 11]

- 출력값: True

- [1, 5, 5]와 [11]로 분할하면 동일한 합을 만들 수 있다.

7.2.2 노트 레이아웃을 이용한 문제 풀이

동적 프로그래밍이라는 키워드를 알고 풀이하는 과정이라 이 문제를 분석하고 어떤 알고리즘
이나 자료구조를 사용해야 하는지에 대한 고민은 하지 않아도 된다. 다양한 패턴의 문제를 접
하고 풀이하다 보면 동적 프로그래밍의 적용 여부를 빠르게 파악할 수 있을 것이다.

제한사항(Constraints)

일반적으로 모든 경우의 수를 찾아 풀이하는 문제의 시간 복잡도는 $O(2^n)$이거나 그 이상이라
고 보면 된다. 그래서 대개 입력에 대한 범위가 존재한다. 주어지는 입력값에 대한 범위를 확인
하는 과정에서 문제 풀이의 힌트를 얻을 수 있으니 확인해 주자.

제한사항 1. 양의 값(1 ~ 100 값)을 가지는 정수형 배열 2. 배열의 크기는 1보다 크고 200보다 작다.		코드
아이디어		시간 복잡도:
		공간 복잡도:
테스트		

전체 탐색(brute-force)으로 이 문제를 풀이했을 때는 크게 상관없는 범위 값이지만 주어진
범위가 메모제이션 공간을 위한 힌트와 관계있다는 것을 구현에서 확인할 수 있다. 다른 문제
도 마찬가지지만 문제를 잘 이해하는 것이 빠른 해결책을 찾는 지름길이다.

아이디어(Ideas)

동적 프로그래밍의 모든 문제를 단계별로 풀이해 볼 것이다. 문제를 분석하고 전체 탐색
(brute-force)으로 접근하여 해결한 뒤 중복 제거를 고려하며 풀어보자.

제한사항		코드
아이디어(Brute-force) 1. 배열의 전체 합을 2로 나눔 2. 전체 합이 2로 나눈 나머지가 0이 아니라면 바로 거짓(False)을 반환 3. 배열의 인덱스를 하나씩 증가시키며 전체 합을 반으로 나눈 값보다 현재 인덱스 값이 작다면 해당 값을 포함하여 재귀 호출 – 반환값이 참(True)일 때, 바로 참(True)을 반환 4. 재귀 호출 복귀 후에 해당 인덱스 값을 포함하지 않고 재귀 호출	시간 복잡도: $O(2^n)$	
	공간 복잡도: O(n), 재귀 호출로 인한 생성된 스택	

아이디어(동적 프로그래밍–Top Down)
1. 전체 탐색에서 중복된 연산을 저장하기 위한 공간 생성
   – 초깃값 –1
   – 전체 탐색에서 변화된 값은 참조 인덱스와 합의 값
2. dp[배열 최대 인덱스][누적 합]이 –1이 아니면 해당 값 반환
3. dp[배열 최대 인덱스][누적 합]으로 구성하여 매 재귀 호출을 진행하며 dp 배열 결과 구성
4. 최종 dp[n–1][s]를 반환
	시간 복잡도:
	O(n * s): n 개의 요소, s는 n 개의 요소 전체 합	

	공간 복잡도: O(n * s)	

아이디어(동적 프로그래밍–Bottom Up)
0. dp[n–1][s+1]을 False로 모두 초기화
1. 생성된 2차원 배열 (0,0)에서부터 누적 합의 ½까지 순회
   – 배열의 숫자를 포함하지 않고 dp[i–1][s]의 값이 이미 확인된 상태(True)라면 dp[i][s]도 같은 값으로 업데이트
   – 현재 순회 값(s)이 num[i]보다 크다면, dp[i–1][s – num[i]]의 결과를 dp[i][s]에 적용
2. dp[n–1][s] 반환
	시간 복잡도:
	O(n * s)	

	공간 복잡도: O(n * s)	
테스트		

7.1.2에서 진행한 방식대로 연습해보자. 전체 탐색(Brute force) 방식을 적용하기 전에 문제를 이해해 보도록 하자. 주어진 배열을 두 부분으로 분할하여 각 분할된 배열의 합이 동일하게 만들 수 있는지 없는지를 파악하는 문제다. 배열의 모든 요소의 합을 s로 두면 분할된 두 배열의 합은 각각 s/2가 되어야 한다. 즉 배열 요소의 모든 조합을 찾는데 s/2이 되게 찾을 수 있다면 처음 입력으로 주어진 배열은 두 배열로 나누고 나눈 배열의 합은 일치할 수 있다는 결론을 낼 수 있다. 그렇다면 0 / 1 배낭(knapsack) 문제에서 다룬 것처럼 배열 요소를 선택하거나 선택하지 않은 경우의 s/2를 만들어 보자.

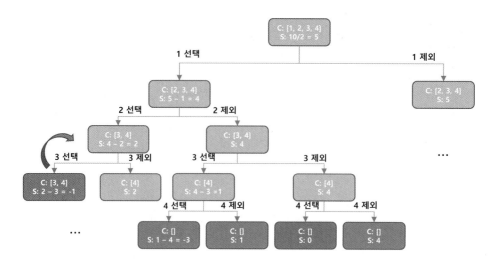

그림 7-5 합을 찾기 위한 전체 탐색

0 / 1 배낭 문제의 전체 탐색과 유사하다는 생각을 할 수 있다. 우선 목푯값(S)은 배열의 모든 요소를 합한 값에 나누기 2를 한 것이고, 배열 요소를 순회하면서 선택과 비선택을 통해 S가 0이 되는 조합이 있는지 확인하는 과정이다. [그림 7-5]에서 보는 바와 같이 1을 선택하고 2, 3 제외 그리고 마지막 4를 선택하면 S는 0이 된다. 즉, [1, 4] 조합을 만들면 나머지 [2, 3]은 자연스레 만들어지며 각각의 합은 5로 동일하여 해결책을 찾을 수 있다.

다음 단계로 전체 탐색에서 중복된 연산을 저장된 공간에서 꺼내어 연산을 줄이는 메모이제이션이다. 저장된 배열의 구성은 어떻게 진행해야 할지 고민해보자. 앞서 배열 요소의 모든 조합을 찾아 배열의 전체 합(S)의 1/2이 되는지 확인하는 과정을 거쳤다. 또한 전체 탐색 과정에서 배열 요소의 합은 1 ~ S/2까지 수 중에서만 확인되면 된다. 배열 요소를 조합하여 1 ~ S/2의 합이 나온다면 해당 합의 조합이 발견되었음을 기록해 두고 최종 S/2도 나올 수 있는지를 계산하면 된다. 0 / 1 배낭 문제에 적용하면 배낭의 용량이 7일 경우 아이템을 조합하여 0 ~ 7 사이의 용량을 만드는 과정을 살펴보면 된다. 메모이제이션을 위한 저장 공간은 2차원 배열로 구성되어야 하고 1번째 인덱스는 조합 가능한 하위 배열 요소가 되고 2번째 인덱스는 0 ~ S/2까지의 숫자가 된다. 각 저장된 항목에는 −1 혹은 1이 들어가고 배열 [1, 2, 3, 4]에서 dp[2][3]이 1이라면 배열의 요소 [1, 2, 3]의 조합으로 합 3이 가능하다고 판단할 수 있다. 구현을 보며 확인해보자.

마지막으로는 Bottom Up 방식의 동적 프로그래밍을 적용해보자. 앞서 살펴본 Top Down 방식의 저장 공간과 동일하게 구성되고 적용된다. [1, 2, 3, 4] 입력을 기준으로 dp 2차원 배열 값이 어떻게 변하는지 확인해보자.

		합 -〉					
선택된 요소	index	0	1	2	3	4	5
[1]	0	T	T	F	F	F	F
[1,2]	1	T					
[1,2,3]	2	T					
[1,2,3,4]	3	T					

처음 초기화 부분에서 0은 모두 True로 설정하고, index가 0인 경우 조합 가능한 요소는 1만 있으므로 1을 선택할때의 합 1과 선택하지 않았을 때의 0만 True고 나머지는 False가 된다. index 1이면 1과 2의 선택과 비선택을 통해 만들 수 있는 합 0, 1, 2, 3이 모든 True가 되고 나머지는 False가 된다. 최종적으로 그려지는 테이블을 확인해보자.

		합 -〉					
선택된 요소	index	0	1	2	3	4	5
[1]	0	T	T	F	F	F	F
[1,2]	1	T	T	T	T	F	F
[1,2,3]	2	T	T	T	T	T	T
[1,2,3,4]	3	T	T	T	T	T	T

결론은 배열의 어떤 조합으로 전체 합(S)의 1/2 값을 만들 수 있는지에 대한 결과를 반환하는 것이다. [1,2,3]인 index 2의 경우도 5를 만들 수 있어, 해당 입력의 배열은 동일한 합의 값으로 분할 가능하다.

코드(Code)

각 단계별 아이디어에 대한 구현을 살펴보자. 0 / 1 배낭 문제와 많이 닮은 것을 느낄 수 있다. 가장 먼저 전체 탐색으로 문제를 해결해보자.

제한사항		코드
아이디어	시간 :	```def canPartition(nums: List[int]) -> bool:```
	공간:	
테스트		

```python
def canPartition(nums: List[int]) -> bool:
    if sum(nums) % 2 != 0:
        return False

    def canPartitionRec(nums: List[int], s, index):
        if s == 0:
            return True
        if index >= len(nums):
            return False

        if s - nums[index] >= 0:
            if canPartitionRec(nums, s - nums[index],
                                index + 1):
                return True
        return canPartitionRec(nums, s, index + 1)

    return canPartitionRec(nums, int(sum(nums)/2), 0)
```

내부 함수 canPartitionRec( )를 보면 s가 0일 때와 index가 배열 최대 인덱스를 넘어설 때 각각 참(True), 거짓(False)을 반환하는 종료 조건을 가지고 있다. [그림 7-5]에서 확인했던 선택과 비선택의 구현이 바로 뒤따른다. s에 현재 인덱스 배열 값을 빼주면 포함시키고, 그냥 넘겨 인덱스(index)만 증가시키면 선택하지 않고 다음 조합을 만든다는 의미다.

다음은 중복된 연산 제거를 위한 저장 공간을 만들어 활용하는 구현을 살펴보자. 고정 값으로는 배열 요소이고 변화하는 값은 합과 배열의 요소를 가리키는 인덱스다. 저장 공간은 호출된 시점의 인덱스와 합의 값으로 구분 관리하도록 하면 된다.

제한사항		코드
아이디어	시간 :	`def canPartition(nums: List[int]) -> bool:`
	공간:	
테스트		

```python
def canPartition(nums: List[int]) -> bool:
    s = sum(nums)
    if s % 2 != 0:
        return False

    def canPartitionRec(dp: List[int], nums: List[int],
                        s, index):
        if s == 0:
            return 1
        if index >= len(nums):
            return 0

        if dp[index][s] == -1 and nums[index] <= s:
            if canPartitionRec(dp, nums,
                s - nums[index], index + 1) == 1:
                dp[index][s] = 1
                return 1

        dp[index][s] = canPartitionRec(dp, nums, s,
                                        index + 1)
        return dp[index][s]

    dp = [[-1 for x in range(int(s/2)+1)]
            for y in range(len(nums))]
    return True if canPartitionRec(dp, nums, int(s/2),
                            0) == 1 else False
```

전체 탐색에서 dp변수가 추가된 것만 확인하면 된다. 변수는 2차원 배열로 N * (S/2 + 1) 만큼 할당되었으며 −1로 모두 초기화되었다. 이유는 −1은 아직 계산이 안되었다는 의미고 1은 계산되고 특정 합(s)을 조합할 수 있는 인덱스를 찾았다는 의미다. 그래서 각 dp[index][s]를 채워 넣고 마지막 값을 꺼내면 결과를 확인할 수 있다.

마지막으로 Bottom Up 방식의 동적 프로그래밍을 확인해보자. Top Down은 재귀를 이용해 dp를 채워나가는 방식이고, Bottom Up은 for 루프로 앞에서부터 하나씩 채워 마지막을 도출하는 방식이다. **7.2.2 아이디어**에서 확인한 dp 테이블의 설정따라 구현해보겠다.

제한사항		코드
| **아이디어** | 시간 : | ```python
def canPartition(nums: List[int]) -> bool:
    total = sum(nums)
    n = len(nums)
    if total % 2 != 0:
        return False

    half = int(total/2)
    dp = [[False for x in range(half+1)]
                for y in range(n)]

    for i in range(n):
        dp[i][0] = True

    for s in range(half + 1):
        if nums[0] == s:
            dp[0][s] = True

    for i in range(1, n):
        for s in range(1, half + 1):
            if dp[i - 1][s]:
                dp[i][s] = dp[i - 1][s]
            elif s >= nums[i]:
                dp[i][s] = dp[i - 1][s - nums[i]]

    return dp[n - 1][half]
``` |
| | 공간: | |
| **테스트** | | |

기본 초기화를 거쳐 테이블(dp)을 구성한 다음 단계별로 이동하면서 값을 채워 나갈 수 있다. 이전 인덱스의 합이 참(True)이라면 다음 인덱스의 합은 동일하게 참(True)이다. 앞서 테이블을 채워가는 과정을 확인하면 쉽게 이해할 수 있다. 만약 거짓(False)이었다면 현재 인덱스에서 사용 가능한 숫자를 합에서 뺀(dp[i − 1][s − nums[i]]) 이전 결과를 포함한다. 즉 특정 합에서 특정 숫자를 빼고 조합을 만들 수 있는지 확인한다는 의미다. 테이블을 끝까지 채우고 나면 마지막에 기록된 결과가 배열을 두 부분으로 분할하고 합이 같은지 같지 않은지를 확인할 수 있다.

테스트(Test Cases)

테스트는 배열을 두 부분으로 나누었을 때 합이 되는 경우와 되지 않는 경우를 테스트하면 된다. 먼저 합이 서로 같은 경우를 확인하자.
```

```
Test Case 1: nums = [1, 1, 5, 7]
```

메모이제이션을 위한 공간에 각 값을 추적하면서 채워 나가보자.

```
Test Case 2: nums = [1, 2, 5]
```

2번째 케이스는 기본적으로 모든 합이 2로 나누어떨어지지만 두 분할의 합을 같게 만들 수 없는 경우다.

```
Test Case 3: nums = [1, 4, 5]
```

마지막으로 모든 합이 2로 나누어떨어지고, 두 분할의 합을 같게 만들 수 있는 경우이다.

7.2.3 관련 문제 사이트

- LeetCode

  https://leetcode.com/problems/partition-equal-subset-sum/

- GeeksForGeeks

  https://practice.geeksforgeeks.org/problems/subset-sum-problem2014/1

7.3 동전 교환

앞에서 학습한 두 동적 프로그래밍 문제와는 패턴이 조금 다른 문제다. 간단히 설명하면 0 / 1 배낭 문제와 동일 합 배열 분할 문제는 배열 요소를 중복하여 선택하지 않는 전체 탐색에 대한 것을 동적 프로그래밍으로 해결하지만 동전 교환 문제는 요소를 중복 선택할 수 있는 점에서 조금 다르게 진행된다.

7.3.1 문제 기술 및 설명

각기 다른 액면을 가진 동전 배열과 거슬러줘야 하는 총 금액을 입력으로 받으면 잔돈의 조합으로 거스름돈을 맞춰주기 위한 최소한의 동전 개수를 반환하자. 예를 들어 [1, 5, 10, 25]의 액면을 가진 동전이 있다고 할 때, 거스름돈이 1이라면 액면 1인 동전 하나만 있으면 된다. 거스름돈이 6이라면 잔돈을 1과 5를 사용해서 전달해 줄 수 있는데 이때 사용한 동전의 개수인 2를 반환하면 된다.

이 문제를 탐욕(Greedy) 알고리즘[3]으로 먼저 접근해보자. 액면이 큰 순으로 동전을 빼면서 최소의 개수로 거스름돈을 만드는 방법을 생각해 볼 수 있다. 탐욕 알고리즘으로 해결하는 과정과 안 되는 경우를 확인해보자.

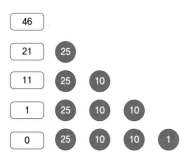

그림 7-6 탐욕 방법으로 잔돈 교환

46을 교환한다고 했을 때 가장 큰 액면의 동전 25를 빼고 나면 21이 된다. 21이 되고 나서는 25를 먼저 교환을 해보려고 하지만 남은 금액이 잔돈보다 작으므로 다음 크기의 액면인 10 동전을 빼준다. 그러면 11이 되고 다시 10의 액면을 다시 빼고 마지막으로 1을 빼주면 4개의 동전으로 거스름돈을 전달해 줄 수 있다. 이것은 최소의 개수로 거스름돈을 준 것이다. 이런 탐욕 알고리즘도 잘 동작하는 것처럼 보인다. 잔돈 액면을 조금 변경해보자. [1, 5, 6, 9]의 동전이 있고 11 금액을 거슬러 주려 했을 때, 탐욕 알고리즘으로 진행하면 9, 1, 1 이렇게 3개로 거스름돈 개수를 만들게 된다. 하지만 5, 6으로 구성하면 앞서 3개로 거스름돈을 만든 것 보다 더 적은 수의 동전으로 만들 수 있다. 이런 경우에 문제가 되므로 탐욕(Greedy) 알고리즘으로는 모든 경우를 다 처리할 수 없다.

----

3 https://ko.wikipedia.org/wiki/탐욕_알고리즘

7.3.2 노트 레이아웃을 이용한 문제 풀이

동전 교환 문제는 각 액면의 동전을 무한대로 가지고 있다고 가정해야 한다. 액면이 [1, 5, 10 , 15]라면 각 액면의 동전은 무한정 있고 요청한 금액을 맞춰 줄 수 있다. 물론 주어진 액면의 동전 종류에 따라 거스름돈을 만들 수 없는 경우도 있다. 예를 들면 [3, 5]만 있는데 7의 거스름돈을 내어 줄 수는 없다. 이 문제도 특별한 제한사항은 기술할 필요가 없으니 아이디어로 바로 넘어가자. 동전 액면 배열의 크기, 액면 값의 범위 그리고 요청 거스름돈의 범위는 주어질 수 있다. 크게 신경 쓸 필요 없이 동적 프로그래밍의 단계적 풀이로 진행해보자. 온라인 코딩 사이트 대부분은 전체 탐색(Brute-force)으로는 시간 초과(Time limit exceeded) 에러가 발생한다는 것만 고려하자.

아이디어(Ideas)

동전 액면을 거스름돈 총액에 맞춰 모든 조합을 만들고 중복 작업을 제거하기 위해 저장 공간을 이용하는 방식은 동일하다. 거스름돈 총액을 맞추기 위해 동전의 중복 선택이 가능하다는 점을 기억하자.

제한사항		코드

아이디어(Brute-force)
1. 거스름돈 총액(amount)이 0이면 0을 반환
2. 최소 개수(비교를 위함)를 최댓값(float('-inf'))으로 설정
3. coins(동전 배열)을 순회한다.
  – amount가 현재 coin보다 크다면 재귀 호출로 amount – coin 하여 호출한다.
  – 재귀 호출의 복귀로 호출 개수를 반환한다. 반환된 값이 현재 순회에서 최소 개수와 비교하여 더 작은 값으로 업데이트
3. 최소 개수 + 1을 반환
	시간 복잡도:
	$O(n^2)$	

	공간 복잡도: $O(1)$	

아이디어(동적 프로그래밍 – Top Down)
1. 총액 크기만큼 배열 생성(–1로 초기화)
  – 각 인덱스는 0 ~ 총액(amount)까지
2. dp[amount]가 –1이 아니면 바로 반환
3. 동전 액면만큼 순회
  – 현재 amount가 동전 액면보다 크면 동전 액면을 amount에서 빼고 재귀 호출
  – 재귀 호출의 복귀로 호출 개수를 반환한다. 반환된 값이 현재 순회에서 최소 개수와 비교하여 더 작은 값으로 업데이트
4. dp[amount]에 최소 개수 + 1 하여 더하고 해당 값을 반환
	시간 복잡도: $O(c * a)$: a는 amount, c는 동전 개수	

	공간 복잡도: $O(a)$	

제한사항	코드

아이디어(동적 프로그래밍 – Bottom Up)
1. 총액 크기만큼 배열 생성(-1로 초기화)
   – 각 인덱스는 0 ~ 총액(amount)까지
2. 0에서 총액만큼 순회
   – 액면 크기를 순회
   – dp[a – coin[c]]와 dp[i]와 비교하여 작은 값으로 dp[a]를
     업데이트
3. dp[amount]를 반환
	시간 복잡도: O(c * a) : a는 amount
	
	공간 복잡도:
	O(a)

테스트	

3가지의 아이디어라기 보다 동전 교환 문제를 해결함에 있어 발전적 단계를 거친다고 생각하면 된다. 우선 전체 탐색으로 동전 교환 문제를 해결해보자. 설명하기 쉬운 예제를 통해 접근하겠다. 동전의 액면은 [1, 2, 5] 3가지 종류가 있고 거스름돈 총액은 11이라고 해보자.

1. 5 + 5 + 1

2. 5 + 2 + 2 + 2

3. 5 + 2 + 2 + 1 + 1

4. 5 + 2 + 1 + 1 + 1 + 1

5. 5 + 1 + 1 + 1 + 1 + 1 + 1

6. 2 + 2 + 2 + 2 + 2 + 1

7. 2 + 2 + 2 + 2 + 1 + 1 + 1

이렇게 다양한 동전의 조합으로 11의 거스름돈을 만들 수 있다. 물론 최소 개수의 동전은 1번에서 만든 5, 5, 1의 조합이다.

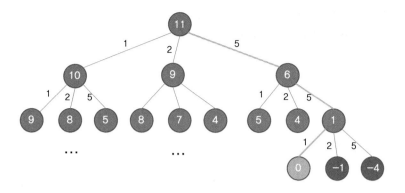

그림 7-7 동전 교환 전체 탐색

11의 거스름돈을 동전 액면에 따라 탐색한 것을 [그림 7-7]에 표현했다. 모든 경우를 다 표현하지는 않았지만 특정 숫자는 중복해서 나오는 것을 확인할 수 있다. 예를 들어 [그림 7-7]의 왼쪽 끝에 있는 9의 값은 가운데 9의 값이 진행하는 것과 동일한 연산을 진행할 것이다. 그렇다면 9의 연산의 결과를 저장해 두었다면 2번째 9는 저장해 둔 값을 꺼내 반환만 하면 된다. 이것이 처음 전체 탐색에서 동적 프로그래밍으로 넘어가는 방법 중 메모이제이션(Memoization)을 사용한 것이다.

마지막으로 Bottom Up 방식으로 동적 프로그래밍을 처리해보자. 저장 공간에 어떤 방식으로 중복 연산에 대한 결과를 가져오게 할 수 있는지에 대해 고민해야 한다. 동전 액면이 [1, 2, 5]가 있고 거스름돈이 11이라면 1, 2, 5 액면의 동전으로 0 ~ 11까지의 돈은 만들어 가면서 각 거스름돈을 몇 개의 동전으로 만드는지 기록하면 최종 11의 거스름돈을 내어주기 위한 동전 개수를 반환할 수 있다. [그림 7-8]로 동적 프로그래밍의 연산을 이해해 보도록 하자.

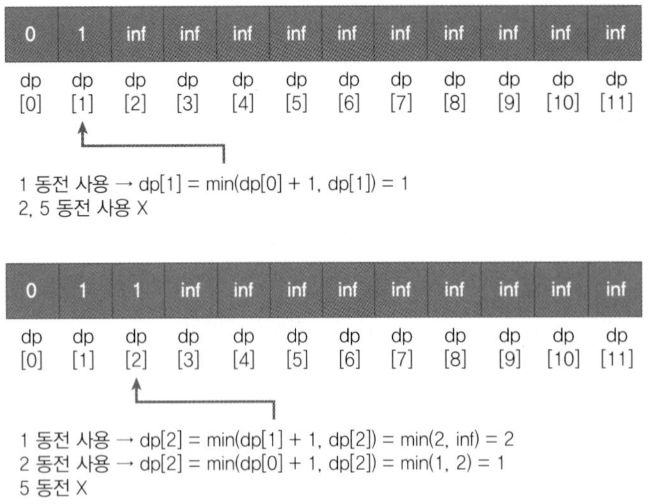

0	1	inf	inf	inf	inf	inf	inf	inf	inf	inf	inf
dp[0]	dp[1]	dp[2]	dp[3]	dp[4]	dp[5]	dp[6]	dp[7]	dp[8]	dp[9]	dp[10]	dp[11]

1 동전 사용 → dp[1] = min(dp[0] + 1, dp[1]) = 1
2, 5 동전 사용 X

0	1	1	inf	inf	inf	inf	inf	inf	inf	inf	inf
dp[0]	dp[1]	dp[2]	dp[3]	dp[4]	dp[5]	dp[6]	dp[7]	dp[8]	dp[9]	dp[10]	dp[11]

1 동전 사용 → dp[2] = min(dp[1] + 1, dp[2]) = min(2, inf) = 2
2 동전 사용 → dp[2] = min(dp[0] + 1, dp[2]) = min(1, 2) = 1
5 동전 X

그림 7-8 0, 1, 2 dp 배열 업데이트

[그림 7-8]에서 dp 배열의 각 인덱스는 거스름돈이라고 생각하면 된다. 예를 들어 dp[0]은 현재 동전 액면 [1, 2, 5]로 0의 거스름돈을 만들 때 최소 동전 개수는 얼마인지 기록하는 것이다. dp[0]이면 거스름돈을 만들 필요가 없으니 0으로 넣는다. dp[1]은 거스름돈 1을 만들기 위한 연산 방법은 동전 액면 1, 2, 5를 각각 1부터 뺀 인덱스를 찾은 다음 1을 더해주는 값과 dp[1]의 값을 비교해 작은 값을 최종 기록한다. dp[1]의 초깃값은 float('inf')인데 처음 동전 액면 1을 사용하면 dp[1 − 1] + 1와 float('inf')를 비교해 작은 값을 현재 dp[1]에 업데이트해준다. inf 보다 dp[0] + 1이 작으므로 1의 값을 dp[1]에 업데이트한다. 그리고 2, 5 동전은 1의 인덱스에서 뺀다면 음수가 되므로 연산을 할 필요가 없다. 다음 dp[2]를 계산해보자. 동전 액면 1을 사용하면 dp[2 − 1] + 1이 되고, dp[2]의 값인 float('inf') 값과 비교하면 dp[2 − 1] + 1의 값이 2가 작기 때문에 dp[2]는 2로 업데이트된다. 다음 동전 액면 2를 사용하면 dp[2 − 2] + 1과 dp[2]를 비교하는데 dp[2 − 2] + 1은 0 + 1로 1이고 이전 동전 액면 1을 사용했을 때 업데이트했던 dp[2]의 값 2보다 작으므로 dp[2]는 최종 1로 업데이트된다. 이런 방식으로 계속 진행해보자.

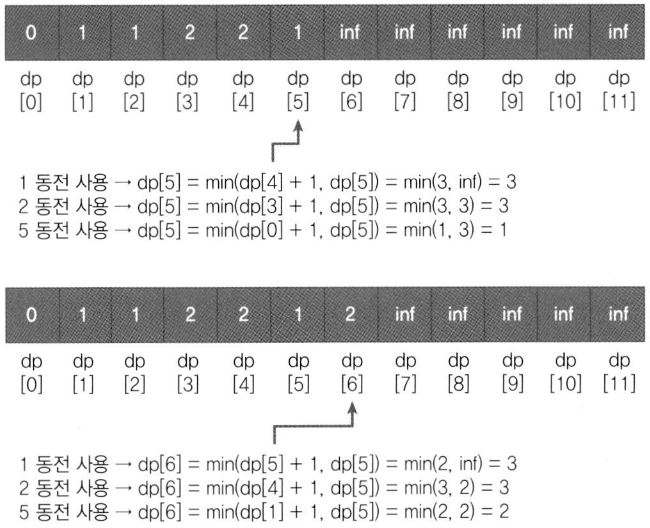

0	1	1	2	2	1	inf	inf	inf	inf	inf	inf
dp[0]	dp[1]	dp[2]	dp[3]	dp[4]	dp[5]	dp[6]	dp[7]	dp[8]	dp[9]	dp[10]	dp[11]

1 동전 사용 → dp[5] = min(dp[4] + 1, dp[5]) = min(3, inf) = 3
2 동전 사용 → dp[5] = min(dp[3] + 1, dp[5]) = min(3, 3) = 3
5 동전 사용 → dp[5] = min(dp[0] + 1, dp[5]) = min(1, 3) = 1

0	1	1	2	2	1	2	inf	inf	inf	inf	inf
dp[0]	dp[1]	dp[2]	dp[3]	dp[4]	dp[5]	dp[6]	dp[7]	dp[8]	dp[9]	dp[10]	dp[11]

1 동전 사용 → dp[6] = min(dp[5] + 1, dp[5]) = min(2, inf) = 3
2 동전 사용 → dp[6] = min(dp[4] + 1, dp[5]) = min(3, 2) = 3
5 동전 사용 → dp[6] = min(dp[1] + 1, dp[5]) = min(2, 2) = 2

그림 7-9 5, 6 dp 배열 업데이트

같은 방식으로 dp[5], dp[6]을 채워 보자. 인덱스 5는 거슬러줘야 하는 최종 금액이다. 5에서 동전 액면 1을 빼면 dp[4]가 되고 코인 사용 1을 추가하는 것과 dp[5]의 값을 비교한다. 초기 dp[5]는 float('inf')이므로 dp[4] + 1인 3이 dp[5]에 업데이트된다. 5 인덱스를 동전 액면 2로 빼고 1을 더해준 값과 이전에 업데이트된 dp[5]의 값 3을 비교해 작은 값인 3을 업데이트한다. 마지막으로 5 인덱스에 값을 5 동전 액면으로 빼주고 1을 더하게 되면 dp[0] + 1이 되므로 1이 된다. (5 동전 하나만 쓰면 된다는 의미다.) dp[6]도 동일하게 진행해보자. 결국 수기로 값을 채운다면 각 인덱스 숫자를 1, 2, 5의 동전으로 몇 개를 사용하면 최소 개수로 해당 숫자를 만들 수 있는지 확인하면 된다. 코드 구현은 이전의 업데이트된 값을 활용하여 현재 인덱스의 최소 동전 개수를 유추할 수 있도록 구현하면 된다. 최종적으로 dp 배열은 [0, 1, 1, 2, 2, 1, 2, 2, 3, 3, 2, 3]로 채워지고 최종 dp[11]의 값 3을 반환하면 문제에서 요구하는 최소 동전 개수가 된다.

코드(Code)

동적 프로그래밍을 연습하기 위한 다양한 패턴의 문제를 학습하고 있는데 구현에 대한 내용은 어느 정도 비슷한 형태를 보일 것이다. 각 아이디어 순서대로 구현을 살펴보자.

가장 먼저 전체 탐색을 통해 [그림 7-7]의 구조대로 조합을 만드는 과정의 구현을 살펴보자.

제한사항		코드
| **아이디어** | 시간 : | ```python
def coinChange(coins: List[int], amount: int) -> int:
    def coinRec(remain: int):
        nonlocal coins

        if remain == 0:
            return 0

        min_coins = float('inf')
        for coin in coins:
            if remain >= coin:
                curr_min = coinRec(remain - coin)
                min_coins = min(curr_min, min_coins)
        return min_coins + 1
    return coinRec(amount)
``` |
| | 공간: | |
| **테스트** | | |

내부(inner) 함수 coinRec()는 재귀(Top Down) 방식의 구현을 진행했다. 이런 방식은 분할 정복(Divide and Conquer)으로 주어진 coin을 순회하면서 선택된 coin을 remain에서 각각 빼준 값을 재귀 호출해 다시 coin을 순회해 remain을 0의 값으로 만들기 위한 노력을 하는 것이다. 만약 주어진 coin으로 만들 수 없는 amount가 주어진다면 float('inf') 값을 반환하게 된다. 이제 [그림 7-7]에서 중복 연산의 결과를 저장하고 추가 연산을 하지 않도록 하여 시간 복잡도를 O(a * c)로 만드는 구현을 살펴보자.

제한사항		코드
| **아이디어** | 시간 : | ```python
def coinChange(coins: List[int], amount: int) -> int:
    dp = [-1 for _ in range(amount + 1)]

    def coinRec(remain: int):
        nonlocal dp, coins
        if remain == 0:
            return 0

        if dp[remain] != -1:
            return dp[remain]
``` |
| | 공간: | |
| **테스트** | | |

```
            min_coin = float('inf')
            for coin in coins:
                if remain >= coin:
                    min_coin = min(min_coin,
                                   coinRec(remain - coin) + 1)
            dp[remain] = min_coin
            return dp[remain]


    return coinRec(amount)
```

구현에서 달라진 부분을 살펴보면 dp 배열을 −1로 초기화한 뒤 각 연산에 따라 dp[remain]
에 동전 사용 최소 개수를 업데이트해 주고, 이미 연산이 끝난 값을 재귀 호출하기 전에 해당
값을 바로 반환하게 된다. 사실 전체 탐색에서 dp 배열을 추가하고 각 호출 복귀에 저장하는
과정은 다른 동적 프로그래밍의 Top down 방식과 비슷하다. 이제 마지막으로 Bottom Up
방식으로 배열의 계산 및 결과 반환을 위한 구현을 살펴보자. 아이디어와 연결해서 구현을 살
펴보면 이해하기가 더 쉬울 것이다.

제한사항		코드

아이디어	시간:	`def coinChange(coins: List[int], amount: int) -> int:`
		`    dp = [float('inf') for _ in range(amount + 1)]`
		
		`    dp[0] = 0`
		
		`    for i in range(1, amount + 1):`
		`        for c in coins:`
		`            if i >= c:`
		`                dp[i] = min(dp[i - c] + 1, dp[i])`
		
		`    return dp[amount]`

	공간:	
테스트		

동적 프로그래밍의 구현 결과를 보면 너무 단순하게 처리된다. 물론 이 과정을 도출하는 것은
쉬운 일은 아니기 때문에 많은 연습이 필요하다. 다양한 패턴을 학습하고 연습하면 중간(me-
dium) 난도의 동적 프로그래밍 관련 문제는 풀이가 가능할 것이다. 마지막 Bottom Up 방식
의 배열 업데이트는 앞서 설명한 아이디어 그대로 구현된다. amount가 1 ~ 요청 값까지 코인
액면을 순회하며 dp 이전 인덱스 설정값과 1을 더하여(코인 추가라고 생각하면 된다) 요청 값

까지 진행하고 dp[amount]를 반환하면 결과를 반환한다. 시간 복잡도도 해당 구현을 통해 쉽게 확인할 수 있다. 처음 순회는 1 ~ amount + 1이고 각 amount마다 coins를 순회하기 때문에 O(a * c)라고 보면 된다.

테스트(Test Cases)

동전 교환 문제에서는 동전을 교환 가능한 경우와 그렇지 못한 경우에 대해 우선 테스트하여 구현된 알고리즘을 검증해보자.

```
Test Case 1: coins = [1, 2, 5], amount = 11
```

[1, 2, 5]의 동전을 통해 다양한 amount를 테스트해볼 수 있다. 대부분 양수의 amount를 조합할 수 있는 동전의 종류이니 변경해가며 진행해보자.

```
Test Case 2: coins = [3, 5, 7], amount = 4
```

2번째 케이스는 만들지 못하는 amount를 통해 구현된 코드가 검증 가능한지 확인해 볼 필요가 있다. 이런 테스트 케이스는 다양하게 만들 수 있다. 예를 들어 동전을 [2]로 하고 3을 거슬러 줄 수는 없을 것이다. 이런 식으로 다양한 테스트 케이스를 만들어 dp 배열을 출력하고 기대되는 값이 잘 계산되어 들어갔는지 확인해보자.

7.3.3 관련 문제 사이트

- LeetCode

  https://leetcode.com/problems/coin-change/

- Hackerrank

  https://www.hackerrank.com/challenges/coin-change/problem

- Geeksforgeeks

  https://practice.geeksforgeeks.org/problems/coin-change2448/1

7.4 최장 공통부분 수열[4](Longest Common Subsequence)

이 책에서 마지막으로 소개하는 동적 프로그래밍 패턴 문제다. 당연한 이야기지만 4 ~ 5개의 동적 프로그래밍 패턴으로 모든 문제를 해결할 수는 없다. 이 문제를 기반으로 다른 알고리즘 문제를 분석하여 다양한 해결책을 빠르게 적용해 볼 수 있는 역량을 키우길 바란다.

7.4.1 문제 기술 및 설명

두 문자열(str1, str2)이 주어지면 해당 두 문자열의 최장 공통부분 수열의 길이를 반환하자. 이 문제에서 언급하는 부분 수열(Subsequence)은 연속적이지는 않으나 순서대로 나열될 수 있는 문자열을 말한다. 예를 들어 'abced'에서 부분 수열은 'abc', 'ace', 'aed' 등 각 문자의 순서를 지킨 모든 부분 문자열을 말한다. 그렇다면 두 문자열의 최장 공통부분 수열이라는 것은 어떤 것인지 예제로 알아보자.

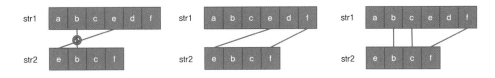

그림 7-10 부분 수열 예제

[그림 7–10]에 쓰인 각 문자열 예제는 'abcedf'와 'ebcf'이다. 여기서 공통부분 수열을 구하려면 [그림 7–10]의 가장 왼쪽의 접근처럼은 할 수 없다. 앞서 언급한 대로 '순서대로' 문자열을 나열해 공통부분을 찾아야 한다. 즉 'e'를 선택했다면 'c'는 선택될 수 없다. 'c'를 선택하면 순서상으로 맞지 않기 때문이다. 그래서 'ef', 'bcf' 등의 공통부분 수열이 나오는데 여기서 최장 길이를 구해야 하니 'bcf'의 3을 반환하면 된다.

7.4.2 노트 레이아웃을 이용한 문제 풀이

문제를 충분히 이해했다면 문제 풀이를 통해 해결해보자.

----

[4] *https://ko.wikipedia.org/wiki/최장_공통_부분_수열*

제한사항(Constraints)

동적 프로그래밍이 대부분 그러하듯 전체 탐색(Brute-force)으로 해결하려 하면 시간 복잡도가 $O(2^N)$ 이상이다. 이렇게 높은 복잡도를 해결하는 문제는 대부분 주어지는 입력의 범위가 있다. 물론 범위가 있다고 해도 온라인 코딩 사이트에서 전체 탐색으로 문제를 해결하려 하면 시간 초과 에러를 만나게 될 것이다. 범위는 동적 프로그래밍으로 풀이했을 때, 어떤 시간 복잡도를 가지는지 혹은 메모이제이션을 통해 만들어진 저장 배열 공간이 어느 정도 크기인지를 가늠하는 기준이 된다. 대회가 아닌 중간 레벨의 문제라면 범위가 있다는 것 정도만 생각해두자. 또한 범위가 주어진다는 것은 전체 탐색으로 풀면 해결하기 힘든 문제라는 것을 암시하기도 한다. 그래서 대개 이런 문제는 입력으로 주어진 str1, str2의 길이에 제한을 둔다.

아이디어(Ideas)

최장 공통부분 수열(Longest Common Sequence) 문제도 다른 동적 프로그래밍 문제와 동일하게 접근한다. 재귀적으로 모든 경우의 수를 찾아 공통부분 수열을 찾고 전체 탐색으로 중복된 연산을 없앨 수 있는지 확인한다. 마지막으로 Bottom Up 방식의 연산 접근을 학습할 수 있도록 진행하겠다.

제한사항		코드

아이디어(Brute-force)
1. str1의 인덱스 i, str2의 인덱스 j를 0으로 초기화한다.
2. 재귀 함수를 호출한다.
  – i 혹은 j가 각 문자열의 접근 인덱스를 넘어섰다면 0을 반환
  – str1[i]와 str2[j]가 같다면, i + 1, j + 1을 인자로 재귀 호출한다.(문자가 같기 때문에 1을 더해준다)
  – 같지 않다면, i + 1, j 조합으로 i, j + 1의 조합으로 재귀 호출하여 최종 큰 값을 선택 및 반환
	시간 복잡도:
	$O(2^N)$
	
	공간 복잡도:
	$O(1)$	

제한사항	코드

아이디어(동적 프로그래밍 – Top Down)	
1. dp[n][m]을 –1로 초기화 2. dp[i][j] 가 –1이 아니면, 해당 값을 반환 3. 전체 탐색에서 각 재귀 호출의 반환을 dp[i][j]에 저장한다.	시간 복잡도: O(n * m), str1의 길이 n, str2의 길이 m
	공간 복잡도: O(n * m), str1의 길이 n, str2의 길이 m

아이디어(동적 프로그래밍 – Bottom Up)
1. dp[n][m]을 할당하여 –1로 초기화
2. n 만큼 순회(i)
 – m 만큼 순회(j)
 – str1[i]와 str2[j]가 같다면 dp[i][j]에 dp[i–1][j–1] + 1을 더
  해준다.
 – 같지 않다면, dp[i – 1][j]과 dp[i][j–1] 중 큰 값을 dp[i][j]에
  업데이트한다.
3. dp[n – 1][m – 1]을 반환한다.
	시간 복잡도:
	O(n * m), str1의 길이 n,
	str2의 길이 m

	공간 복잡도: O(n * m), str1의 길이 n, str2의 길이 m
테스트	

가장 먼저 전체 탐색 아이디어를 자세히 살펴보자. 주어진 두 문자열의 각 문자를 접근하여 다른 동적 프로그래밍에서 전체 탐색의 방식대로 선택 혹은 비선택으로 부분 문자 수열을 만들어 나가자. 만약 각 선택된 문자가 같을 때는 부분 수열 길이에 포함되므로 1을 더해주고 다음 문자열 선택으로 진행한다. [그림 7–11]을 살펴보자. str1이 'abcd'이고 str2가 'bd'라면 각각 인덱스는 i, j이다. i = 0, j = 0에서 시작해 같으면 i + 1, j + 1로 이동만 하고 문자가 같지 않으면 i + 1, j와 i, j + 1을 각각 재귀 호출하여 반환되는 값 중 큰 값을 반환해 줘야 한다. 그리고 가리키는 인덱스의 두 문자가 같다면 공통부분 수열에 포함되므로 길이 1을 더해줘야 한다. 재귀 호출에 대한 [그림 7–11]을 잘 살펴보면 재귀 함수에 대한 호출 방향이 어떤 식으로 이루어지는지 알 수 있다. 재귀 호출의 인자는 현재 i, j가 가리키는 문자가 같은지 같지 않은지에 대한 분기로 이루어질 수 있다.

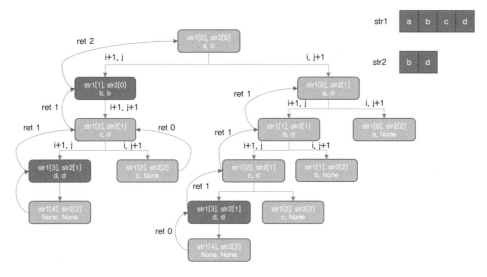

그림 7-11 최장 공통부분 수열 전체 탐색

그리고 [그림 7-11]처럼 연산이 중복 처리되는 부분을 쉽게 찾을 수 있다. 즉 중복 처리된 부분을 변화되는 i, j 값의 기준으로 메모이제이션(Memoization)하고 해당 값을 꺼낼 수 있도록 해야 한다. 그렇다면 메모이제이션을 위한 [그림 7-11]은 테이블에 어떻게 구성되는지 확인해보자.

	a	**b**	**c**	**d**	**None**
	0	**1**	**2**	**3**	**4**
b	0	-1	2	-1	-1	-1
d	1	-1	-1	1	1	-1
None	2	0	0	0	-1	0

	a	**b**	**c**	**d**	**None**
	0	**1**	**2**	**3**	**4**
b	0	2	2	-1	-1	-1
d	1	-1	1	1	1	-1
None	2	0	0	0	-1	0

그림 7-12 메모이제이션을 위한 테이블

[그림 7-11]에서 재귀로 호출했다면 왼쪽 끝부터 값을 채워 나가는데 i = 4, j = 2일 때 두 문자열의 인덱스를 넘어서니 0을 반환하여 dp[4][2] = 0이 된다. 그게 반환되면 i = 3, j =1인 경우에 같은 문자이니 1을 더해 반환되는 값이 dp[3][1]에 1이 기록된다. 이렇게 반복한다면 [그림 7-12]가 되고, 최종적으로 호출 한 i = 0, j = 0일 때 2를 반환하게 된다. 그리고 [그림 7-11]

의 우측 호출은 대부분 중복된 연산으로 dp 테이블에서 꺼내 그대로 이용하면 된다.

마지막으로 Bottom Up 방식으로 동적 프로그래밍을 위한 dp 테이블을 채워나가 보자. 우선 dp 배열은 str1 길이 + 1(n + 1), str2 길이 + 1(m + 1) 만큼 생성하고 0 인덱스를 포함한 모든 배열의 요소는 0으로 초기화한다. [그림 7-13]에서 왼쪽 테이블은 dp를 초기화한 상태이고 만약 인덱스 str1[2], str2[1]인 경우 대각선 dp[0][1](str1이 그림과 맞추기 위해 dp 배열의 뒤쪽 인덱스이다.) 값에 1을 더해준다. 이 의미는 str1과 str2의 각 문자가 같고 이전에 선택된 문자가 있다면 해당 값과 더해야 한다는 것이다. 그래서 dp[1][2]는 1로 값이 쓰인다. 만약 인덱스의 문자가 같지 않다면 dp 배열의 왼쪽과 상위 값 중 큰 값을 선택해 업데이트해줘야 한다. 예를 들어 dp[1][1]은 dp[1][0]과 dp[0][1] 값 중 큰 값이 쓰이는데, 같은 값이라서 0이 된다.

		a	b	c	d				a	b	c	d
	0	1	2	3	4			0	1	2	3	4
	0	0	0	0	0			0	0	0	0	0
b	1	0					b	1	0	0	1	
d	2	0					d	2	0			

그림 7-13 초기 dp 배열 및 같은 문자 처리

이제 남은 테이블을 채워 나가보자. [그림 7-14]에서 각 인덱스의 문자가 같은지 아닌지 확인한 다음 같다면 대각선의 dp 배열 값에 1을 더해 업데이트하고 같지 않다면 왼쪽과 윗칸의 값 중 큰 값을 선택해 업데이트해 주면 된다.

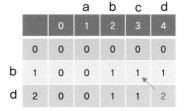

		a	b	c	d				a	b	c	d
	0	1	2	3	4			0	1	2	3	4
	0	0	0	0	0			0	0	0	0	0
b	1	0	0	1	1		b	1	0	0	1	1	1
d	2	0					d	2	0	0	1	1	2

그림 7-14 최장 공통 부분수열을 위한 dp 배열

앞서 설명한 대로 배열을 채우면 dp[n][m]에는 최종 공통부분 수열의 최장 길이가 기록이 된다. 이 내용의 구현을 보면 더 쉽게 이해할 수 있을 것이다.

코드(Code)

각 아이디어를 구현해보자. 동적 프로그래밍 장에서 소개한 모든 문제의 구현 자체는 복잡하지 않다는 것을 알 수 있다. 그래서 동적 프로그래밍 문제의 난도가 어렵다는 것은 접근과 시간 복잡도를 낮추기 위한 고려가 쉽지 않다는 의미다. 먼저 전체 탐색 구현을 살펴보자.

제한사항		코드

아이디어	시간 :	
		`def LCS(str1: str, str2: str) -> int:`
		`    def LCSRec(i, j):`
		`        nonlocal str1, str2`
		
		`        if i >= len(str1) or j >= len(str2):`
		`            return 0`
		
		`        if str1[i] == str2[j]:`
		`            return 1 + LCSRec(i + 1, j + 1)`
		`        else:`
		`            return max(LCSRec(i + 1, j),`
		`                       LCSRec(i, j + 1))`
		
		`    return LCSRec(0, 0)`

	공간:	
테스트		

전체 탐색을 위한 구현에서 중요한 것은 두 문자열의 i, j가 같다면 i + 1, j + 1로 재귀 호출하고 아니라면 각 문자열에서 다음 문자로 가거나 그렇지 않은 재귀 호출이 있다는 것을 염두에 두자. 다음으로 해당 코드 결과의 메모이제이션(Memoization)을 통해 중복 연산을 제거해보자. 전체 탐색으로는 온라인 코딩 사이트에서는 통과(pass)같은 결과를 얻을 수는 없을 것이다.

2번째 아이디어로 설명된 내용을 그대로 구현한다. 다만 전체 탐색의 호출을 중복된 연산으로 판단하는 부분은 저장된 공간에서 꺼내어 반환하도록 하자. 이는 다른 동적 프로그래밍과 비슷하게 추가되는 것을 알 수 있다.

제한사항	코드

아이디어	시간 :	
	공간 :	
테스트		

```python
def LCS(str1: str, str2: str) -> int:
    dp = [[-1 for _ in range(len(str2) + 1)]
                for _ in range(len(str1) + 1)]

    def LCSRec(i, j):
        nonlocal str1, str2, dp

        if i >= len(str1) or j >= len(str2):
            return 0

        if dp[i][j] != -1:
            return dp[i][j]

        if str1[i] == str2[j]:
            dp[i][j] = 1 + LCSRec(i + 1, j + 1)
        else:
            dp[i][j] = max(LCSRec(i + 1, j),
                           LCSRec(i, j + 1))

        return dp[i][j]

    return LCSRec(0, 0)
```

전체 탐색 구현에서 변경된 부분을 확인해보면 어떻게 동적 프로그래밍에서 메모이제이션
(Memoization)을 활용하는지 알 수 있다. 이제 보통 난도의 동적 프로그래밍 문제를 풀이하
는 패턴을 알 수 있을 것이다. 다양한 문제가 많으므로 어떤 문제를 동적 프로그래밍으로 해결
해야 하는지 판단하는 부분도 연습이 필요하다. 마지막으로 Bottom Up 방식의 동적 프로그
래밍을 통한 구현을 살펴보자. 반복법을 활용해 앞서 구현한 동일한 로직으로 dp 배열을 0, 0
부터 차근차근 채워 나가 마지막 dp[n][m]의 값을 만들고 최장 공통부분 수열에 대한 값을 반
환할 수 있다.

제한사항	코드
| 아이디어　시간 :　　공간: | ```python
def LCS(str1: str, str2: str) -> int:
    n = len(str1)
    m = len(str2)
    dp = [[-1 for _ in range(m + 1)]
            for _ in range(n + 1)]

    for i in range(m + 1):
        dp[0][i] = 0

    for j in range(n + 1):
        dp[j][0] = 0

    for i in range(1, n + 1):
        for j in range(1, m + 1):
            if str1[i - 1] == str2[j - 1]:
                dp[i][j] = 1 + dp[i - 1][j - 1]
            else:
                dp[i][j] = max(dp[i - 1][j],
                                dp[i][j - 1])
    return dp[n][m]
``` |
| 테스트 | |

dp 테이블을 어떻게 해석할 것인지 대한 설계에 따라 Top Down / Bottom Up 방식으로 값이 구성되는 것을 알 수 있다. 동적 프로그래밍 문제는 구현에 특별한 기술을 사용하지 않지만 dp 배열 구성의 난도가 있는 문제다.

테스트(Test Cases)

두 문자열 입력에서 부분 수열이 되는 경우와 같은 문자의 위치가 연속적이지 않게 구성하는 방식의 테스트가 필요하다. 먼저 가장 기본적인 입력으로 두 문자열 중 하나가 다른 문자열의 하위 문자열인 경우를 보자.

```
Test Case 1: str1 = "abced", str2 = "abc"
```

str1에 str2가 정확히 포함되는 부분을 처리했는지 확인이 필요하다. 다음에는 연속적이지 않은 문자열에 대한 검증을 해보자.
```

```
Test Case 2: str1 = "abced", str2 = "acd"
```

순서상으로 다른 문자열을 포함하여 해당 문자를 포함하거나 포함하지 않는 경우, 부분 수열이 달라지는 테스트를 살펴보자.

```
Test Case 3: str1 = "abced", str2 = "cbd"
```

c를 포함하면 b를 넣을 수가 없고 b를 포함하면 c를 포함할 수 없게 되는 경우이다. 완전히 다른 문자열에 대한 테스트를 해보자.

```
Test Case 4: str1 = "abced", str2 = "zxy"
```

온라인 코딩 사이트에서 많은 문제를 풀다 보면 테스트를 실패한 경우의 데이터를 제공받을 수 있다. 구현의 어떤 부분의 테스트가 미흡했는지 잘 기록해두고 연습하면 완성도를 많이 높일 수 있다.

7.4.3 관련 문제 사이트

- LeetCode

  https://leetcode.com/problems/longest-common-subsequence

- Hackerrank

  https://www.hackerrank.com/challenges/dynamic-programming-classics-the-longest-common-subsequence/problem

- GeeksForGeeks

  https://practice.geeksforgeeks.org/problems/longest-common-subsequence/0

## CHAPTER 8

정렬(Sorting) 알고리즘

알고리즘 학습에 있어 가장 기본적으로 알아두어야 하는 사항 중 하나라고 생각한다. 온라인 코딩 사이트에서 문제를 풀거나 코딩 인터뷰 시 정렬 알고리즘 구현 요청을 하는 경우는 드물 테지만 알고리즘이 얼마나 중요한지 알게 해주는 항목이다. 정렬(sorting)은 다양한 문제를 쉽게 해결할 수 있도록 해준다.

- 찾기: 정렬된 리스트는 특정 아이템을 찾기 쉽게 한다.

- 선택: 찾기와 마찬가지로 정렬된 리스트에서 다양한 아이템에 접근하여 얻어올 수 있다. 예를 들어 리스트에서 3번째 큰 수를 가져온다던가 중간값을 찾거나 하는 일들이 쉽게 처리가 될 수 있다.

- 중복 검출: 정렬되어 있다면 중복 아이템 찾기도 쉽게 처리할 수 있다.

- 분포: 리스트에서 가장 많이 있거나 적게 있는 아이템을 쉽게 골라낼 수 있다.

데이터를 정렬하면 문제가 단순화되어 쉽게 해결할 수 있다. 다양한 정렬 알고리즘을 파이썬으로 구현해보고 각 정렬 알고리즘의 특성을 살펴보자.

각 언어별로 제공되는 배열과 리스트의 정렬 함수는 내부적으로 조금씩 구현은 다르지만, 대부분 효율적으로 정렬할 수 있는 알고리즘을 채택하여 사용할 수 있도록 한다. 대표적으로 C 언어에서 제공하는 qsort()는 퀵 정렬(Quick Sort)을 사용하고, JAVA 7 이후와 파이썬은 팀 정렬(Tim Sort)을 사용하는데 새로운 개념이 아니라 병합 정렬(Merge Sort)과 삽입 정렬(Insertion Sort)의 조합으로 하는 방식이다. 정렬의 개념을 알아보고 파이썬으로 구현해보자.

8.1 거품 정렬(Bubble Sort)

거품 정렬은 정렬 중에서 가장 직관적인 정렬 방식이다. 거품 정렬은 알고리즘 동작이 각 순회의 가장 큰 요소가 맨 뒤로 이동(Bubble Up)하는 방식이기 때문에 지어진 이름이라고 한다. 거품 정렬이 어떻게 리스트 요소를 정렬하는지 알아보자.

[그림 8-1]처럼 배열에 요소가 [8, 2, 6, 4, 5]가 있다면 가장 처음 있는 요소인 8을 뒤의 요소와 비교하여 이동(Bubble Up) 시켜보자. 다음 요소인 2보다 8이 크므로 교환한다. 교환된 8은 다음 6, 4, 5와도 비교하게 된다. 각 요소는 8보다 작으므로 가장 뒤쪽까지 이동하게 된다. 1번째 순회에서 가장 큰 수가 맨 뒤에 위치하게 된다. 1바퀴 순회하면 다음 순회를 진행한다. 현재 맨 앞 요소는 2고 그다음 요소는 6이므로 교환하지 않고 그다음 6과 4를 비교하여 교환한다. 교환된 6은 8이 진행했던 것과 마찬가지로 진행한다. 다만 거품 정렬에서 1번의 순회는 가장 큰 수를 맨 뒤로 보내기 때문에 마지막 요소인 8과 비교할 필요 없다. 그리고 다음 순회에서는 모두 정렬된 상태로 더 이상 정렬이 필요 없게 되므로 거품 정렬이 마무리된다.

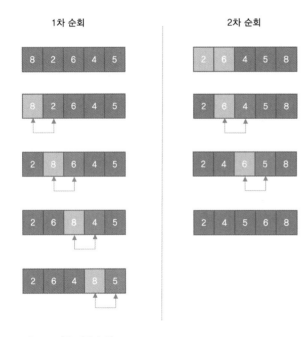

그림 8-1 거품 정렬 순회

사실 알려진 거품 정렬[1]의 순회는 현재 정렬이 되었는지 따로 판단하지 않고 위의 예제같이 1차 순회를 요소 개수만큼 진행한다. 최근에는 정렬이 다 되었는지 판단하는 기준으로 순회를 끝까지 하지 않도록 구현한다. 간단하게 순회가 일어나도 단 1번의 교환이 없다면 정렬이 이미 되었다고 판단할 수 있다. 구현을 살펴보자.

```python
def bubble_sort(arr):
    n = len(arr)

    for i in range(n):
        done_sort = True

        for j in range(n - i - 1):
            if arr[j] > arr[j + 1]:
                arr[j], arr[j + 1] = arr[j + 1], arr[j]

                done_sort = False

        if done_sort:
            break
    return arr

input_arr = [8, 2, 6, 4, 5]
print(f'{bubble_sort(input_arr)}')
```

앞에서 설명한 대로 정렬이 되었는지 판단하는 기준은 done_sort 변수(플래그)를 두어 교환이 일어났을 때 False로 변경하고, 그렇지 않은 경우는 전체 순회를 종료하는 것으로 진행했다. 기본적으로 0 ~ n − 1까지 순회하고 각 순회에서 0 ~ n − i − 1만큼 이동하면서 앞뒤 요소를 비교하여 큰 값을 교환해 주는 방식이다. 추가적으로 파이썬에서 리스트 교환은 arr[j], arr[j + 1] = arr[j + 1], arr[j]처럼 한 줄로 가능하다. 교환 과정을 하나씩 진행해도 무방하다.

거품 정렬의 시간 복잡도를 알아보자. n 개의 요소가 있다면 1번의 순회도 없을 경우 (n − 1)번의 비교가 일어난다. [그림 8-1]의 1번째 순회가 그렇다. 그러면 하나의 가장 큰 요소가 맨 뒤에 위치하고 다음 순회는 해당 요소를 제외하고 비교하면 된다. 다음은 (n − 2)번의 비교가 일어난다. 이후 n − 3, n − 4, ... 2, 1로 비교가 일어난다. 모두 더하면 (n − 1) + (n − 2) + (n − 3) + (n − 4) + .. + 2 + 1 = n(n−1)/2가 되고 이것을 풀어쓰면 $1/2n^2 − 1/2n$가

---

[1] https://ko.wikipedia.org/wiki/거품_정렬

된다. 즉, 시간 복잡도는 최악의 경우와 평균적인 경우 $O(n^2)$이 된다. done_sort 플래그로 인해 이미 정렬된 배열을 정렬하는 경우 한 번의 순회만 진행하므로 $O(n)$이 된다.

알고리즘이 간단하고 구현하기 쉽지만 시간 복잡도가 아주 높은 정렬이다.

8.2 삽입 정렬(Insertion Sort)

거품 정렬과 비슷하게 삽입 정렬(Insertion Sort)도 직관적인 구현으로 이해하기 쉽다. 하지만 거품 정렬과는 다르게 리스트 내 하나의 요소를 선택해 다른 요소와 비교하여 알맞은 위치에 '삽입'하는 정렬이다.

삽입 정렬을 쉽게 이해하기 위해 다음 예제를 보자. 카드 게임에서 딜러가 카드를 한 장씩 나눠주는데 받는 사람은 받은 카드를 오름차순으로 정렬하고 싶어한다고 가정해보자. 딜러가 카드를 주면 왼쪽부터 하나씩 채워가는데 받은 카드를 앞 카드와 비교하여 순서에 맞는 위치에 추가하는 방식이라고 보면 된다. 그림으로 보면 그리 어렵지 않은 방식의 정렬이다. 앞에서 사용한 예제의 리스트로 [그림 8-2]를 통해 삽입 정렬(Insertion Sort)을 알아보자.

처음 [8, 2, 6, 4, 5] 배열을 가지고 카드 게임을 생각해보자. 8을 처음 받고 그다음 2를 받았는데 8보다 2가 작으므로 2를 8 앞에 삽입한다. 그리고 6을 받으면 앞서 정렬된 [2, 8]에서 요소를 하나씩 비교하면 2와 8 사이에 6을 위치 시켜야 한다는 것을 알 수 있다. [2, 6, 8]로 정렬된 후 4를 받아 삽입 정렬을 시도해보자. 8, 6, 2의 순서대로 비교하고 최종 4의 위치는 2 다음이 된다. 딜러에게 카드를 하나씩 받는 상황이니 받는 순간 앞으로 해당 카드의 수가 위치해야 할 곳을 찾아야 한다. 4를 받고 나면 [2, 4, 6, 8]로 정렬된 상태를 유지하게 되고, 마지막으로 5를 받아 동일한 방식으로 적절한 위치를 찾도록 하면 최종 정렬된 상태를 만들 수 있다.

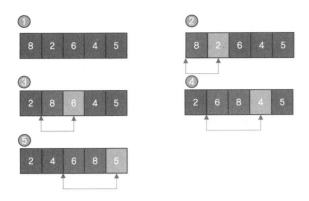

그림 8-2 삽입 정렬 순회

딜러에게 카드를 받는 예제로 삽입 정렬을 설명했지만 실제로는 배열의 값을 비교하여 위치를 찾으면 해당 위치부터 선택한 숫자 공간까지 모두 이동해야 한다. [그림 8-2]의 4번 단계에서 4라는 값을 2 바로 뒤에 위치 시키기 위해 배열 인덱스 1번(6), 2번(8)의 값을 각각 2번, 3번 으로 이동시키고 4의 값을 1번 인덱스로 넣어야 하는 것이다. 거품 정렬은 매번 배열의 요소 뒤로 이동하면서 단순 앞뒤의 값을 비교하여 교체하는 방식이지만 삽입 정렬은 하나의 요소를 알맞은 위치에 삽입하기 위해 순회를 한다는 점이 다르다. 구현을 살펴보자.

```python
def insertion_sort(arr):
    n = len(arr)

    for i in range(1, n):
        key_item = arr[i]

        j = i - 1

        while j >= 0 and arr[j] > key_item:
            arr[j + 1] = arr[j]
            j -= 1

        arr[j + 1] = key_item

    return arr

input_arr = [8, 2, 6, 4, 5]
print(f'{insertion_sort(input_arr)}')
```

처음 순회는 1부터 n − 1까지 진행한다. 요소가 하나만 있는 경우 이미 정렬된 상태로 보기 때문이다. 다음 내부 while 문을 통해 순회하는데 현재 위치의 선택된 값(i 인덱스)을 이전 요소부터 맨 앞 요소(0인덱스)까지 비교하여 0의 인덱스에 도달하거나 key_item의 값이 비교되는 j 인덱스 값보다 작다면 순회를 중단한다. 그렇게 되면 앞 요소가 다음 인덱스로 이동했거나 key_item이 현재 가장 크므로 j 값이 그대로라 해당 위치로 삽입된다. 코드를 기준으로 입력 예제 값이 어떻게 변하는지 확인해보자. ([8, 2, 6, 4, 5])

1. i = 1, key_item = 2, j = 0

   arr[0] 〉 key_item 이기 때문에 a[1] = a[0] ⇒ [8, 8, 6, 4, 5]

   j = −1이 되므로 순회 종료

   a[0] = key_item ⇒ [2, 8, 6, 4, 5]

2. i = 2, key_item = 6, j = 1

   arr[1] 〉 key_item 이기 때문에 a[2] = a[1] ⇒ [2, 8, 8, 4, 5]

   j = 0이 되고, a[0]보다 key_item이 크므로 순회 종료

   a[1] = key_item ⇒ [2, 6, 8, 4, 5]

3. i = 3, key_item = 4, j = 2

   arr[2] 〉 key_item 이기 때문에, a[3] = a[2] ⇒ [2, 6, 8, 8, 5]

   j = 1이 되고, arr[1] 〉 key_item 이기 때문에, a[2] = a[1] ⇒ [2, 6, 6, 8, 5]

   j = 0이 되고, arr[0]보다 key_item이 크므로 순회 종료

   a[1] = key_item ⇒ [2, 4, 6, 8, 5]

4. i = 4, key_item = 5, j = 3

   arr[3] 〉 key_item 이기 때문에, a[4] = a[3] ⇒ [2, 4, 6, 8, 8]

   j = 2가 되고, arr[2] 〉 key_item이기 때문에, a[3] = a[2] ⇒ [2, 4, 6, 6, 8]

   j = 1이 되고, arr[1]보다 key_item이 크기 때문에 순회 종료

   a[2] = key_item ⇒ [2, 4, 5, 6, 8]

이런 순서로 정렬된다. 위의 코드는 **들어가며**에서 소개한 온라인 코드 비주얼라이저로 확인하면 쉽게 이해할 수 있다.

삽입 정렬의 시간 복잡도는 for 문 순회가 n − 1번이고 내부 while 문 순회가 i 위치에서 0까지 매번 반복하기 때문에 평균적인 경우 $O(n^2)$이 된다. 최악의 경우 역순으로 정렬이 되었을 때 매 선택된 숫자가 맨 앞으로 이동하게 되어 $O(n^2)$가 된다. 다만 삽입 정렬이 이미 정렬되어 있다면 내부 while 문의 순회를 하지 않기 때문에 $O(n)$의 시간 복잡도를 가진다. 거품 정렬과 삽입 정렬의 시간 복잡도는 동일하기 때문에 같은 성능을 가진 알고리즘으로 판단할 수 있는데 실제 데이터를 정렬하고 비교하면 삽입 정렬이 거품 정렬보다 더 효율적이다. 코드와 예제를 입력해보고 확인하면 평균적으로 삽입 정렬이 거품 정렬보다 비교 횟수가 적다는 것을 알 수 있다.

삽입 정렬의 시간 복잡도가 높아 거품 정렬과 함께 실제로는 사용 안 될 것이라고 생각할 수 있다. 하지만 삽입 정렬은 적은 데이터 개수를 가지는 데이터 셋에서 다른 정렬보다 평균적으로 좋은 성능을 가진다. 그래서 파이썬, 자바(자바7 이후), 최신 C++에 사용되는 내장 정렬 함수는 작은 데이터 셋에 대해 삽입 정렬을 사용하도록 구현되어 있다. 파이썬이 사용하는 내장 함수 sorted()는 팀 정렬(Timsort)이라는 정렬 기법으로 이후 살펴볼 병합 정렬(Merge Sort)과 삽입 정렬(Insertion Sort)을 선택적으로 사용하도록 구현되어 있다.

8.3 병합 정렬(Merge Sort)

거품 정렬(Bubble Sort)과 삽입 정렬(Insertion Sort)보다 높은 효율을 보이는 정렬 알고리즘이다. 병합 정렬은 분할 정복(Divide and Conquer) 접근을 기반으로 복잡한 문제를 해결할 때 사용하는 강력한 알고리즘 기술이다.

분할 정복을 이해하기 위해서는 **4장**의 재귀를 이해하는 것이 필요하다. 재귀는 분할 정복이 필요한 문제를 해결 가능한 하위 문제로 쪼갤 수 있는 방법을 제공한다. 분할 정복은 기본적으로 문제를 작게 만들어 해결하고, 해결된 결과를 다음 하위 문제로 전달 후 전체 문제를 해결하려고 시도하는 것이다. **4장**에서 살펴본 재귀 문제의 접근 및 풀이 부분을 다시 한번 읽어보자.

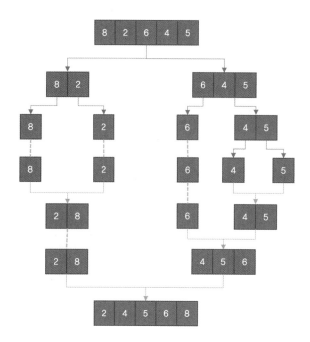

그림 8-3 병합 정렬

[그림 8-3]을 보면 처음 주어진 리스트를 반으로 나눈다. 나눠진 반은 다시 반으로 나누어진다. 더 이상 쪼개지지 않는다면 왼쪽에 8과 2가 남겨지는 경우이다. 이제 합치는(Merge) 작업을 진행한다. 8과 2를 비교하여 작은 순서대로 [2, 8]을 구성한다. 오른쪽으로 나누어진 [6, 4, 5]는 더 쪼개어질 수 있기에 [6], [4, 5]로 나뉘게 되고 6은 더 이상 쪼개어질 수 없는 상태지만 4와 5는 1번 더 쪼갠다. 이후 2와 8이 합쳐지는 방식으로 각 값을 순서대로 리스트 구성을 한다. 이 작업을 반복적으로 진행하는 것이 병합 정렬이다.

구현을 살펴보자. [그림 8-3]에서 병합(Merge)하는 부분을 알아보자. 하나의 배열을 왼쪽과 오른쪽으로 나눠 놓고 합칠 때 추가 배열을 만들어 순서대로 모아 반환한다.

```
def merge(left, right):
    left_len = len(left)
    right_len = len(right)

    result = []
    left_index = right_index = 0
```

```
        while len(result) < left_len + right_len:
            if left[left_index] <= right[right_index]:
                result.append(left[left_index])
                left_index += 1
            else:
                result.append(right[right_index])
                right_index += 1

            if right_index == right_len:
                result.extend(left[left_index:])
                break

            if left_index == left_len:
                result.extend(right[right_index:])
                break

    return result
```

while 문을 중심으로 살펴보자. 왼쪽(left) / 오른쪽(right)으로 나누어진 배열을 result로 정렬한다. [그림 8-3]의 8은 left가 되고 2는 right 배열이 된다. left_index, right_index가 모두 0일 때 두 값을 비교해 right가 2의 값으로 더 작으니 result에 먼저 추가하고, 더 이상 right에 비교할 값이 없기 때문에 result에 남은 left 값을 모두 옮겨준다. 파이썬 list에 다른 list를 append()로 추가하면 리스트에 리스트가 추가되어 [2, [8]]이 된다. 그리고 extend()를 통해 각 요소를 추가하고자 하는 리스트에 추가하자. 처음 result 리스트는 [2, 8] 값으로 반환한다. left가 [6]이고 right가 [4, 5]라면 먼저 left[0]과 right[0]을 비교하여 작은 값인 right[0]을 result에 추가한다. 추가된 요소를 가진 right의 right_index를 1증가 시키고 다음 비교를 진행한다. left[0]과 right[1]을 비교하면 right[1]이 작기때문에 result에 5를 추가한다. result는 [4, 5]가 되고 right의 길이와 right_index가 동일하므로 더 이상 비교할 것이 없어 남은 left의 모든 값을 result에 옮겨 [4, 5, 6]으로 반환한다. 마지막으로 left를 [2, 8], right를 [4, 5, 6]으로 하여 동일한 로직을 수행하면 정렬이 완성된다.

그러면 merge(left, right)를 호출하기 위해 전체 배열 길이를 반으로 나누어 재귀 호출한다. 재귀를 통해 계속 나누고 더 이상 나누어지지 않는 길이가 1일 때까지 나누고 병합하도록 하자.

```
def merge_sort(arr):
    n = len(arr)
    if n < 2:
```

```
        return arr

    mid_index = n // 2
    left = merge_sort(arr[:mid_index])
    right = merge_sort(arr[mid_index:])
    return merge(left, right)
```

리스트 슬라이싱(slicing)을 통해 merge_sort()를 재귀 호출하여 배열의 길이가 2보다 작은 경우 반환하도록 한다. 그러면 left를 만들기 위해 원본 리스트에서 arr[:mid_index]는 0부터 해당 개수만큼(mid_index가 2라면 arr[0], arr[1]이 된다.) left를 계속 재귀 호출하고 반환하면 merge_sort()를 오른쪽 배열 기준으로 다시 호출한다. left가 반환되는 처음 시점에 [8]의 값을 가지고 right는 [2]의 값을 가진다. 그리고 merge([8], [2])를 통해 [2, 8] 리스트를 반환한다. 반환된 후 복귀되는 위치에 arr의 값을 잘 추적해보자. 이 문제도 코드 비주얼라이저를 이용하면 아주 쉽게 이해할 수 있다.

병합 정렬(Merge Sort) 성능을 평가해보자. merge() 함수는 입력으로 주어진 배열을 둘로 나눈 left, right를 가지고 순회하므로 가장 긴 순회는 주어진 입력 리스트의 길이와 같다. 즉, while 문으로 순회하는 시간 복잡도는 $O(n)$이다. 그리고 merge_sort() 함수는 이진 탐색처럼 반씩 나누어 리스트를 분할하고 나눠진 배열을 merge()의 인자로 사용한다. merge_sort() 호출은 결국 $O(\log n)$ 만큼 호출될 것이며, $O(\log n)$의 호출 내 merge()는 $O(n)$번 수행하니 결국 $O(n\log n)$의 시간 복잡도를 가지는 정렬이다.

병합 정렬은 안정적으로 시간 복잡도 $O(n\log n)$을 지원한다.

8.4 퀵 정렬(Quick Sort)

병합 정렬(Merge Sort)과 비슷하게 분할 정복(Divide and Conquer) 방법을 이용한 방식이다. 다른 점은 입력 리스트를 두 리스트로 나눌 때, 한 쪽은 특정 값보다 작은 값만 모으고 다른 하나는 특정 값보다 큰 값만 모은다. 이를 재귀적으로 완전히 정렬이 될 때까지 진행한다. 특정 값을 퀵 정렬에서 피벗(Pivot)이라고 부르는데 피벗을 결정하는 방식에 따라 성능 차이가 발생하기도 한다.

입력 리스트를 나누는 것을 파티셔닝(Partitioning, 분할)이라고 부른다. 분할할 때마다 피벗을 선택하여 두 부류(작은 값 – low, 큰 값 – high)로 나누는 작업을 한다. 각 파티셔닝마다 피벗 값을 결정해야 하는데 많은 고민이 필요하다. 만약 피벗 값이 리스트 마지막 요소로 선택되어 있는 경우, 이미 정렬된 리스트라면 계속 작은 값에 남은 요소가 다 들어가게 되므로 시간 복잡도가 $O(n^2)$이 된다. 이것을 방지하기 위해 무작위로 피벗을 결정하여 최악의 경우를 최소화하는 방향이나 중간 값을 찾아 low / high 분배를 하면 안정적으로 $O(n\log n)$의 시간 복잡도를 가질 수 있다. 퀵 정렬에 대해 자세히 알아보고 이후 피벗에 대해 이야기해보자.

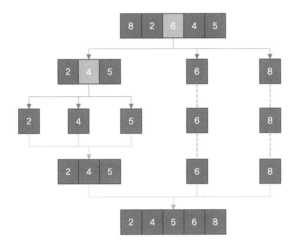

그림 8-4 퀵 정렬

[그림 8-4]를 보자. 이 시나리오의 피벗은 무조건 리스트 중앙에 있는 값으로 한다. 처음 중앙에 있는 값은 6이고 low는 [2, 4, 5]로 6보다 작은 값이 된다. 6은 피벗이고 high는 [8]이다. [2, 4, 5]에서 피벗이 4가 되고 low는 [2], 피벗은 4, high는 [5]가 된다. 더 이상 쪼개질 수 없는 상태로 low + pivot + high를 합치면 [2, 4, 5]가 된다. 다시 피벗 6 기준으로 [2, 4, 5] + [6] + [8]을 하면 [2, 4, 5, 6, 8]인 정렬된 상태로 결과를 만든다. 앞에서 언급한 대로 퀵 정렬은 피벗의 선택에 따라 성능이 크게 달라진다.

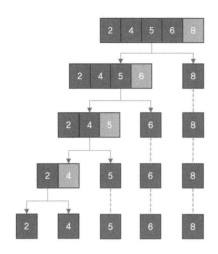

그림 8-5 이미 정렬된 리스트의 퀵 정렬 – part 1

예를 들어 [그림 8-5]와 같이 이미 정렬된 [2, 4, 5, 6, 8]을 퀵 정렬하는데 무조건 마지막 요소를 피벗으로 정하면 어떻게 되는지 확인해보자. [그림 8-5]는 low, pivot, high를 나누는 과정이다. 이것을 다시 합치는 과정을 [그림 8-6]에서 살펴보자.

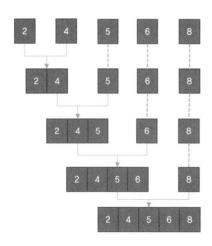

그림 8-6 이미 정렬된 리스트의 퀵 정렬 – part 2

그림 진행을 보면 이미 정렬된 상태의 리스트를 퀵 정렬하면 불필요한 작업을 한다는 것을 볼 수 있다. 이런 경우에 시간 복잡도가 $O(n^2)$까지 늘어난다. 이런 극단적 예도 있지만, 정렬이 필요한 실생활 데이터를 수집하다 보면 대체로 거의 정렬된 상태의 데이터가 많아 퀵 정렬이 힘을 못쓰는 경우가 많다고 한다.

위와 같은 최악의 경우가 발생하지 않게 하는 방법 중 하나로 배열 내 무작위 값을 선택해 피벗으로 이용하는 방법을 구현해보자.

```python
from random import randint

def quicksort(arr):
    arr_len = len(arr)
    if arr_len < 2:
        return arr

    low, same, high = [], [], []

    pivot = arr[randint(0, arr_len - 1)]

    for item in arr:
        if item < pivot:
            low.append(item)
        elif item == pivot:
            same.append(item)
        elif item > pivot:
            high.append(item)
    return quicksort(low) + same + quicksort(high)

input_array = [8, 2, 6, 4, 5]
print(f'{quicksort(input_array)}')
```

피벗 값은 임의 값으로 진행하는 데 피벗을 리스트 맨 뒤의 값으로 하거나 가운데 값으로 변경해 테스트해볼 수 있다.

극단적으로 임의 값이 매번 가장 작은 값이거나 가장 큰 값이라면, n 번 분리되고 n 번 합치는 과정이 필요해 최악의 상황인 $O(n^2)$가 되지만 평균적으로는 $O(n\log n)$이 되는 정렬 알고리즘이다. 이러한 최악의 상황으로는 정렬 성능이 나오지 않기 때문에 피벗을 선택할 때 무조건 중앙값으로 선택할 수만 있다면 low, high가 정확히 반으로 나누어지기 때문에 안정적으로 $O(n\log n)$의 성능을 유지할 수 있다.

8.5 팀 정렬(Tim Sort)

최근 다양한 알고리즘을 학습하면서 파이썬과 자바 7부터는 팀 정렬(Tim Sort)을 사용한다는 것을 알게 되었다. 팀 정렬은 기존 알고리즘의 특징을 잘 파악하고 최적으로 조합하여 탄생한 알고리즘이라고 할 수 있다. 팀 정렬은 2002년 팀 피터(Tim Peter)에 의해 파이썬에 구현되여 2.3부터 적용된 내장 정렬이다. 작은 크기의 리스트의 경우 삽입 정렬(Insertion Sort)을 사용하는 것이 빠르기 때문에 리스트를 특정 크기로 잘게 쪼개 삽입 정렬로 정렬하고, 병합 정렬의 병합 부분을 채용해 정렬된 리스트를 합치도록 한다. C++에서도 팀 정렬과 비슷하게 최적화된 정렬 조합으로 안정적이고 빠르게 정렬을 지원하는 인트로 정렬[2](Intro Sort)이 있다.

결론적으로 팀 정렬은 삽입 정렬(Insertion Sort)과 병합 정렬(Merge Sort)을 섞어 사용한다. 다만, 삽입 정렬의 비교 연산을 줄이기 위해 선택된 요소의 알맞은 위치 탐색을 선형 탐색(Linear Search)이 아닌 이진 탐색(Binary Search)으로 하고 이 위치에 요소 삽입을 진행한다. 당연한 얘기지만 선형 탐색은 O(n)이고 이진 탐색의 요소 찾기는 O(logn)이기 때문에 더 성능이 좋다.

팀 정렬의 적은 데이터 셋의 정렬은 이진 삽입 정렬을 사용하는데 [그림 8-7]로 알고리즘을 알아보자. **8.2**의 삽입 정렬과 비교하며 학습하면 어떤 차이가 있는지 쉽게 파악할 수 있을 것이다. [그림 8-7]과 같이 [4, 5, 9, 3, 1, 10]의 리스트가 있다면 4, 5, 9까지는 이미 정렬된 상태고, 3부터는 정렬이 필요하다. 삽입 정렬과 동일한 목표인 3이 4, 5, 9와 함께 정렬된 채로 유지하려면 어느 위치에 들어갈지 파악해야 한다. 앞부터 하나씩 비교하는 것이 아니라 0, 1, 2 인덱스를 기준으로 가운데인 1의 인덱스 값 5와 3을 비교하면 3이 더 작기 때문에 낮은 쪽으로 이진 탐색을 하게 된다. 현재 검토한 인덱스가 1이므로 그다음 0의 인덱스인 4와 3을 비교한다. 이번에도 더 작으므로 3은 0의 인덱스에 위치해야 하는 것을 알 수 있다. 3을 0의 인덱스에 넣고 4, 5, 9는 각각 1, 2, 3의 인덱스로 옮겨준다.

---

2 *https://en.wikipedia.org/wiki/Introsort*

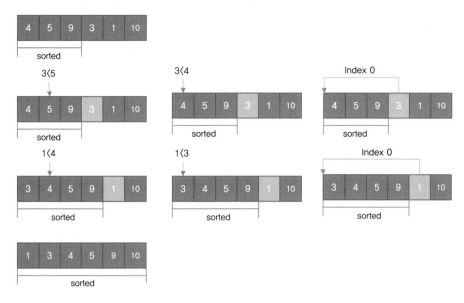

그림 8-7 이진 삽입 정렬

다음 정렬 대상 숫자는 1이다. 1도 앞과 마찬가지로 위치를 찾고 삽입한 뒤, 뒤쪽 요소는 1칸씩 이동시켜준다. 마지막은 10인데 이전 숫자인 9보다 크므로 아무것도 하지 않아도 된다. 이렇게 하는 방식이 이진 삽입 정렬(Binary Insertion Sort)이다. 과정을 살펴보았듯 사실 이미 정렬된 상태라면 확인만 하고 넘어가기 때문에 빠르게 정렬할 수 있다.

이제 살펴봐야 하는 팀 정렬의 키워드는 런(run)이다. 데이터 셋이 적다면(32개 혹은 64개 이하) 이진 삽입 정렬만으로 정렬해도 충분히 빨리하겠지만, 그보다 큰 개수의 데이터라면 팀 정렬은 런(run)단위로 나누어 이진 삽입 정렬을 진행하고 모두 완료되면 병합 정렬한다. 막연하게 특정 개수로 런(run)을 나누는 것이 아니라 규칙이 있다. 앞의 삽입 정렬은 이미 정렬되었거나 거의 정렬된 상태에서 빠르게 완료되는 정렬이다. 이런 특징을 이용해 런을 나누도록 되어 있다.

팀 정렬의 최소 런(min run) 값은 보통 64나 32로 설정하여 구성한다. 배열의 요소를 확인하면서 오름차순이나 내림차순으로 정렬된 구간을 최소 런 값에 맞춰 구성할 수 있도록 한다. 예를 들어 특정 구간의 요소의 오름차순으로 정렬된 개수가 24개라고 하자. 그리고 최소 런(min run)의 개수는 64개로 설정되어 있다면, 그 뒤에 따르는 40개의 요소를 하나로 묶어 런을 구성한다.

[그림 8-8]을 살펴보자. 특정 배열의 구간에서 24개가 정렬되어 있고 최소 런 개수를 맞추기 위해 정렬되지 않은 40개를 붙여 이진 삽입 정렬로 정렬한다. 이진 삽입 정렬은 어느 정도 정렬이 되어 있는 배열을 정렬할 때 좋은 성능을 발휘한다. 이 때문에 최소 런의 개수를 64개 혹은 32개로 하는 것이다.

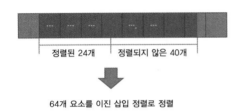

그림 8-8 하나의 최소 런 구성

리스트가 충분히 크면 런의 개수는 여러 개가 되고 [그림 8-8]과 같이 각 런 별로 이진 삽입 정렬을 진행한 뒤 정렬된 각 런을 병합(merge)을 통해 전체 정렬을 진행한다.

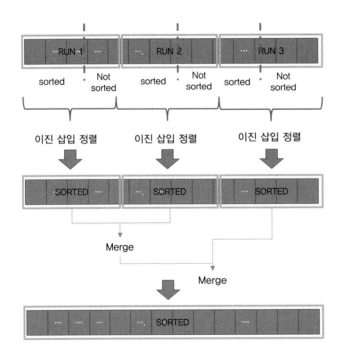

그림 8-9 팀 정렬

[그림 8-9]의 Merge는 병합 정렬에서 나누어지는 과정 없이 병합 과정만 진행하는 것을 표현한 것이다. 파이썬의 팀 정렬 코드[3]를 살펴보면 설명한 내용 이외에도 성능을 높이기 위한 내용이 추가적으로 더 있지만 기본적인 개념을 익히는 데에 여기까지만 살펴봐도 충분할 것이다.

이제 관련 내용을 파이썬으로 비슷하게 흉내 내보자. 파이썬 내부 정렬과 동일하게 구현하는 것이 아니라 기본적인 팀 정렬의 개념인 이진 삽입 정렬을 위해 런(run) 단위로 리스트를 나누고(오름차순 혹은 내림차순) 나누어진 런을 이진 삽입 정렬로 정렬한 뒤 병합을 진행하는 내용으로 구현해보자.

가장 먼저 런(run) 단위로 이진 삽입 정렬을 진행하는데, 전체 배열 내의 일부 구간에 대해 어떻게 이진 삽입 정렬을 구현했는지 살펴보자.

```python
def binary_search(arr, key, start, end):
    if end - start <= 1:
        if arr[start] > key:
            return start - 1
        else:
            return start

    mid = (start + end) // 2

    if arr[mid] < key:
        return binary_search(arr, key, mid, end)
    elif arr[mid] > key:
        return binary_search(arr, key, start, mid)
    else:
        return mid

def insertion_sort(arr, run_s=0, run_e=None):
    if run_e is None:
        run_e = len(arr) - 1

    for i in range(run_s + 1, run_e + 1):
        v = arr[i]
        pos = binary_search(arr, v, run_s, i) + 1

        for k in range(i , pos, -1):
            arr[k] = arr[k - 1]
        arr[pos] = v
```

---

3 _https://github.com/python/cpython/blob/master/Objects/listobject.c_의 list_sort_impl() 함수를 살펴 보도로 하자.

위에 구현된 insertion_sort() 함수는 전체 배열과 현재 런 구역의 시작(run_s)과 끝(run_e)을 입력으로 받아 삽입 정렬을 진행한다. **8.2**에서 살펴본 삽입 정렬과 다른 점은 현재 선택된 키값(v)의 위치를 이진 탐색법으로 찾는다는 점이다. binary_search() 함수도 찾고자 하는 키값을 현재 배열 범위 내에서 찾아주는 역할을 한다. 이 내용은 [그림 8-7]에서 설명했다.

[그림 8-9]의 팀 정렬은 병합 정렬의 병합 과정을 사용하는데 구현은 **8.3**에서 구현된 merge(left, right) 함수를 참고하면 된다. 이제 팀 정렬 구현을 살펴보자. 다시 언급하지만 실제 파이썬, 자바 7 그리고 스위프트 언어의 팀 정렬을 완벽하게 구현한 것이 아니다.

```python
def timsort(arr):
    min_run = 32
    n = len(arr)

    for i in range(0, n, min_run):
        insertion_sort(arr, i, min((i + min_run - 1), n - 1))

    size = min_run
    while size < n:
        for start in range(0, n, size * 2):
            mid = start + size - 1
            end = min((start + size * 2 - 1), (n - 1))

            merged = merge(arr[start:mid + 1], arr[mid + 1:end + 1])
            arr[start:start + len(merged)] = merged

        size *= 2
    return arr

from random import randint
input_array = [randint(0, 100) for i in range(100)]
res = timsort(input_array)\
print(f'sorted {res}')
print(f'{sorted(input_array) == res}')
```

우선 최소 런(min_run)의 개수를 32개로 정했다. 데이터를 많이 가져갈 것이 아니기 때문에 32개로 지정하여 과정을 살펴보자. 가장 먼저 32개(min_run)만큼 배열을 건너뛰면서 앞서 구현한 이진 삽입 정렬을 호출한다. 만약 100개의 요소가 있는 배열을 정렬한다면 인덱스 기준으로 0 ~ 31, 32 ~ 63, 64 ~ 95, 96 ~ 99으로 구간이 나누어지고 각 구간은 이진 삽입 정렬로 정렬된다. 이 정렬된 구간을 2개씩 짝을 지어 merge() 함수를 호출하는데 처음 0 ~ 31과 32 ~ 64 구간이 합쳐지고 원본 배열(arr)에 업데이트되면 64 ~ 95와 96 ~ 99 구간 병합이 진행된다. 앞 두 구간이 업데이트되었으므로 합쳐진 64개의 구간이 병합되어야 한다. 100개의 요소기 때문에 같은 크기로 병합을 하진 못하지만 같은 방식으로 병합하면 전체 배열이 정렬된 상태로 반환된다.

예제를 앞의 정렬처럼 5개 혹은 6개로만 진행하면 이진 삽입 정렬만 확인하는 것이므로 최소 64개의 요소를 만들어 테스트해봐야 한다. 테스트 리스트를 만들기 위해 randint() 함수를 이용하여 100개의 요소를 0 ~ 100 사이의 수로 임의 값을 채우고 정렬을 시도했다. 100개의 정렬이 제대로 되었는지 확인하기 위해 팀 정렬로 개발된 함수의 결과와 파이썬이 내장하고 있는 sorted() 함수를 이용한 결과가 같은지 확인해 주는 것도 필요하다.

부록

이 책에서 소개한 문제는 필자가 개인적으로 공부하면서 자주 중복되는 패턴을 모아 본 것이다. 극히 일부일 뿐이지만 온라인 코딩 사이트의 쉬운(easy) / 보통(medium) 난도 문제를 해결하는데 도움될 것이라 기대한다. 부록에서는 필자가 활용해 본 온라인 알고리즘 문제 사이트의 개인적인 평가와 학습에 도움이 되었던 사이트를 정리해서 소개하겠다. 알고리즘 학습에 도움 되는 사이트는 너무 나도 많다. 필자는 처음 알고리즘 문제를 풀기 위해 TopCoder, Hackerrank를 주로 사용했는데, 이 사이트의 문제는 이야기 형식의 접근이라 영문을 번역하는 과정에서 오역이 발생하기도 해서 큰 도움이 되지 않고 흥미를 잃어버릴 수 있다. 그다음 LeetCode 사이트를 알게 되었는데 쉬운 난도 문제로 구성되어 문제 해석을 명확히 할 수 있었고, 자료구조 및 알고리즘에 집중할 수 있어 재미를 붙이기에 적절했다. 물론 필자의 개인적인 의견일 뿐 각자의 취향에 따라 적합한 도구나 온라인 사이트는 다를 수 있다. 다만 이 책에서는 필자의 경험을 토대로 참고가 되었던 온라인 사이트에 대한 정보를 공유하고자 한다.

부록 A 알고리즘 문제 제공 사이트

각 사이트마다 필자의 개인적인 의견으로 소개하고자 한다. 여기서 소개하는 사이트 모두 영어로만 서비스를 제공하기 때문에 처음엔 거부감이 들 수도 있다. 여기서 언급하는 사이트를 활용할 때 처음부터 많은 양의 학습을 하기보다 한 문제씩 풀이하고 정리하는 것을 추천한다. 한글로 설명된 좋은 사이트도 많다. 또한 초기 지식을 쌓는 용도로 다양한 개발자의 블로그를 찾아봐도 좋다.

A.1 LeetCode

그림 A-1 LeetCode

취업용 코딩 인터뷰 대비 연습용으로 가장 훌륭하다고 생각한다. 문제 설명도 짧고 명료하다. 알고리즘 대회의 문제를 읽다 보면 부연 설명이 엄청 많은 것을 알 수 있다. TopCoder나 Hackerrank의 문제도 '누가 어디를 가서 무엇을 사고 싶은데 무엇이 부족하고..' 식의 서사 구조로 설명한다. 대회를 대비하기 위해서는 이런 문제를 푸는 연습도 필요하지만, 취업용 코딩 인터뷰 문제는 길게 설명하지 않고 짧은 설명으로 인터뷰 대상자의 자료구조나 알고리즘의 이해도를 확인하는 경우가 많다. 그렇기 때문에 LeetCode는 코딩 인터뷰 대비 학습에 큰 도움이 될 것이다. 각 문제마다 제공되는 솔루션 정리도 훌륭하다. 또한 난도, 자료구조, 알고리즘 별 문제가 구분되어 있어 자신이 부족한 부분에 대해 연습하기에 적합하다. 다만 일부 설명은 유료 결제를 해야 볼 수 있다.

장점

- 제공되는 쉬움(easy), 보통(medium) 난도 문제가 대체로 간단하고 설명이 명확하다.

- 무료로 제공되는 문제도 솔루션 정리가 잘 되어있다.

- 각 문제별 커뮤니티가 있어 참고할 부분이 많다.

단점

- 각 문제의 테스트 케이스를 전체적으로 살펴볼 수 없다. 특정 케이스에서 잘못된 결과를 낸 경우만 확인 가능하다.

A.2 Hackerrank

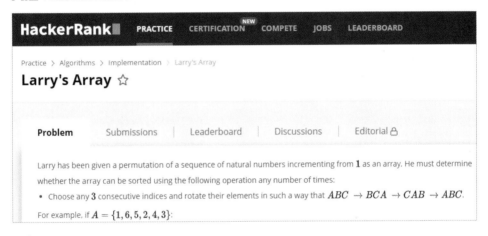

그림 A-2 Hackerrank

Hackerrank.com이라는 사이트는 알고리즘에 관심을 가지게 되면서 알게 된 사이트인데, 이곳의 문제는 먼저 문제를 분석하는 능력을 필요로 한다. 물론 문제 분석은 알고리즘 학습에서 중요한 부분이다. 대회의 문제든 코딩 인터뷰에서 제시되는 문제든 당연히 문제를 분석하고 그에 맞는 적절한 자료구조와 알고리즘을 선택해 해결한다. 다만 문제 분석부터 학습을 시작하는 방법은 필자의 경우 학습에 집중하기 어려웠던 경험이 있어 추천하지는 않는다. 개인적인 의견이기 때문에 각자 성향에 맞게 초기 학습 방법을 선택하길 바란다. Hackerrank는 문제 풀이에 대한 인증(Ceritification)을 제공하고 포인트 방식으로 알고리즘 풀이에 대한 발전도를 추적할 수 있다. 또한 국내외 회사 중 일부는 이 사이트를 이용하여 온라인 코딩 인터뷰를 진행한다. 이런 점에서 관심 있게 지켜봐야 하는 사이트 중 하나다.

장점

- 재미있는 문제, 포인트 제도 등 여러 흥미 있는 요소가 있다.

- 국내외 회사 중 일부가 이 사이트를 이용해 온라인 코딩 인터뷰를 진행한다.

- 포인트로 각 문제 테스트 케이스의 입력 및 출력을 확인할 수 있다.

단점

- 대회용 수준의 문제가 제공되기 때문에 초기 알고리즘, 자료구조 학습에 적합하지 않을 수 있다.

- 문제 풀이 설명이 LeetCode에 비해 빈약하다.

A.3 GeeksForGeeks

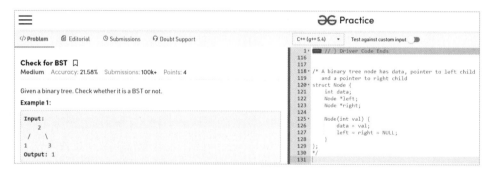

그림 A-3 GeeksForGeeks

이 사이트에서는 알고리즘 / 컴퓨터 과학 / 자료구조 등 많은 자료를 만날 수 있다. 또한 최근에 온라인 유무료 강의를 제공하고 있어 좋은 강의를 들을 수 있다. 문제가 많아 좋지만 너무 많은 정보가 제공되어 복잡하게 느껴지는 단점도 있다. 또한 특정 문제에 해당하는 코드 구현만 하고 싶을 때, 문제마다 입출력 데이터를 직접 만들고 자신이 원하는 형태로 변환해 주는 추가 작업이 필요하다.

장점

- 많은 설명 자료와 문제가 있다.

단점

- 문제 풀이 입력 / 출력 데이터를 직접 만들어줘야 하는 번거로움이 있다.

A.4 Hackerearth

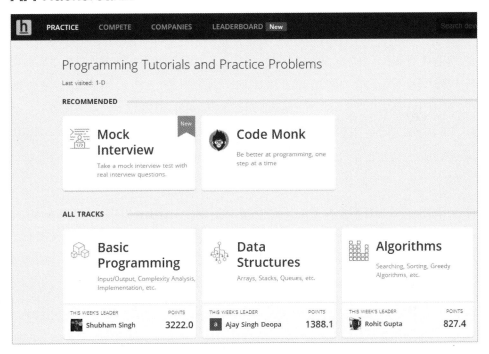

그림 A-4 Hackerearth

이 사이트는 각 카테고리별로 잘 구성되어 소개한다. 자료구조로 진입하면 배열, 문자열, 스택 등의 작은 목록이 있고, 관련 문제를 풀기 위한 기본 설명과 문제가 제공된다. 다른 사이트와 병행하면서 활용하면 큰 도움이 될 것이다.

A.5 그 외

그 외 명성이 높은 TopCoder / Codechef 등을 방문해봤는데, 개인적인 의견으로는 처음부터 대회에 참가하는 목적이 아니라면 굳이 이용할 필요는 없을 것 같다. 하지만 알고리즘을 학습하는 최종 단계로 TopCoder를 활용해보면 좋을 것이다. 대회용 문제가 많이 있고 관련 글도 제공한다. 마지막으로 한글로 제공되는 온라인 코딩 사이트가 있다. 바로 백준 온라인 저지[1]라는 곳인데 이곳의 문제는 한글화가 되어있고 구현도 확인 가능하다.

부록 B 알고리즘 연습을 위한 노트 방법

알고리즘과 자료구조 학습을 지속하기 위한 가장 좋은 방법은 기록이다. 개발 관련 업무를 하거나 학교에서 학습을 할 때 알고리즘과 자료구조만 계속 신경쓰고 있을 수는 없다. 처음엔 재미있어 시작한 공부가 다른 바쁜 일정때문에 지속적으로 하기 힘들거나 다음 단계를 앞두고 여러 가지 이유로 멈추는 경우도 있을 것이다. 이후 다시 학습을 재개하려는 시점에서는 처음부터 시작하는 느낌이 들 수 있다. 이럴 때 전에 공부했던 내용을 잘 기록한 노트만 있다면 앞서 공부했던 내용을 빠르게 정리하고 다음 단계로 넘어갈 수 있다.

다만 어떤 문제에 대한 학습 내용을 기록하는데 너무 많은 시간을 소비하는 것은 효율적이지 않다. 어떤 문제를 학습하고 풀이하는 데 1시간이 걸렸는데, 기록하는데 또 1시간이 소요된다면 공부할 수 있는 물리적 시간의 한계로 금방 지칠 수 있다. 여기서는 필자가 여러 시행착오를 거쳐 얻게 된 효율적인 노트 기록 팁을 소개하겠다.

먼저 여러 사이트의 문제를 한글로 번역하고 예제에 대한 설명이 필요하면 추가로 기록한다. 그다음 단번에 해결한 문제가 아닐 경우, 1번째에 시도한 방법과 어떤 입력에 대해 문제가 발생했는지 기록한다. 실패한 입력을 어떻게 하면 해결할 수 있을지 생각하고 2차 시도를 한다. 이를 반복해서 3번 정도 진행하다 문제가 해결되지 않으면 다른 사람의 풀이를 확인하고 자세한 설명을 기록한다. 많은 시도를 하고 고민하는 것도 좋지만 다른 사람의 해결책을 소화하는 것도 중요하다. 노트를 잘 정리하고 며칠 뒤 이 문제를 다시 풀어보자. 해결 방법을 기억하고 있는지에 대해 확인 과정을 거친다면 그 자체로 복습의 의미도 있고 과거에 저질렀던 실수를 많이 줄일 수 있다.

---

1 *https://www.acmicpc.net/*

B.1 깃허브(GitHub) 마크다운

유명한 깃허브(Github) 사이트에 자신의 저장소를 만들고 문서를 작성하기 위한 공간으로 활용 가능하다. 마크다운(Markdown)은 10분 정도만 사용법을 숙지하면 충분히 사용할 수 있다. 알고리즘과 자료구조 관련 그림이나 코드가 많은데 그림은 다른 사이트의 링크를 삽입해도 글에 보이고 코드는 홑따옴표(Single quotation, 보통 물결 키랑 같이 있다.)를 연속적으로 사용하여 하이라이트로 표현할 수 있다. 예를 들어,

```python
print("Hello World")
```

하면,

```
print("Hello World")
```

위처럼 통합 개발 환경에서 보이듯 나타난다. 즉, 코드를 노트하고 보기 좋게 만들어 줄 뿐만 아니라 아주 간단하게 입력되는 장점이 있다. 깃허브에서 제공하는 마크다운 사용법[2]을 확인해도 좋고 '깃허브 마크다운 사용법'을 검색하여 관련 자료를 봐도 좋다. 최근 깃허브는 개인(private) 저장소도 만들 수 있으니 편안하게 기록하고 관리해보자. 저장소를 만들고 마크다운 문서를 만드는 과정은 설명하지 않겠다. 깃허브 저장소에 마크다운으로 문서화 프로젝트를 진행하는 곳도 많이 있으니 참고하길 바란다.

깃허브 가입 후 로그인을 한 뒤 우측 상단 검색 창에 '알고리즘'이라고만 쳐도 참고할 만한 저장소가 많이 나온다. 관심 있는 주제로 다양하게 검색해보자.

B.2 StackEdit.io

깃허브 저장소 생성이 무조건 공용(public)일 때 사용하던 마크다운 에디터다. 브라우저만 있으면 접근 및 사용이 가능하고, 구글 드라이브(Google Drive) / 깃허브 계정과 연동되어 저

---

2 *https://guides.github.com/features/mastering-markdown/*

장도 해준다. 사실 문서 작성용이라면 이것만 써도 좋을 것 같다.

가입 후 로그인하면 기본 에디터 모드에서 깃허브와 비슷하게 마크다운을 작성할 수 있다. 필자의 경우 LeetCode 문제를 풀이하면서 문제를 한글로 번역하고, 입력 예제와 처음 시도는 어떻게 했는지의 풀이 과정과 문제점 등을 간단히 기록했었다.

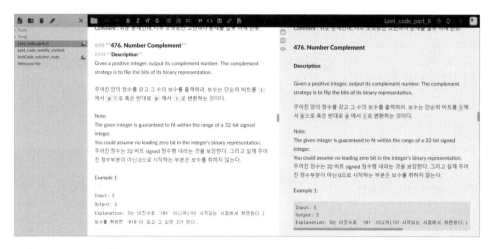

그림 B-1 Stackedit 화면

왼쪽은 노트 파일 이름이고, 가운데에 흰색 부분은 에디터이며 오른쪽 회색 부분은 마크다운으로 표현된 결과를 보여준다. 화면 상단에는 마크다운을 쉽게 이용할 수 있도록 하는 단축키가 있다. 마크다운을 작성해보면 알겠지만 너무 간단하기 때문에 위 버튼은 크게 사용할 일은 없을 것이다. 개인적으로 마크다운이 가장 시간을 적게 쓰면서 효율적으로 기록을 남길 수 있는 도구였다.

B.3 Anki Flashcard

학습했던 내용을 오랫동안 기억하기 위해 플래시 카드를 이용해보자. 플래시 카드는 문제와 답을 미리 만들고 기억하고 있는지 확인하는 방법이다. Anki는 잘 알려진 플래시 카드 암기 프로그램인데, 대표적으로 AnkiWeb[3]과 AnkiApp[4] 2가지가 유명하다. 각각 윈도우 / 리눅스 / 안

---

3 *https://apps.ankiweb.net/*

4 *https://www.ankiapp.com/*

드로이드 / iOS 등 모든 플랫폼에서 설치 및 사용이 가능하다. 기본적으로 질문지와 답변지를 만들어 사용하면 된다. 예를 들어, '프로세스란?'란 질문을 적고 답변으로 '실행 중인 프로그램의 추상화'와 같이 적을 수 있다. 답변은 링크, 설명을 적어도 된다. 플래시 카드를 이용해 면접 보러 가기 전 훑어보면 도움이 될 것이다. 기억하기 힘든 지식을 따로 모아둔다고 생각하면 된다.

그림 B-2 Anki 앱 Front / Back 카드 예제

부록 C 파이썬을 이용한 문제 풀이

자료구조와 알고리즘의 문제 풀이를 위해 학습해야 할 언어를 선택해야 하는데 많은 고민이 생길 것이다. 알고리즘은 언어적 특성에 대한 의존도가 높지는 않다. 알고리즘 문제 풀이는 어떤 언어를 사용해도 괜찮지만, 비교적 다른 언어에 비해 쉽게 접근할 수 있고 메인 혹은 보조 언어로 많이 사용되는 파이썬을 추천한다. 알고리즘 학습을 위해 통합 개발 환경(IDE)을 구축할 필요는 없다. 온라인 코딩 사이트에서도 디버깅 기능을 제공하지만 손으로 직접 쓴 노트와 코드를 보며 분석하는 능력을 배양하는 목적도 있기 때문이다. 또한 알고리즘 해결을 위한 구현 코드는 길지 않다. 분석을 위해 함수와 변수 변화 과정을 추적하는 일은 크게 필요하지 않다. 온라인 코딩 사이트에서 코딩할 때 손과 눈으로만 코드와 알고리즘을 분석하여 해결하려 노력하는 것도 중요한 부분이다. 다만 좀 더 정확한 이해를 위해 코드를 추적하거나 라인별 값 변화를 분석하고 싶다면 통합 개발 환경을 구성해두는 것이 좋다. 혹은 파이썬 언어를 디버깅 방법을 추가적으로 알아두는 것이 좋다. 필자는 Visual Studio Code(이하 VSCode)에 파이썬

위한 확장(Extension)을 설치해 사용한다. 윈도우 10에 VSCode와 파이썬 설치 방법을 알아
보자.

먼저 윈도우 10에 파이썬을 설치해야 한다. 이 책에서는 3.7.X를 사용했고, 그 이상의 버전을
사용하면 된다. 파이썬 공식 다운로드 페이지[5]에 접속하면 메인 페이지 상단에 최신 버전 다운
로드 버튼이 보인다. 현재 시점에 파이썬 3.9.0이 릴리스 되었다. 이 버전을 다운로드해도 되
고 3.7.4를 선택해도 좋다. 다운로드가 완료되면 '다운로드' 폴더에 python-3.9.0-amd64.
exe 파일이 생성된다. (파이썬 버전이 업데이트되면 파일 이름이 다를 수 있다.) 이 파일을 더
블클릭하면 파이썬 인스톨러가 실행된다.

그림 C-1 파이썬 다운로드

파이썬 인스톨러를 통해 시스템에 파이썬을 설치하는 것은 어렵지 않다. 인스톨러를 실행하면
맨 처음 뜨는 화면에서 'Add Python 3.9 to PATH'는 체크하자. 이유는 환경 변수에 등록하
면 파이썬 인터프리터를 현재 디렉터리와 상관없이 실행 가능하게 해주기 때문이다.

---

5 `https://www.python.org/downloads/`

그림 **C-2** 파이썬 인스톨러 1번째 화면

[그림 C-2] 하단의 환경 변수 등록 체크를 확인하고 Install Now를 클릭한다. 설치되는 디렉터리는 개인 설정 디렉터리 하위에 설치된다. 인스톨을 누르면 이후는 크게 신경 쓰지 않아도 된다. 잘 설치되었는지 확인해보자. 윈도우 키 + r로 열기창을 띄우고 'cmd.exe'를 입력하자.

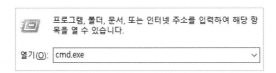

그림 **C-3** cmd.exe 실행

윈도우 기본 명령 터미널에서 'python'을 입력해 파이썬 인터프리터 환경이 실행되면 제대로 설치된 것이다.

그림 **C-4** 파이썬 실행 확인

이제 VSCode 및 파이썬 확장을 설치하고 간단한 실행을 해보자. VSCode 다운로드도 파이썬과 마찬가지로 공식 페이지[6]를 방문하여 다운로드하고 실행하면 된다.

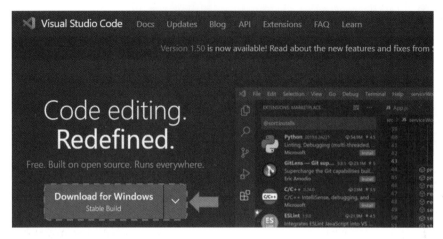

그림 C-5 VSCode 다운로드

VSCode 인스톨러를 다운로드해 실행하고 추가적인 설정을 확인할 필요없이 기본 설정으로 설치하면 된다. 각 과정의 확인은 따로 하지 않을 것이다. 설치 이후 VSCode를 실행하면 왼쪽 메뉴 아이콘 중 확장 설치를 위한 메뉴가 있다. [그림 C-6]의 아이콘을 클릭하자.

그림 C-6 파이썬 확장 설치

6 https://code.visualstudio.com/

엄청난 양의 확장이 있는데 검색 바에 'python'을 입력하면 최상단에 뜨는 Python 확장을 설치해 주자. 그다음 오른쪽 하단의 [Install] 작은 녹색 버튼을 클릭하면 된다. 설치가 완료되면 [Install] 버튼은 사라지고 톱니바퀴 모양의 아이콘으로 변경된다. 이제 파이썬 코드를 만들어 테스트해보자.

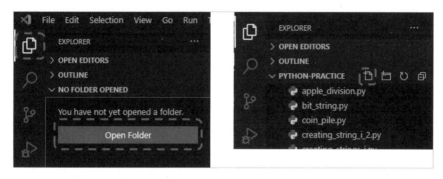

그림 C-7 파이썬 개발을 위한 폴더 선택 및 파일 생성

[그림 C–7]의 왼쪽 메뉴 아이콘 중 최상단 메뉴(Explorer)를 클릭하고 'Open Folder'를 통해 작업할 디렉터리를 선택한다. 필자는 이미 이 디렉터리에 많은 파이썬 파일이 있지만 처음엔 [그림 C–7]처럼 추가 문서 생성을 통해 파일을 하나 만들어 줘야 한다. 추가 버튼을 누르면 [그림 C–8]과 같이 파일 이름 입력창이 생성되고, 엔터를 누르면 해당 파일을 새로 추가 및 편집할 수 있게 열리는데 앞서 설치한 파이썬과 연동된 상태가 아니기 때문에 VSCode 우측 하단에 파이썬 인터프리터가 연결되지 않았다는 메시지를 받게 된다.

그림 C-8 파일 생성 및 파이썬 인터프리터 선택 알림

[Select Python Interpreter] 버튼을 클릭하면 다시 화면 상단에 앞에서 설치한 파이썬의 경로와 버전이 표시된다. 만약 설치된 파이썬이 여러 버전이라면 더 있겠지만, 현재까지 설치된 버전은 3.9 하나이므로 하나만 보일 것이다.

그림 C-9 파이썬 인터프리터 선택

선택하면 모든 설정이 완료된다. 인터프리터 선택 이후에 VSCode 우측 하단에 알림이 뜨는데 무시하지 말고 확인한 다음 조치해 주는 것이 좋다. 대개 현재 개발하려는 언어에 대해 지원이 필요한 부분을 판단해 알려주기 때문이다. 대부분 알림을 포함한 상태로 필요한 패키지를 설치해 주니 안심하고 진행하자. 간단한 테스트 코드를 작성하고 디버깅 모드로 실행해보자.

그림 C-10 파이썬 디버깅 모드 초기 설정

[그림 C-10]의 왼쪽 메뉴 아이콘에서 Debug를 선택하고 처음엔 디버깅 실행 설정을 해야 한다. [create a launch.json file]을 클릭하자. 그럼 VSCode 편집창 위에 어떤 디버깅을 할지에 대한 선택 메뉴가 나온다. 여기에는 현재 작성 중인 코드 파일에 대한 디버깅만 하면 되므로 맨 위 옵션인 'Python File'을 선택하자. 디버깅 설정도 완료되었다. 앞서 작성한 예제 코드를 디버깅해보자.

그림 C-11 디버깅

[그림 C-11]의 코드 편집창을 보면 라인 숫자가 보일 것이다. 조금 왼쪽으로 마우스를 가져가서 클릭하면 중단점(break point)을 설정할 수 있다. 그러면 빨간 점이 생기고, 재생 아이콘을 통해 디버거를 실행하면 원하는 라인에서 실행이 멈춘 것을 확인할 수 있다. 그리고 왼쪽에 Locals(지역변수)에 string_test가 어떤 값을 가지고 있는지 확인도 가능하다. 또한 편집기 위에 추가적으로 생기는 아이콘이 있는데 마우스를 올리면 순서대로 실행 계속(Continue), 라인별 실행(Step Over), 함수 내부로 이동(Step Into) 등이 나오니 하나씩 실행하면서 확인해보자. 라인별 실행(Step Over)은 함수를 만나도 그 결과만 확인하고, 함수 내부 이동(Step Into)은 그 내부로 이동 실행을 확인하는 과정을 거친다. 이 정도 설정만으로도 알고리즘 문제를 학습하는 데는 충분할 것이다. 추가적인 설정에 대한 내용은 검색을 통해 VSCode의 활용법을 자세히 알아볼 수 있다.

부록 D 알고리즘 학습을 위한 사이트 소개

D.1 Google interview university(깃허브)

어느 개발자가 구글에 입사하기 위해 참고했던 사이트와 다양한 영상의 링크를 모아둔 문서다. 한글화가 진행되고 있긴 하지만 대개 영문으로 되어 있다. 이 깃허브 저장소는 Google Interview university라는 이름으로 만들어졌고, 한글화[7]가 진행 중인 문서를 확인할 수 있다. 소프트웨어 개발을 위해 오래 공부하면서 참고했던 사이트를 모아놨는데 아주 좋은 자료가 많다.

대표적으로 한글화가 진행된 유튜브 영상으로 MIT 알고리즘 입문(Introduction to Algorithms)이 있다. 오래된 강의 영상이지만 알고리즘 학습에 충분히 도움 될 것이다.

D.2 freeCodeCamp.org

무료로 좋은 강의가 많이 제공된다. 최근에도 많은 자료가 올라온다. 한글 자막이 지원되는 영상이 1 ~ 2개뿐이지만 많이 생겨날 수 있으니 앞으로 지켜볼 유튜브 채널이다. 웹 / 파이썬 / 알고리즘과 자료구조에 대한 자료가 많이 있다.

D.3 Udemy.com

유료 온라인 강의 사이트다. 각 주제 별로 강사가 자신의 강의를 올리고 가격을 책정하여 판매하고 있으며 사용자는 원하는 강의를 구매하여 학습할 수 있는 플랫폼이다. 한국인 강사도 많이 활동하고 있다. 할인을 자주하고 무료로 제공되는 강의도 많으니 방문해보길 바란다.

D.4 Coursera

좋은 강의를 제공하는 MOOC 사이트이다. 인증서(Certification)를 제공해주는데 인증을 받으려면 강의마다 돈을 지불해야 한다. 한글 자막은 거의 전무하지만 영문 자막은 대부분 기본적으로 제공되니 영어 공부와 함께 컴퓨터 과학을 공부할 수 있다. 초기에는 이 사이트의 모든 강의를 간편하게 무료로 등록하고 들을 수 있었지만 최근 인증(Certification) 비용이 유료화되었다. 이 사이트의 가입과 로그인 과정은 특별한 것 없이 구글 계정으로 쉽게 가입할 수 있기 때문에 추가 설명은 하지 않도록 하겠다. 소프트웨어 개발자로 등록 시 홈 화면에 관련 강의를 추천한다.

----

7 *https://github.com/jwasham/coding-interview-university/blob/master/translations/README-ko.md*

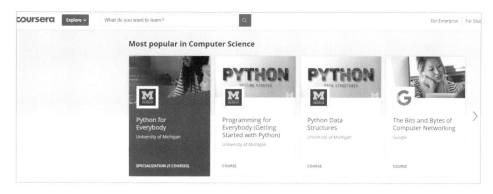

그림 D-1 Coursera 추천 강의

참고로 가입한 사람의 정보에 따라 추천 강의는 다르게 보일 수 있다. 만약 'Python Data Structures' 강의를 듣고 싶다면 [그림 D-1]의 3번째 패키지를 선택하면 된다. 선택하면, [그림 D-2]처럼 나오는데 [Enroll] 버튼을 보면 꼭 돈을 내야 하는 것처럼 보인다.

그림 D-2 Python Data Structure 학습 등록

7일간만 무료이고 이후 돈을 내야 하는 것으로 되어 있다. 우선 클릭해보자. [그림 D-3]과 같이 5개의 특별 강좌를 듣는데 매달 49달러를 지불해야 한다. 물론 일주일은 무료로 쓸 수 있다고 나와있다. [그림 D-3]을 자세히 보면 아래 'Shareable certificate of completion'이 포함되어 있는 것을 알 수 있다. 이것은 강의를 다 듣고 과제를 완료하면 공식적으로 사용 가능한 인증서를 제공한다는 것이다. 즉, 이 강의는 미시건 주립대학에서 제공하는 것인데 이 대학의

파이썬 과목에 대해 수료했음을 인증한다는 의미다. 경우에 따라 굉장히 의미 있는 인증서이긴 하지만 한 달에 약 5 ~ 6만 원을 지불해야 하는 것은 분명 부담 될 수 있다.

그림 D-3 Enroll 버튼 클릭 후

Coursera에서 무료로 강의를 등록하는 방법을 알아보자. [그림 D-3]의 우측 상단에 'Audit the single course'라고 보일 것이다. 클릭하면 해당 강의를 바로 들을 수 있는 페이지가 나온다.

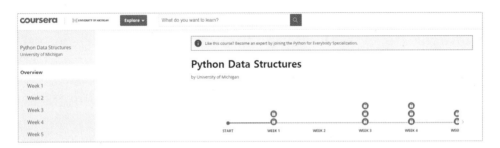

그림 D-4 강의 시작

또 주의할 것이 있다. [그림 D-3]을 보면 Python Data Structures 강의는 Python for Everybody Specialization 강의의 일부라고 설명되어 있다. 특정 강의를 모아 또 다른 인증서를 제공해 주는 시스템이 있는 것이다. 'Python for Everybody Specialization'라는 5개 과정이 묶음인 강의에 들어가 [Enroll] 버튼을 클릭하면 우측 상단에 있어야 하는 'Audit the single course'라는 링크가 안 보일 것이다. Coursera에서 무료로 들을 수 있는 버튼을 보려면 여러 강의를 묶어 진행하는 패키지 강의가 아닌 각각의 단일 구성 강의를 하나씩 들어가야 무료 등록이 가능하다.

그림 D-5 패키지 강좌

이 강의는 Python Data Structures를 포함한 패키지 강좌다. [Enroll for Free] 버튼을 클릭해도 우측 상단에 Audit for single cource는 보이지 않는다. 하지만 이 패키지의 모든 강좌를 하나씩 들어가면서 무료 등록하면 파이썬 스페셜리스트가 될 수 있도록 가이드 하는 강좌를 모두 무료로 들을 수 있다. [그림 D-5] 화면에서 스크롤을 내려보자. 이 패키지가 어떤 강좌로 구성되어 있는지 소개하는 내용이 [그림 D-6]처럼 보일 것이다.

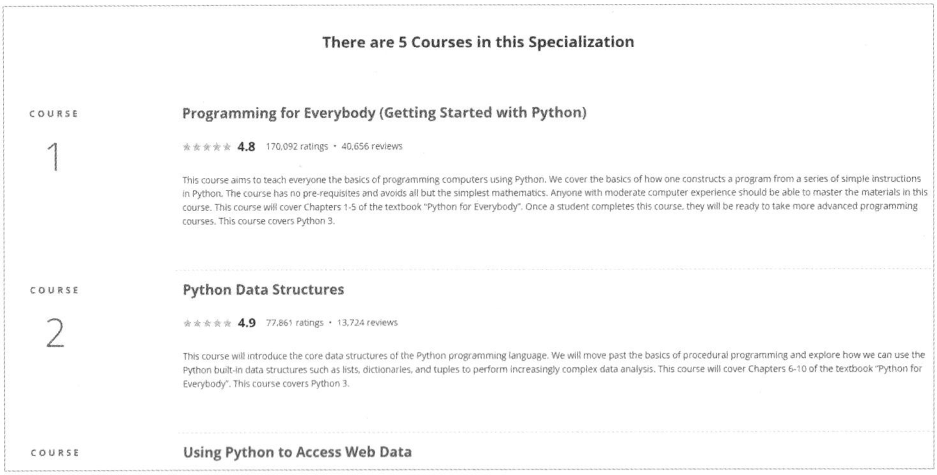

There are 5 Courses in this Specialization

COURSE

1

Programming for Everybody (Getting Started with Python)

★★★★★ **4.8** 170,092 ratings • 40,656 reviews

This course aims to teach everyone the basics of programming computers using Python. We cover the basics of how one constructs a program from a series of simple instructions in Python. The course has no pre-requisites and avoids all but the simplest mathematics. Anyone with moderate computer experience should be able to master the materials in this course. This course will cover Chapters 1-5 of the textbook "Python for Everybody". Once a student completes this course, they will be ready to take more advanced programming courses. This course covers Python 3.

COURSE

2

Python Data Structures

★★★★★ **4.9** 77,861 ratings • 13,724 reviews

This course will introduce the core data structures of the Python programming language. We will move past the basics of procedural programming and explore how we can use the Python built-in data structures such as lists, dictionaries, and tuples to perform increasingly complex data analysis. This course will cover Chapters 6-10 of the textbook "Python for Everybody". This course covers Python 3.

COURSE

Using Python to Access Web Data

그림 D-6 패키지 강좌 세부 사항

코스 1, 2, 3, 4, 5가 있는데 각 강좌는 단일 강좌로 제공되는 항목이다. 각 제목을 클릭해서 Enroll을 하고 Audit을 선택하면 등록이 가능하다. Coursera는 전 세계 유명 대학에서 제공하는 강좌를 무료로 들을 수 있도록 하고 있다. 강의 시작이 10월 4일이고 종료일이 10월 30일이면 종료일 이후 아무 때나 영상을 볼 수 있으니 우선 등록만 해도 상관없다. 양질의 강의를 많이 찾아 들어보자.

마무리

회사에서 나름 개발을 왕성하게 하던 시점에 다른 큰 회사의 면접 기회가 찾아왔었다. 오픈 소스 활동도 하고 개발 관련된 관심 사항을 꾸준히 학습해왔던 터라 좋은 도전이라는 마음으로 준비하고 있었다. 요즘은 많은 회사가 코딩 인터뷰를 진행하고 있지만 당시는 코딩 인터뷰라는 것이 생소하던 시절이라 신경 쓰지 않던 부분이었고 개발하는 것과 큰 차이가 있겠냐는 생각을 했기에 짧은 기간 구글링을 통해 기본적인 공부만 하고 인터뷰에 참가했는데 당연히 결과는 좋지 않았다. 그로 인해 깨달은 것은 좋은 개발자를 채용하는 과정은 컴퓨터 과학 지식과 더불어 알고리즘 및 자료구조에 대한 이해도를 많이 평가한다는 것이었고, 그것들이 개발 역량을 높이는데 필수적인 것임을 알게 되었다. 그 이후 알고리즘과 자료구조에 대해 어떻게 학습하면 좋을지를 조금씩 고민하기 시작했다. 회사에서 주어지는 업무에 따라 개발을 하는 것과 알고리즘 / 자료구조를 학습하고 문제를 해결하는 것은 결이 달랐기에 별도의 시간과 노력이 필요했다. 가장 어려웠던 부분은 어디서 시작해야 하고, 어떤 학습을 해야 할까의 문제였다. 스스로 어떤 부분이 부족한지 제대로 인지하지 못해 더 힘들었다. 일반적인 자료구조 학습 순서대로 배열, 문자열, 스택, 큐 이런 식으로 공부해도 문제를 제대로 해결할 수 있는 것도 아니었다. 내 상태를 정확히 진단하고 그에 알맞은 솔루션 가이드가 필요한 데 이것을 찾기가 너무 힘들었다. 그래서 더 다양한 시도를 꾸준히 했던 것 같다. 온라인 코딩 사이트를 찾아다니면서 닥치는 대로 문제를 풀어보기 시작했다. 그러나 문제 해결 유무에 따라 희비가 엇갈리며 고민만 하다 많은 시간을 낭비했던 것 같다. 이런 일을 반복적으로 겪다보니 책으로 공부해보면 일련의 과정들을 체계적으로 배울 수 있지 않을까 하는 기대감으로 몇몇 도서를 구매했었다. 부끄럽지만 꽤나 평판이 좋던 책들이 당시 내게는 다소 어려워 진입 장벽 자체가 너무 높게 느껴졌다. 그러다가 책을 통한 학습을 포기하고 어떻게 공부해야 할지 고민하던 중 처음부터 문제를 풀어보면서 그 문제를 노트에 기록하며 정리하기 시작했다. 여러 고민을 해도 해결이 안되면 인터넷에서 해결책을 찾아보고 그 해결책을 꼼꼼하게 기록해 부족한 부분을 찾으려고 했다. 그러다 이렇게 정리해 둔 내용을 책으로 출간한다면 나와 같은 고민을 하는 사람에게 도움이 되지 않을까 하는 생각을 하게 되었다. 이 책은 필자가 기초적인 패턴 중심으로 공부하며 기록한 내용을 정리한 것이다. 다양한 접근을 통해 어떤 식으로 문제를 해결할 수 있을지에 대한 가이드가 되길 기대한다. 이 책의 문제를 다 이해한다고 해도 변형된 문제를 풀려고 하면 어려움을 느낄 수도 있을 것이다. 이 책을 통해 기본기를 다지고 높은 레벨의 문제를 파악하는 데 도움이 되길 바란다. 필자가 공부하며 어려웠던 개념과 왜 그런 접근을 해야 했는지에 대한 이해를 공유하고자 많은 노력을 했다. 많은 문제를 제시하기 보다 대표적인 패턴이라 할 수 있는 문제를 선정해 실었다.

어떤 학습이든 너무 쉽거나, 너무 어렵게 느껴진다면 현재 자신의 위치를 다시 파악할 필요가 있다. 억지로 학습을 이어가다 흥미를 잃어버릴 수 있다는 점을 명심하자. 문제가 어렵다면 굳이 너무 오래 붙잡고 있지 말고 다른 사람의 해결책을 찾아보자. 잘 설명되어 있는 내용을 자신이 이해할 수 있는 방향으로 정리해도 되고 다른 사람의 코드만 보고 왜 그런 구현이 생겼는지를 생각하며 정리해도 좋다. 세상의 코딩 문제는 수천수만 개쯤 될 것이다. 지금 당장 문제의 답을 본다고 그런 문제를 다시는 못 보는 게 아니다. 다른 형태로 비슷한 많은 문제를 만날 수 있을 것이다. 여기서 가장 중요한 것은 '어떻게 노트에 정리하고 기억할 수 있도록 하는가'이다. 자신만의 언어로 이해할 수 있는 정리 법을 파악하고 기록하자.

때로는 알고리즘과 자료구조를 굳이 공부해야 하는지에 대한 의문을 가지기 마련이다. 필자도 명확하게 왜 알고리즘 학습을 해야 하는지 말하기는 어렵다. 각종 개발 문서를 보고 구성하며 응용프로그램을 만들거나 다른 오픈 소스를 분석하는 데 알고리즘을 모른다고 진행을 못하는 것은 아니기 때문이다. 다만 자신이 구현한 코드 한 줄 한 줄을 스스로 평가하는 수준이 달라진다는 느낌이 들었다. 구현된 코드의 시간 복잡도와 공간 복잡도를 고려해서 더 나은 방법이 있는지 고민하게 되는 등 나은 방향으로 진행할 수 있는 역량을 키울 수 있었던 것 같다. 무엇에 대한 학습은 결국 스스로를 계발시키며 각자에게 좋은 영향을 줄 것이다. 알고리즘과 자료구조의 학습은 장기전이기 때문에 오랜 시간 꾸준히 공부할 수 있도록 컨디션 조절과 실천 가능한 계획을 세우는 것이 중요하다. 끝까지 포기하지 말고 알고리즘과 자료구조의 학습으로 스스로 발전된 모습을 느껴보길 바란다.

INDEX

INDEX

INDEX

INDEX

INDEX